图解外贸

新手学外贸热门问题分析与解答

陈 磊 ◎ 编著

中国铁道出版社有限公司
CHINA RAILWAY PUBLISHING HOUSE CO., LTD.

图书在版编目（CIP）数据

图解外贸：新手学外贸热门问题分析与解答 / 陈磊编著. -- 北京：中国铁道出版社有限公司，2025.7.
ISBN 978-7-113-32206-9

Ⅰ. F75-64

中国国家版本馆 CIP 数据核字第 2025YA8183 号

书　　名：	**图解外贸——新手学外贸热门问题分析与解答** TUJIE WAIMAO:XINSHOU XUE WAIMAO REMEN WENTI FENXI YU JIEDA
作　　者：	陈　磊

责任编辑：张 丹　　编辑部电话：（010）51873064　　电子邮箱：232262382@qq.com
封面设计：宿 萌
责任校对：安海燕
责任印制：赵星辰

出版发行：中国铁道出版社有限公司（100054，北京市西城区右安门西街 8 号）
网　　址：https://www.tdpress.com
印　　刷：河北京平诚乾印刷有限公司
版　　次：2025 年 7 月第 1 版　2025 年 7 月第 1 次印刷
开　　本：710 mm×1 000 mm　1/16　印张：14　字数：194 千
书　　号：ISBN 978-7-113-32206-9
定　　价：69.80 元

版权所有　侵权必究

凡购买铁道版图书，如有印制质量问题，请与本社读者服务部联系调换。电话：（010）51873174
打击盗版举报电话：（010）63549461

随着外贸市场的不断发展,外贸业务变得更加丰富,但同时外贸人员面临的问题也越来越多,类型越来越复杂,这常常让其在工作中感到吃力,尤其对于新手外贸从业人员来说更是头疼。

外贸业务不同于内销活动,其涉及的交易细节非常多,再加上外贸业务的交易双方存在时间和空间两个方面的信息不对称,导致交易常常不能按照预期计划发展,比如明明确定好了装船期,但货物到达时仍然超过了约定的到货时间;又或者明明考察好了货运公司,但货物在运输途中仍然遭受了损失等。

这些问题不仅困扰了身在其中的外贸人员,还困扰着外贸管理人员。有些比较困难的问题还能在实际业务中不断找寻答案和解决办法,而有些基础问题如果不解决,外贸业务就无法顺利开展。所以,很多外贸新手就会问,自己到底该如何学习才能打好基础,帮助公司顺利完成外贸交易。为此,我们编著了本书。外贸新手通过对本书的阅读,可以快速学习外贸业务中各种基础问题的解决办法,包括怎么做交易前的准备,怎么督促生产备货,怎么有效检验,怎么投保报关,怎么做好运输和结算工作,以及怎么办理出口退税手续等。

本书共 7 章，可分为三个部分。

第一部分为第 1 章，主要介绍外贸工作中的基础知识和基本技能要求，如外贸活动大致要做的事情、开展进出口贸易的方式有哪些、外贸工作的常用术语解析、常用外贸网站及一些基础问题解答，让读者打好基础。

第二部分为第 2 章，主要介绍外贸工作的前期准备，包括如何进行国际市场调研、如何获取进出口经营权、如何优化产品宣传网站、如何写业务交流邮件、怎么筛选客户、怎么与客户沟通等，并对准备环节的一些基础问题作出解答。

第三部分为第 3～7 章，这部分主要从外贸业务流程入手讲解，包括报价签约、备货检验、投保报关、运输结算，以及出口退税的相关知识。涵盖了外贸工作的方方面面，并对这些环节中的常见问题作出了相应的解答。

本书语言精练，从实际外贸业务需求出发安排知识点，运用了大量的图示和表格多元化展现内容，在一些知识点讲解之后进行案例介绍与分析，可有效降低学习难度，让读者在不觉得枯燥，学起来更轻松、有趣。

最后，希望所有外贸新手从业者都能从本书中学到想学的外贸基础知识和操作技能，快速适应岗位工作、提升自我工作能力。

扫一扫，看视频

编　者
2025 年 4 月

第 1 章　从零开始：做好基本工作不慌张

1.1　从基础了解对外贸易 2
- ① 了解从事外贸活动大致要做的事情 2
- ② 知道倾销和反倾销 6
  - 实用范例　企业团结应对反倾销调查 9
- ③ 知道开展进出口贸易有哪些方式 10
- ④ 从事外贸要知道的 RCEP 12
  - 实用范例　RCEP 下的贸易优势 13

1.2　从事外贸工作需具备的基本技能 14
- ⑤ 熟悉外贸工作中常用的术语及其英语 14
  - 实用范例　贸易术语与致损原因不一致的纠纷 17
- ⑥ 从事外贸工作一定要知道的网站 17
- ⑦ 开展外贸工作可以运用的公众号 19
- ⑧ 及时掌握外贸政策中的限制规定 23
- ⑨ 调整海南自由贸易港原辅料"零关税"政策 25

i

⑩ 开展外贸业务必须懂得处理关税 26

1.3 关于外贸基础的问题解答 29

⑪ 当前我国外贸发展的保障措施主要有哪些 29
⑫ 外贸行业面临哪些挑战和机遇 31
⑬ 自身经营的商品是否属于限制类商品的出口 32
⑭ 作为出口商该如何应对新型非关税壁垒的影响 33
⑮ 目前进口肉类的收货人还需要备案吗 35
⑯ 化妆品企业知识产权权利变动需变更备案吗 35
⑰ 暂停部分水果进口的具体情况有哪些 36
⑱ 如何选择合适的物流方式 36

第 2 章 前期准备：实施外贸活动不担心

2.1 开展对外贸易需要做好哪些准备 38

01 怎样进行国际市场调研 38
　　实用范例 安排并组织国际市场调研工作 40
02 如何获得进出口经营权 41
03 内保外贷和外保内贷的区别 47
　　实用范例 内保外贷中币种错配的交易成本由谁承担的纠纷 49
04 优化产品宣传网站 51
05 如何跟进交易会上第一次见面的客户 55
　　实用范例 定期跟进客户获得订单 56
06 准备预出口商品的合适样品要注意哪些 57

2.2 准备工作中需要培养和提高的能力 60
- ⑦ 学会书写外贸业务交流邮件 60
  - 实用范例 向公司潜在客户发送开发信 61
- ⑧ 掌握与客户沟通的技巧 63
- ⑨ 培养筛选客户的能力 66

2.3 关于外贸交易准备工作的问题解答 67
- ⑩ 出口商没有出口经营权如何完成商品出口的外贸交易 67
- ⑪ 新注册企业如何办理进出口权 70
- ⑫ 因人员流动导致自营进出口经营权申请中断该怎么办 71
- ⑬ 备案后还需办理哪些手续 71
- ⑭ 如何才能获得外贸融资 72
- ⑮ 进行外贸融资时如何选择合适的服务方式 73

第3章 报价签约：开展外贸业务不马虎

3.1 出口报价是多少要谨慎 75
- ① 不同贸易术语间价格的换算 75
  - 实用范例 进行 FOB、CFR 和 CIF 三种价格的换算 78
- ② 出口报价隐藏的陷阱 79
  - 实用范例 码头使用费约定不明引发纠纷 80
- ③ 熟悉外贸磋商的工作流程和内容 81
  - 实用范例 外贸磋商导致的合同纠纷 82
- ④ 报价还价要注意谈判技巧 83
  - 实用范例 弄清楚客户还价原因并强调质量以应对 84
- ⑤ 掌握制作报价单的要点 85

3.2 做好签约工作避免合同纠纷 86

- ❻ 一份完整的外贸合同有哪些要件 87
- ❼ 审核交易合同时需要注意的问题 89
  - **实用范例** 外贸合同交易主体不适格造成损失 91
- ❽ 签订 FOB 条款时需要引起重视 92
- ❾ 合同备案是怎么回事 94

3.3 关于出口贸易报价签约的问题解答 95

- ❿ 航空运单的使用有没有坑 95
- ⓫ 如何确定加工结转申报价格 95
- ⓬ 赠品出口如何报价 96
- ⓭ 如何找到适合自己的外贸交易方式 96
- ⓮ 进口药材是否需要做合同认证公证 97
- ⓯ 进口试用装产品的合同金额怎么填 98
- ⓰ 鼓励项目进口货物减免税的合同卖方能否是境内企业 98
- ⓱ 实际退运数量与退货协议不一致时什么情况可以申报退运 98
- ⓲ 有关手续未办好延期之前是否可办理协议和合同延期手续 99

第 4 章 备货检验：完成生产任务不卡单

4.1 备货就是履约的开始 101

- ❶ 自产自销模式下的备货工作需要做哪些 101
- ❷ 外部生产模式下的备货流程是怎样的 105
- ❸ 来料加工与进料加工的区别 107

④ 了解外贸产品的包装要点 108

4.2 出关前需要做好检验工作 113

⑤ 出关前办理商品检验手续需要注意的问题 114

⑥ 填写出境货物报检信息容易出错的地方 115

⑦ 入境货物报检单的填制要点 116

⑧ 准确把握报检时间和地点避免货物滞留和罚款 118

4.3 关于外贸备货报检的问题解答 120

⑨ 企业想通过速卖通境内备货仓发货是否适用 9610 报关模式 120

⑩ 备货过程中产生的残次品怎么正确处理 121

⑪ 加工贸易受灾保税货物灭失、短少、损毁等如何处理 121

⑫ 发现报检信息错误应该怎样更改和撤销 123

⑬ 报检环节需要计算确认哪些费用 124

第 5 章 投保报关：办理出口手续不出错

5.1 为外贸产品投保出关有保障 127

① 认识外贸业务中常用保险种类防止投错保 127

② 关于海上保险合同不得不知的易错点 133

③ 进出口货物运输保险是否要投 134

5.2 完成报关为商品交付奠定基础 134

④ 报关前需进行报关注册登记 135

⑤ 了解报关范围和期限避免"走弯路" 137

- ⑥ 不同的海关申报方法适用情形 138
- ⑦ 进出口报关的流程解析 140
- ⑧ 看懂海关编码信息快速定位商品名称 142
  - **实用范例** 分析海关编码找准商品 142
- ⑨ 学习截关、截港和截单的区别 144

5.3 关于外贸投保报关的问题解答 145

- ⑩ 一般贸易进口货物没有购买保险应该怎样填写保费 146
- ⑪ 进出口关税应该如何计算 146
- ⑫ 出口货物运抵海关时需要退关应该怎么办 147
- ⑬ 特殊情况下报关单"贸易国别（地区）"栏怎么填 148
- ⑭ 折合单价小数点导致报关单总价与合同总价不符怎么处理 152
- ⑮ 出口的不同组件装入一个包装盒中该怎么填写海关编码 152
- ⑯ 发现报关单出错怎么处理 153

第 6 章 运输结算：掌控物流进度不懈怠

6.1 进出口货物的运输安排 155

- ① 航线与港口知识 155
- ② 运输环节可能涉及的单据及其用处 159
- ③ 学会计算出口运输费用了解易错之处 165
  - **实用范例** 计算集装箱运输的海洋运输基本运费 166
  - **实用范例** 不用集装箱装运的海运费的计算 167
- ④ 重视外贸工作中"货代"的重要性 168
- ⑤ 出口商品需要申请原产地证 169

6.2 外贸结算工作不能马虎 171
- ⑥ 了解不同的外贸结算方式 171
- ⑦ 关于信用证开证申请书与信用证的标准格式 177
  - **实用范例** 通过已知的日期计算最迟交单日期 180
- ⑧ 认识银行保函的样式 181
- ⑨ 要对外贸客户进行信用风险防范 182

6.3 关于出口货物运输结算的问题解答 184
- ⑩ 按照自己的出口情况应该选择租船还是订舱 184
- ⑪ 开通舱单系统有什么资质要求 185
- ⑫ 公式定价二次结算的时限是多久 185
- ⑬ 客户要求免费样品是否采取快递到付的方式 186
- ⑭ 如何有效防止客户到港弃货 186

第7章 出口退税：争取己方权益不迷糊

7.1 按程序办理出口退税 189
- ① 出口退税要符合相应的条件 189
- ② 确定出口退税依据和退税率 190
- ③ 熟练掌握出口退税的流程 194
- ④ 申请出口退税需要报送的资料 198
- ⑤ 按时完成出口退税手续的办理 199
- ⑥ 什么情况下办理注销出口退税登记 200

7.2 与出口退税有关的其他事项 201

07 申请出口退税要进行出口退（免）税备案 202

08 申请出口退税后还要做单证备案 205

09 开具出口退（免）税证明 206

7.3 外贸业务出口退税及其他税务问题解答 208

10 超期申报办理退（免）税怎么做 208

11 出口退税时遇到报关单无电子信息该怎么处理 208

12 出口退税申报的美元汇率该怎么确定 210

13 票据遗失还能否办理出口退税 210

14 购进自用货物免退税申报怎么做 211

从零开始：做好基本工作不慌张

外贸即"对外贸易"的简称，也可称为国际贸易或进出口贸易，简单来说就是一个国家（地区）与另一个国家（地区）之间的商品和劳务的交换。目前我国的外贸发展日益繁荣，要想从事外贸工作，必须从基础知识学起。

1.1 从基础了解对外贸易

外贸是否仅指出口贸易,或者也包括进口贸易?开展外贸活动需要做哪些事情?你知道外贸活动中的倾销与反倾销吗?开展出口贸易有哪些方式?从事外贸工作,这些基础知识必须掌握。

01 了解从事外贸活动大致要做的事情

外贸公司或者独立从事外贸工作的个人在开展外贸业务时,需要做的事情大致有以下几项:

1. 办理工商行政手续

如果是外贸公司,需要先完成公司注册,然后根据业务需要做好图 1-1 中的这些事情。

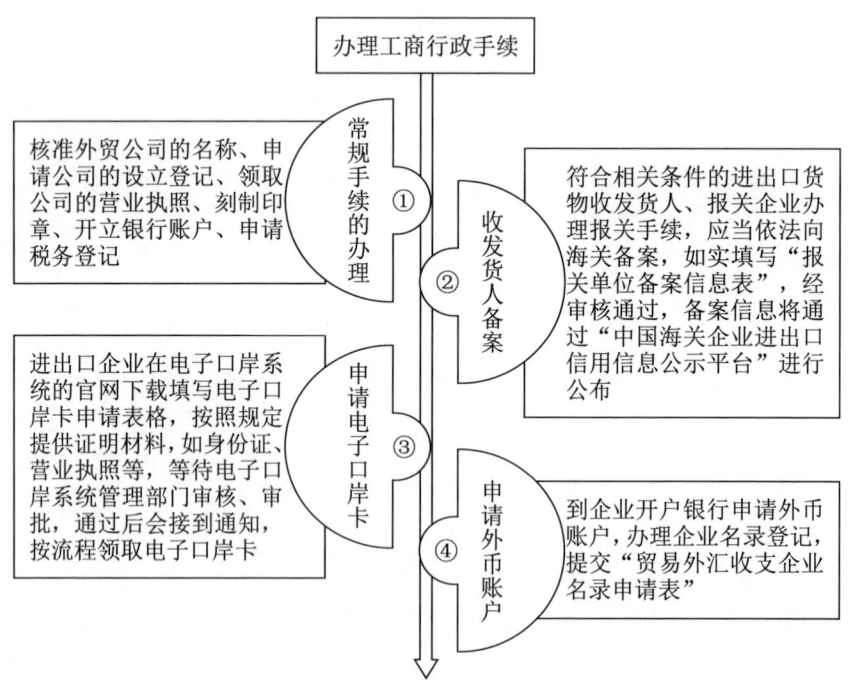

图 1-1 从事外贸活动要办理的工商行政手续

除此以外，有些外贸公司还会提前办理退税备案手续，即享受出口退（免）税政策的出口企业，在申报出口退（免）税前向主管税务机关申请办理出口退（免）税企业备案以及后续的备案变更、备案撤回事项。根据外贸公司性质的不同，分为出口退（免）税备案、生产企业委托代办退税备案。各企业需要对号入座，按要求办理退税备案手续。

2. 明确外贸业务的大致流程

一笔外贸业务究竟是如何完成的呢？许多外贸新手可能对外贸业务的具体流程不太了解，但明确流程是提高外贸业务效率的关键，具体可分为进口业务流程和出口业务流程。图 1-2 是进口业务流程。

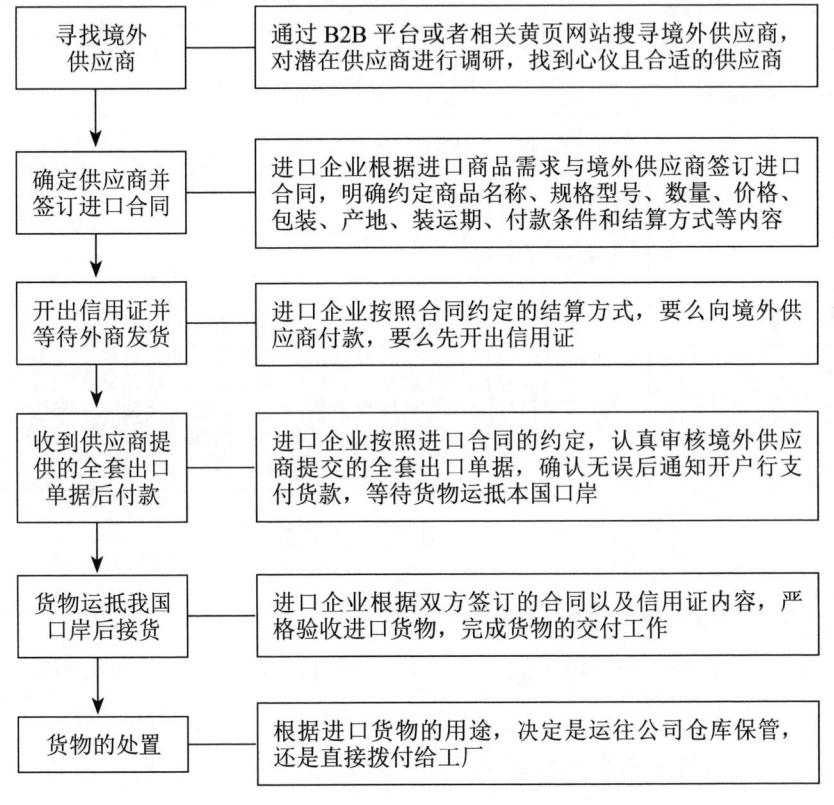

图 1-2　进口业务的大致流程

图1-3是出口业务流程。

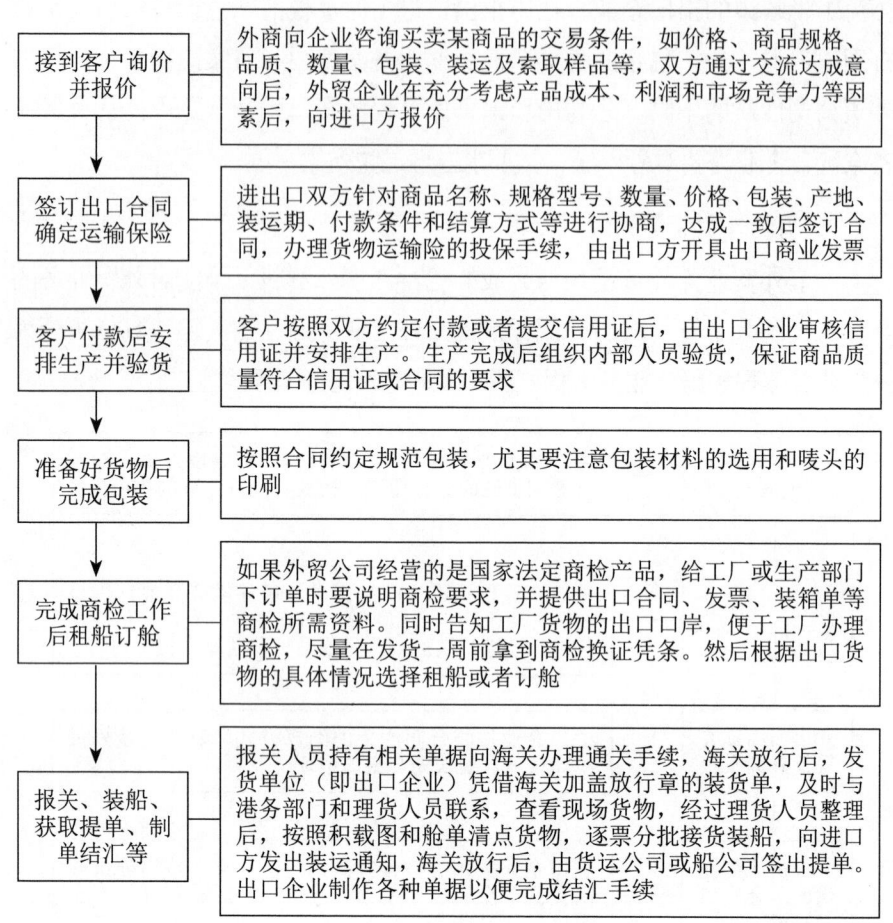

图1-3　出口业务的大致流程

3. 进出口贸易必须要做的调研准备

进出口贸易中必不可少的一项工作是调研，即采用各种方法获取与贸易有关的信息，然后通过对信息的分析，得出国际市场行情的特点，从而判断贸易可行性。事先避免调研结果为不可行的进出口贸易，防止公司遭受不必要的经济损失。

无论是出口贸易还是进口贸易，都需要做好相关调研工作，简单介绍见表1-1。

表1-1 进出口贸易的调研工作

贸易类型	调研方向	调研内容
出口贸易	宏观环境调研	了解出口国家或地区的宏观经济环境，包括总体经济状况、生产力发展水平、产业结构特点、国家的宏观经济政策、货币制度、经济法律和条约、消费水平等，预估可能发生的出口风险和产生的效益。出口对象的总体经济环境较好是出口贸易顺利且有利可图的保障
出口贸易	市场调研	调查拟出口商品的市场供需状况、境内生产能力、生产技术水平、产品性能与特点、消费阶层和高潮消费期、产品在生命周期中所处阶段、产品的市场竞争力与垄断程度等，确定出口商品的业务是否可行，是否能获益
出口贸易	客户调研	调查拟与之建立贸易关系的境外进口方的基本情况，包括进口方历史发展状况、资金规模、经营范围、组织情况和信誉等级、与世界各地其他交易方开展对外经济贸易的历史情况和现状等，以防止进口方以各种理由不付款，面临钱货两空的风险，做到对潜在客户基本情况心中有数
进口贸易	原材料市场	原材料的生命周期较短，市场变化较快，调研时可直接从原材料销售市场了解原材料的供求状况和价格水平
进口贸易	农产品市场	这类商品的价格直接受出口地播种面积和气候条件的影响，进口企业可直接从媒体和有关外贸公司发布的产品情况了解产品的供求状况和价格水平
进口贸易	日用商品市场	日用商品的价格比原材料价格稍微稳定一些，调研工作可通过外贸公司的资源、与经营相关商品的外商接触以及我国驻外机构等方式进行
进口贸易	技术和机械设备市场	无论是技术还是机械设备，价格都相对稳定，可以通过以下渠道开展调研工作： ①与外国厂商进行技术交流或直接洽谈，对比技术水平和价格。 ②通过第三方平台查询相关机械设备或技术的进口合同价格。 ③向信息服务公司咨询有关技术和价格信息。 ④通过我国驻外商务机构进行调查。 ⑤查阅境内外商务报纸和杂志

4. 开发境外客户

开发境外客户的方法有很多，外贸公司业务人员可以选择其中一个或几个适合公司业务发展需求的方法使用。

实际上，开发客户的关键在于寻找客户，在开展外贸业务之前，业务员需要熟练掌握开发客户的方法，具体见表1-2。

表1-2 开发境外客户的方法

借助工具	方法	说明
搜索引擎	进口商（impoter）法	搜索"产品名称+importer"或者"产品名称+importer"
	经销商（distributor）法	搜索"产品名称+distributor"
	价格（price）法	搜索"price+名称"
	购买（buy）法	搜索"buy+名称"
	关键词加引号法	搜索"产品名称+关键词"
	关联产品法	搜索"产品名称+关联产品名称"
	著名买家法	搜索"产品名称+本行业里著名买家的公司名称"
专业网站	企业名录网	进入官方网站寻找
	进口商与分销商名录网	进入官方网站寻找
	中国国际招标网	进入官方网站寻找
	亚洲各国黄页	进入官方网站寻找
其他渠道	国际性物流公司	如 Maersk 马士基物流、Ryder System 莱德物流、中远海运国际货运有限公司等
	船舶公司	如马士基航运有限公司、地中海航运公司、达飞海运集团、赫伯罗特船舶公司等
	快递公司	如 UPS、TNT、FedEx 联邦快递等

02 知道倾销和反倾销

倾销是一种不正当竞争手段，是指在正常贸易过程中产品以低于其正常价值的价格出口到另一国家或地区的行为。这种低价销售行为会给进口地产业造成损害，因此被 WTO（即世界贸易组织）禁止。

反倾销是指对外国商品在本国市场上的倾销采取的抵制措施，一般是对倾销的进口商品除征收一般进口税外,再征收附加税,使其不能廉价出售。我国有专门的反倾销条例,旨在维护对外贸易秩序和公平竞争。

为了更好地规避或应对倾销行为,外贸人员有必要了解倾销的类型,如图1-4所示。

- ○ **突发性倾销**

  又称短期倾销,是指某一商品的生产商为了防止商品的大量积压影响境内的价格结构,在短期内向境外市场大量地以低价抛售该商品。这种类型的倾销对进口地产业造成的损害是暂时的,甚至进口地消费者可以从中获取低价消费的好处

- ○ **间歇性倾销**

  又称掠夺性倾销,是指某一商品的生产商为了在某个海外市场上取得垄断地位而以低于边际成本的价格向该市场抛售商品,迫使竞争对手退出该市场后再实行垄断高价。这种类型的倾销具有掠夺意图,对进口地产业造成的损害超过了进口地消费者获取的低价消费好处,是反倾销行动需要抵制的行为

- ○ **持续性倾销**

  又称长期倾销,是指某一商品的生产商一方面为了实现规模经济效益而大规模生产,另一方面为了维持境内价格结构而将其中一部分商品以低价长期向境外市场抛售。这种类型的倾销对进口地产业造成的损害只有一次,即其被迫转产之时,而进口地消费者从中获得的低价消费好处却是不断累积的

图1-4 倾销的类型

那么如何判定出口商销售商品属于倾销行为呢?外贸人员可以通过比较进口商品的价格与其正常价值来判断,如果进口价格低于其正常价值,就属于倾销行为。而进口产品的正常价值的确定,我国反倾销条例作了以下规定:

第四条 进口产品的正常价值,应当区别不同情况,按照下列方法确定:

(一)进口产品的同类产品,在出口国(地区)国内市场的正常贸易过程中有可比价格的,以该可比价格为正常价值;

(二)进口产品的同类产品,在出口国(地区)国内市场的正常贸易过程中没有销售的,或者该同类产品的价格、数量不能据以进行公平比较的,

以该同类产品出口到一个适当第三国（地区）的可比价格或者以该同类产品在原产国（地区）的生产成本加合理费用、利润，为正常价值。

进口产品不直接来自原产国（地区）的，按照前款第（一）项规定确定正常价值；但是，在产品仅通过出口国（地区）转运、产品在出口国（地区）无生产或者在出口国（地区）中不存在可比价格等情形下，可以以该同类产品在原产国（地区）的价格为正常价值。

国内产业或者代表国内产业的自然人、法人或者有关组织（以下统称申请人），可以依照反倾销条例的规定向商务部提出反倾销调查的书面申请。而申请书的内容和应附具的证据见表1-3。

表1-3 反倾销调查申请书的内容和应附具的证据

项目	说明
申请书内容	①申请人的名称、地址及有关情况。 ②对申请调查的进口产品的完整说明，包括产品名称、所涉及的出口国（地区）或者原产国（地区）、已知的出口经营者或者生产者、产品在出口国（地区）或者原产国（地区）国内市场消费时的价格信息、出口价格信息等。 ③对国内同类产品生产的数量和价值的说明。 ④申请调查进口产品的数量和价格及其对国内产业的影响。 ⑤申请人认为需要说明的其他内容
申请书应附具的证据	①申请调查的进口产品存在倾销。 ②对国内产业的损害。 ③倾销与损害之间存在因果关系

商务部应当自收到申请人提交的申请书及有关证据之日起60天内，对申请是否由国内产业或者代表国内产业提出、申请书内容及所附具的证据等进行审查，并决定立案调查或者不立案调查。在决定立案调查前，应当通知有关出口国（地区）政府。

在特殊情形下，商务部没有收到反倾销调查的书面申请，但有充分证据认为存在倾销和损害以及二者之间有因果关系的，可以决定立案调查。

立案调查的决定一经公告，商务部应当将申请书文本提供给已知的出口经营者和出口国（地区）政府。反倾销调查应当自立案调查决定公告之日起12个月内结束；特殊情况下可以延长，但延长期不得超过6个月。

初裁决定确定倾销成立，并由此对国内产业造成损害的，可以采取下列临时反倾销措施：

①征收临时反倾销税。

②要求提供保证金、保函或者其他形式的担保。

临时反倾销税税额或者提供的保证金、保函或者其他形式担保的金额，应当不超过初裁决定确定的倾销幅度。

下面通过一个案例来看看企业如何应对反倾销调查。

实用范例 企业团结应对反倾销调查

20××年×月×日，欧盟委员会发布公告，决定对原产于我国的××氧化铝进行反倾销调查。此次调查范围涵盖一些欧盟CN编码的产品，倾销调查期为20××年×月×日至20××年×月×日，损害调查期为20××年×月×日至倾销调查期结束。

在得知此次反倾销调查的消息后，我国氧化铝行业的企业分别作出应对。有些企业计划参与应诉，但有的企业明确表示不参与或者采取观望态度。

参与应诉的企业团结协作，争取了合理的贸易环境，展示了中国企业的专业化管理水平和负责任的态度。

在应诉事项中，中国企业采取了以下一些比较有效的措施：

①寻求专业法律支持，确保应诉过程的合法性和专业性。

②加强了行业协作，形成了合力，共同应对挑战。

③提交了准确的数据和信息，以事实为依据，证明了中国产品的正当性和合法性。

④主动沟通和澄清，积极与调查机关沟通，消除了误解和疑虑。

⑤充分利用了政策资源，比如商务部和地方政府提供的法律援助、数据统计支持，以及专项应诉资金等，降低了应诉成本，提升了企业抗辩能力。

注意，如果企业未参与应诉，可能面临高额的"替代事实税率"，这将导致出口成本上升，直接削弱企业的市场竞争力，市场份额下降。比如，欧盟对中国陶瓷产品反倾销调查，参与应诉的企业，税率范围为5%~30%，视企业提交的数据和合作程度而定；而未参与应诉的企业，统一适用"替代事实税率"，通常为60%~70%，显著高于参与应诉企业，被视为未提供有效证据进行抗辩。

企业参与应诉，还要注意积极应对，否则如果应诉不力，其他进口商和贸易伙伴可能会对我国出口产品的竞争力产生疑虑，进一步就会影响外贸企业在国际市场上的议价能力和市场拓展能力。

信息拓展 了解关税壁垒和非关税壁垒

关税壁垒是以高额关税作为限制商品进口的一种措施，其目的是通过对进口商品征收高额进口关税来提高其成本并削弱其竞争力，从而限制这些商品进口，保护本国产品在国内市场上的竞争优势。

非关税壁垒是指一国或地区在限制进口方面采取的除关税以外的所有措施，相对关税来说，这类措施可以通过国家法律、法令以及各种行政措施的形式实现。

◎ 知道开展进出口贸易有哪些方式

进出口贸易的方式主要分为两大类：一是一般贸易，二是加工贸易。

1. 一般贸易

一般贸易是指我国境内有进出口经营权的企业单边进口或者单边出口的贸易，如图1-5所示。

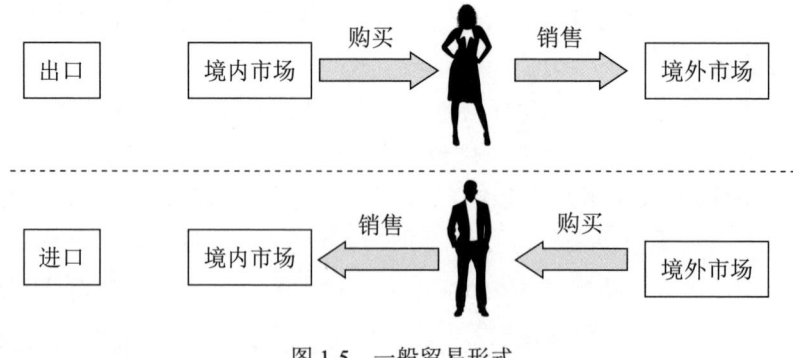

图1-5 一般贸易形式

理解一般贸易的关键点在于"单边",业务流程比较单一。

2. 加工贸易

加工贸易是一种再出口业务,是指境内企业进口全部或者部分原辅材料、零部件、元器件和包装物料等,经加工或装配后,将制成的成品复出口的经营活动,包括进料加工和来料加工。图1-6为加工贸易的简单示意图。

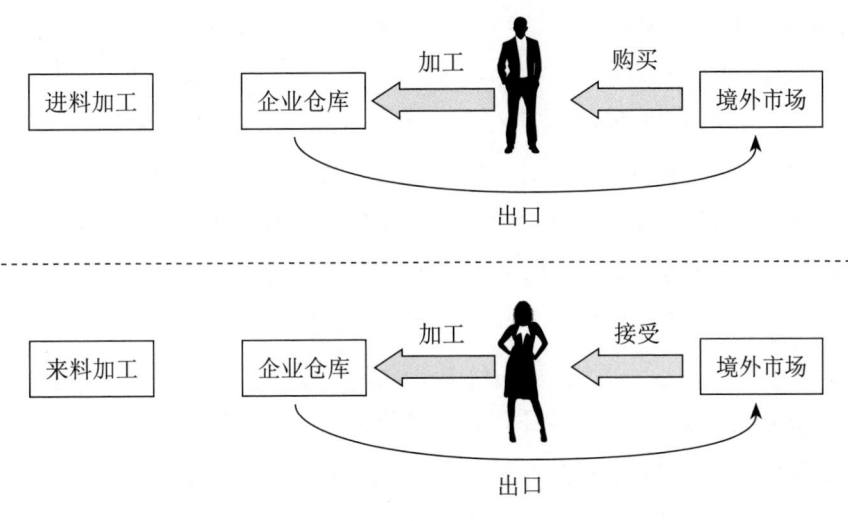

图1-6 加工贸易形式

加工贸易除了进料加工和来料加工,还有装配业务和协作生产。装配业务是指由外商提供装配所需设备、技术和有关元件、零件,由境内企业装配制成成品后向外商交货的贸易方式。协作生产是指由外商提供部分配件或主要部件,由境内企业利用本国生产的其他配件组装成一件产品后出口的贸易方式。

无论是进料加工贸易还是来料加工贸易,进口原料、元器件或零部件等与产品出口这两个过程是同一笔贸易的两个方面,而不是两笔交易,原材料、元器件或零部件的提供者与产品的接受者是同一家企业,从本质上来看交易双方是委托加工关系。

04 从事外贸要知道的 RCEP

RCEP 即区域全面经济伙伴关系协定，该协定于 2012 年由东盟发起，历时八年形成，于 2020 年 11 月 15 日正式签署，于 2022 年 1 月 1 日正式生效。首批生效的国家包括东盟六国和包括中国在内的非东盟四国，后面陆续对韩国、马来西亚、缅甸、印度尼西亚和菲律宾等国家生效。至此，RCEP 成员包括东盟十国、中国、日本、韩国、澳大利亚和新西兰。

RCEP 是亚太地区规模最大、最重要的自由贸易协定谈判，旨在通过削减关税及非关税壁垒，建立一个统一市场。该协定的目标主要有以下四个：

①建立一个现代、全面、高质量和互惠的经济伙伴关系框架，以促进区域贸易与投资的扩张，推动全球经济增长与发展，同时兼顾缔约方，特别是最不发达国家缔约方，所处的发展阶段和经济需求。

②通过逐步取消缔约方之间实质上所有货物贸易的关税和非关税壁垒，逐步实现缔约方之间货物贸易的自由化和便利化。

③逐步在缔约方之间实施涵盖众多服务部门的服务贸易自由化，以实现实质性取消缔约方之间在服务贸易方面的限制和歧视性措施。

④在区域内创造自由、便利和具有竞争力的投资环境，以增加缔约方之间的投资机会，提升投资的促进、保护、便利化和自由化。

RCEP 制定的规则涉及有：货物贸易，原产地规则，海关程序和贸易便利化，卫生与植物卫生措施，标准、技术法规和合格评定程序，贸易救济，服务贸易，自然人临时移动，投资，知识产权，电子商务，竞争，中小企业，经济技术合作，政府采购，一般条款和例外，机构条款，争端解决以及最终条款等方面。

该协定还有众多附件，如原产地规则方面的"产品特定原产地规则"和"最低信息要求"，海关程序和贸易便利化方面的"执行承诺的期限"，贸易救济方面的"与反倾销和反补贴调查相关的做法"，以及"关税承诺表""服务具体承诺表""服务和投资保留及不符措施承诺表""自然人临时移动具体承诺表"等。

外贸人员可以通过如下途径查看 RCEP 的全文：

①中国自由贸易区服务网。

②东盟官网。

③中华人民共和国商务部官网。

④bilaterals.org 网站。

RCEP 顾及了缔约方之间不同的发展水平，以便不发达国家能更有效地履行其在本协定项下的义务和利用本协定带来利益，包括扩大贸易和投资机会，以及参与区域和全球供应链。下面来看一个 RCEP 下的贸易案例。

实用范例　RCEP 下的贸易优势

新西兰某企业出口一批小家电，新西兰签证机构签发了 RCEP 原产地证书。该批货物在我国南沙综合保税区进行分拆，其中一些发往越南，剩下的发往泰国。

我国签证机构依据新西兰签证机构签发的原产地证书，签发背对背原产地书，分别显示分拆后的出口数量。越南和泰国的进口商凭借背对背原产地证书在本国申报进口，享受优惠。

该案例涉及了 RCEP 提出的背对背原产地证明，该证明是指在一成员方中转或者复出口的原产货物，未做除物流操作、贴标以及为货物运输或保持货物良好状态的必要操作外的处理，该成员方的签证机构、经核准出口商可以依据初始原产地证明正本签发或者开具新的原产地证明。

各方关系如图 1-7 所示。

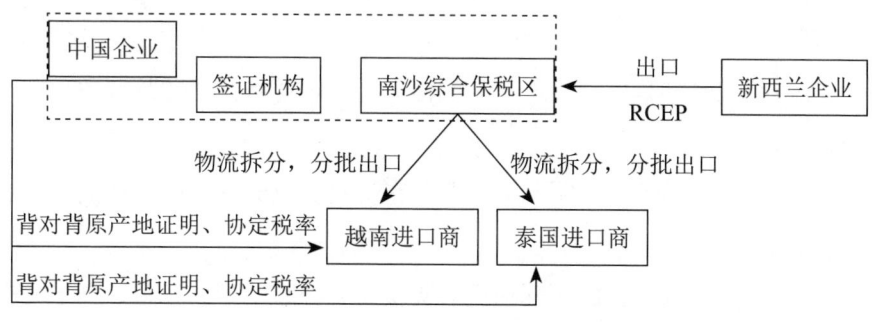

图 1-7　RCEP 下各方关系

也就是说，在 RCEP 下的贸易，主要利用 RCEP 成员方作为物流中转、拆分、仓储的中间方，其优势不仅可以降低物流运输、仓储成本，还能使出口货物可以享受 RCEP 优惠关税。

1.2　从事外贸工作需具备的基本技能

从事外贸工作时，如果只懂得一些理论知识，对工作中的实际操作一窍不通，那么外贸工作的开展可能会遇到瓶颈。因此，掌握一些基本的外贸工作技能很重要。

⑮　熟悉外贸工作中常用的术语及其英语

国际贸易术语（trade terms of international trade）是国际上通用的贸易条件，代表买卖双方承担的义务，而这些义务的不同会影响报价。外贸报价一般包括三个元素——价格、货币和贸易术语，为什么贸易术语是报价中必不可少的内容呢？

外贸交易由于地理和国别的差异，成交时间长，交易手续复杂，沟通不便，双方在应承担的责任义务上难免出现争议。为了减少这些争议和歧义，在实际交易中逐渐将贸易条件与价格联系起来，形成了各种贸易术语。

通用的外贸术语极大地简化了沟通，缩短了交易时间，其主要包含两层含义。

①商品的价格构成，除了产品价格之外是否还包括其他从属费用，如运费和保险。

②确定交货条件，即明确买卖双方在交接货物时各自所承担的责任、费用和风险。

由于规定贸易术语的国际惯例对买卖双方应该承担的义务，作了完整而确切的解释,因而避免了由于对合同条款理解的不一致,在履约中可能产生的某些争议。

国际贸易术语的使用通过《国际贸易术语解释通则》进行规范,但因时代变化,贸易术语也在不断修订完善,目前以2020版为准。具体内容见表1-4。

表1-4 国际贸易术语2020版

组别	术语	解释	交货地点	风险转移界限	责任与费用划分
E组	EXW（ex works）	工厂交货（指定地点）：指当卖方在其所在地或其他指定地点将货物交由买方处置时,即完成交货。代表卖方最低义务	车间、仓库、工厂所在地	买方处置货物后	运输费用：买方 保险费用：买方 出口清关：买方 进口清关：买方
F组	FCA（free carrier）	货交承运人（指定交货地点）：指卖方在其所在地或其他指定地点将货物交给买方指定的承运人或其他人	出口地或港口	货交第一承运人	运输费用：买方 保险费用：买方 出口清关：卖方 进口清关：买方
	FAS（free alongside ship）	船边交货（指定装运港）：指当卖方在指定的装运港将货物交到买方指定的船边（例如置于码头或驳船上）时,即为交货	指定的装运港口	卖方将货物交到船边时	运输费用：买方 保险费用：买方 出口清关：卖方 进口清关：买方
	FOB（free on board）	船上交货（指定装运港）：指卖方以在指定装运港将货物装上买方指定的船舶或通过取得已交付至船上货物的方式交货	指定的装运港口	货物交到船上时	运输费用：买方 保险费用：买方 出口清关：卖方 进口清关：买方
C组	CFR（cost and freight）	成本加运费（指定目的港）：指卖方在船上交货或以取得已经这样交付的货物方式交货。CFR价=FOB价+F运费	指定的装运港口	货物交到船上时	运输费用：卖方 保险费用：买方 出口清关：卖方 进口清关：买方

续上表

组别	术语	解释	交货地点	风险转移界限	责任与费用划分
C组	CIF（cost insurance and freight）	成本、保险费加运费（指定目的港）：指在装运港当货物越过船舷时卖方即完成交货。CIF价=FOB价+I保险费+F运费，俗称"到岸价"	指定的装运港口	货物交到船上时	运输费用：卖方 保险费用：卖方 出口清关：卖方 进口清关：买方
	CPT（carriage paid to）	运费付至（指定目的地）：指卖方将货物在双方约定地点交给买方指定的承运人或其他人。CPT=FCA+运费	境内陆路口岸或港口	货交第一承运人	运输费用：卖方 保险费用：买方 出口清关：卖方 进口清关：买方
	CIP（carriage and insurance paid）	运费、保险费付至（指定目的地）：指卖方将货物在双方约定地点交给买方指定的承运人或其他人。CIP=FCA+运费+保险费	境内陆路口岸或港口	货交第一承运人	运输费用：卖方 保险费用：卖方 出口清关：卖方 进口清关：买方
D组	DAP（delivered at place）	目的地交货（指定目的地）：指卖方在指定的目的地交货，只需做好卸货准备无须卸货即完成交货。卖方应承担将货物运至指定的目的地的一切风险和费用（除进口费用外）	指定目的地	送达目的地	运输费用：卖方 保险费用：卖方 出口清关：卖方 进口清关：买方
	DPU（delivered at place unloaded）	卸货地交货：卖方在指定的目的地卸货后完成交货	指定目的地	卸货	运输费用：卖方 保险费用：卖方 出口清关：卖方 进口清关：买方
	DDP（delivered duty paid）	完税后交货（指定目的地）：指卖方在指定目的地将仍处于抵达的运输工具上，但已完成进口清关，且已做好卸货准备的货物交由买方处置时，即为交货。代表卖方最大责任	进口地目的地	买方处置货物后	运输费用：卖方 保险费用：卖方 出口清关：卖方 进口清关：卖方

下面来看一个与贸易术语有关的案例。

实用范例 贸易术语与致损原因不一致的纠纷

某出口商与境外某进口商达成了合作,双方按照FOB条件达成了一笔小麦种子的外贸合同。合同规定小麦种子的发芽率必须在90%以上。

出口方在装船前对货物进行了必要的检验,结果符合外贸合同的约定。然而,货到目的港由进口方提货后指定检验机构再次进行检验,此时却发现小麦种子的发芽率不到50%。于是,进口方向出口方提出退货申请,并提出索赔。出口方拒绝进口方的退货申请和索赔要求,理由是:

出口方在装船前进行了必要的检验,证明交付的货物是合格的,而进口方在目的港检验发现质量有问题,说明货物品质的变化是在运输途中发生的。按照国际贸易惯例,在FOB条件下,货物在装运港装船时越过船舷,风险就转移给进口方,运输途中货物品质变化的风险应该由进口方承担。

双方协商后无法达成一致意见,遂向合同约定的仲裁机构提起仲裁以解决争议。

经仲裁庭审理时发现,小麦种子包装所用的麻袋上粘有虫卵,正是这些虫卵在运输过程中孵化成虫,咬坏了小麦种子的胚芽,才导致发芽率降低。

在这个案例中,出口方引用国际贸易惯例,以货物越过船舷风险即已转移给进口方为由拒绝赔偿,其主张是不能成立的。因为货物品质在中途发生变化导致损失的直接原因是包装不良,也就是说,致损原因在装船前就已经存在,货物发生损失已经带有必然性,这就属于出口方履约过程的过失,应构成违约。

虽然根据国际贸易惯例对FOB条件的风险转移的解释,越过船舷的运输途中突发的意外事件导致货物的损失由进口方承担,但是该案中所说的情况不属于惯例规定的范围,而是包装不良引起的,因此,出口方拒赔是不被支持的,应承担自己违约的后果,按照合同约定为客户办理退货或者给予客户赔偿。

06 从事外贸工作一定要知道的网站

外贸交易存在空间上的限制,外贸人员在开发客户和处理业务的过程中会更多地依赖一些专业网站，包括国家、地区或行业官方网站以及一些信息收集和发布网站，简单介绍见表1-5。

表1-5 外贸人员常用网站

类别	名称	提供信息类型
国家、地区官网	中华人民共和国商务部	买家数据库、国别报告
	中华人民共和国海关总署	进出口相关信息，如关税、退税率、进出境邮包查询和相关法律等
	阿联酋海关	进出口相关信息，如关税、退税率、进出境邮包查询和相关法律等
	新加坡海关	进出口相关信息，如关税、退税率、进出境邮包查询和相关法律等
行业官网	中国国际商会	各种商机活动、培训考试、商事法律、知识产权以及理事会成员信息等
信息收集与发布	中国进出口商品交易会	提供广交会的最新信息以及参会的企业目录
	中国制造网	B2B商务网站，找产品、发布产品、发布询价单等
	中国企业网	提供中国企业黄页、企业信息和供求信息
	阿里巴巴	提供企业名录、供求信息以及产品大全
	环球资源	出口推广机构，提供贸易展信息和产品目录
	Tradebi	提供企业目录和国际供求信息
	Allproducts（澳大利亚在线商店）	跨境电商平台，提供供应商目录
	Trade India（印度贸易平台）	电子商务平台，提供印度进出口企业目录
	Ioffer（美国交易平台）	线上交易平台
	中国出口信用保险公司	提供出口业务的相关保险服务

外贸人员在处理对外贸易业务时可能用到的网站包括但不限于表1-5中的这些，为了更好地开发业务，还需在日常工作中不断积累，并做好相关记录。

ⓞ7 开展外贸工作可以运用的公众号

随着微信公众号的发展，越来越多的人习惯了用公众号处理工作和生活上的各种事宜，外贸工作也不例外。那么，外贸工作中有哪些比较正规的公众号可以运用呢？

1. 综合资讯类：雨果网

公众号"雨果网"是一个专注于品牌出海的产业互联网平台，可传递跨境电商信息，并汇集了跨境平台、独立站和品牌出海的一站式服务。此外，还提供最新的国际市场资讯和外贸高手的实操技巧。图1-8为该公众号的消息窗口。

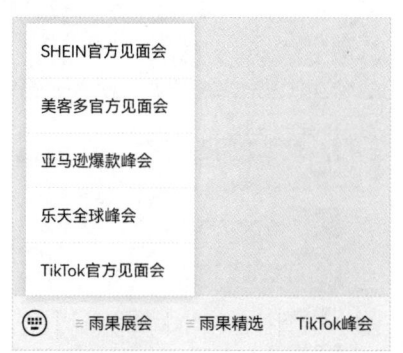 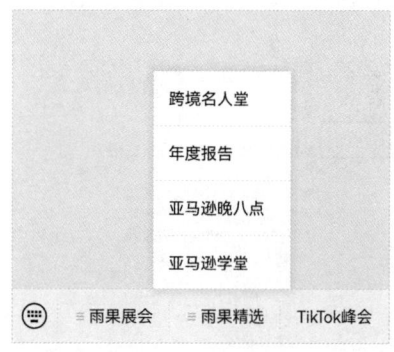

图1-8 "雨果网"公众号消息窗口

从图中可以看到，雨果网公众号为广大用户提供了各类峰会和展会信息，以及外贸工作的学习端口，如"名人堂""亚马逊学堂"等，另外还提供一些即将开展的峰会入口，如"TikTok 峰会"。

用户不仅可以学习如何与海外消费者精准合作，还能通过线上预约参加各种峰会，与潜在客户面对面交流。

2. 行业交流与资源整合类：福步外贸论坛

福步外贸论坛深入了解外贸人的各项需求，不断扩大和整合各类资源，涵盖了外贸人日常工作所需的信息交流、市场分析和宏观解读，营造了外贸人互助学习、相互提升的气氛，并快速解决外贸问题，致力于打造全球最具人气、最实用的外贸社区。

福步外贸论坛是一个综合性的外贸交流平台，包括外贸知识、外贸交友、外贸采购商信息、外贸合作、外贸英语学习、外贸术语、交易条款、外贸招聘和求职等信息。

微信用户关注"福步外贸论坛"公众号后，可以注册并登录账号。登录后，用户可以学习如何撰写外贸开发信、掌握出口基础知识，还可以查看与外贸相关的考试题目。在公众号消息窗口，点击相关链接进入福步外贸论坛页面，注册并登录账号后，找到需要的内容查看，如图1-9所示。

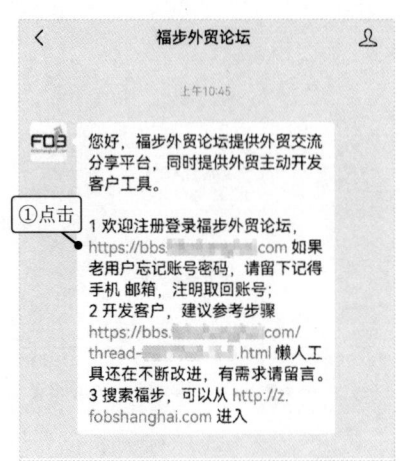
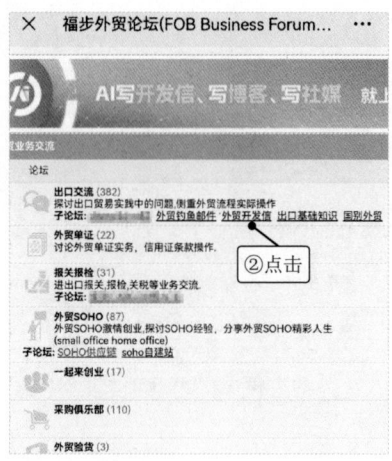

图1-9 "福步外贸论坛"公众号

除此以外，福步外贸论坛还大致划分了不同的外贸市场，外贸人员可以有针对性地进入特定市场查询需要的信息，如图1-10所示。

第 1 章　从零开始：做好基本工作不慌张

图 1-10　福步外贸论坛中的外贸市场

3. 跨境电商类：阿里巴巴一达通

阿里巴巴一达通为外贸企业提供专业、快捷、低成本的通关、外汇、退税及配套的物流、金融服务，以电子商务的手段，降低企业的出口成本，解决企业融资难题，帮助企业快速发展。主要业务不同，公众号不同，图 1-11（左）是解决外贸企业资金问题的公众号"Alibaba.com Pay"，图 1-11（右）是解决外贸企业物流问题的公众号"阿里巴巴国际站物流"。

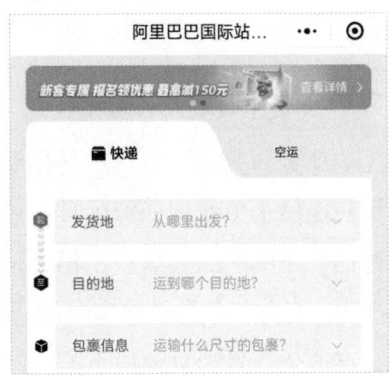

图 1-11　阿里巴巴一达通相关公众号

21

4. 物流运输类：中国国际海运网

"海运网"公众号即中国国际海运网，是中国物流与采购联合会国际货代分会和会长单位。关注公众号后，点击页面右下角的"商务中心"下拉按钮，在弹出的菜单中选择"海运网"选项，进入主页选择"信息平台"选项，即可进入海运费信息查询页面，选择相应的选项以及装卸港，点击"搜索"按钮即可查询运费，如图1-12所示。

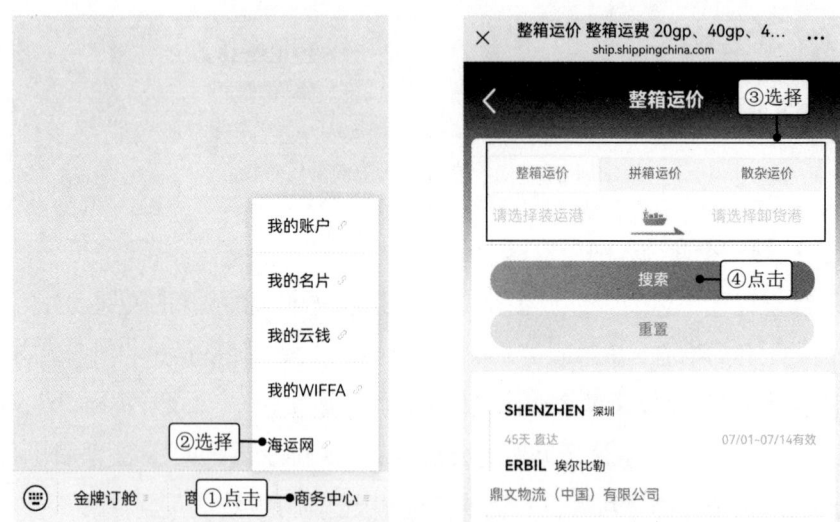

图1-12 通过"海运网"公众号查海运费

5. 外贸工具类：外贸精英社

"外贸精英社"公众号是拓展外贸资源和学习外贸知识的平台，不仅向用户提供了免费的外贸工具，还发布一些外贸实战内容，如常用英语口语对话、爆单产品大盘点、相关国家最新加征关税产品说明、外贸电话沟通技巧以及如何精准揣摩客户的心意等。

点击公众号消息窗口下方的"外贸利器"选项卡，在弹出的菜单中选择"免费外贸工具"选项，进入新页面，点击相关超链接，查看常用的查询工具有哪些，如图1-13所示。

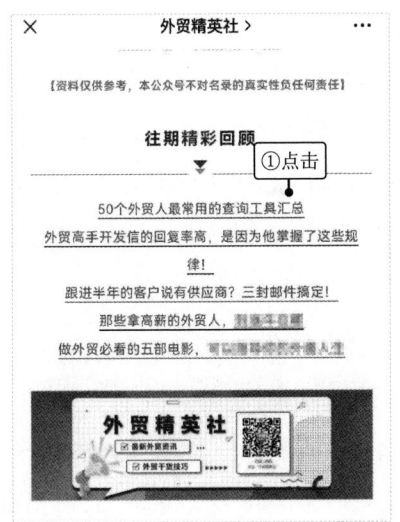 

图 1-13　点击"外贸利器"选项卡查看常用查询工具

外贸人员在日常工作中要时刻注意搜集权威公众号,加以利用。

⓾ 及时掌握外贸政策中的限制规定

无论是具体的外贸政策还是相关法律法规,都可能包含对外贸业务的限制性规定。外贸人员必须充分了解这些规定,才能在实际外贸工作中避免犯错。下面简单介绍一些限制性规定。

1. 实行国营贸易管理

根据《中华人民共和国对外贸易法》第十条规定,国家可以对部分货物的进出口实行国营贸易管理。实行国营贸易管理货物的进出口业务只能由经授权的企业经营;但是,国家允许部分数量的国营贸易管理货物的进出口业务由非授权企业经营的除外。

实行国营贸易管理的货物和经授权经营企业的目录,由国务院对外贸易主管部门会同国务院其他有关部门确定、调整并公布。

违反本条第一款规定,擅自进出口实行国营贸易管理的货物的,海关不予放行。

2. 对特殊货物采取任何必要的措施

根据《中华人民共和国对外贸易法》第十六条第一款规定，国家对与裂变、聚变物质或者衍生此类物质的物质有关的货物、技术进出口，以及与武器、弹药或者其他军用物资有关的进出口，可以采取任何必要的措施，维护国家安全。

3. 保护知识产权的外贸限制

根据《中华人民共和国对外贸易法》第二十八条规定，国家依照有关知识产权的法律、行政法规，保护与对外贸易有关的知识产权。

进口货物侵犯知识产权，并危害对外贸易秩序的，国务院对外贸易主管部门可以采取在一定期限内禁止侵权人生产、销售的有关货物进口等措施。

第三十条规定，其他国家或者地区在知识产权保护方面未给予中华人民共和国的法人、其他组织或者个人国民待遇，或者不能对来源于中华人民共和国的货物、技术或者服务提供充分有效的知识产权保护的，国务院对外贸易主管部门可以依照本法和其他有关法律、行政法规的规定，并根据中华人民共和国缔结或者参加的国际条约、协定，对与该国家或者该地区的贸易采取必要的措施。

4. 关于反倾销的规定

根据《中华人民共和国对外贸易法》第三十二条规定，在对外贸易经营活动中，不得实施以不正当的低价销售商品、串通投标、发布虚假广告、进行商业贿赂等不正当竞争行为。

在对外贸易经营活动中实施不正当竞争行为的，依照有关反不正当竞争的法律、行政法规的规定处理。

有前款违法行为，并危害对外贸易秩序的，国务院对外贸易主管部门可以采取禁止该经营者有关货物、技术进出口等措施消除危害。

5. 限制或禁止有关货物、技术进口或出口

国家基于一定的原因，可以限制或者禁止有关货物、技术的进口或者

出口。国务院对外贸易主管部门会同国务院其他有关部门，依照《中华人民共和国对外贸易法》第十五条和第十六条的规定，制定、调整并公布限制或者禁止进出口的货物、技术目录。

国务院对外贸易主管部门或者由其会同国务院其他有关部门，经国务院批准，可以在本法第十五条和第十六条规定的范围内，临时决定限制或者禁止前款规定目录以外的特定货物、技术的进口或者出口。

《中华人民共和国对外贸易法》第十八条规定，国家对限制进口或者出口的货物，实行配额、许可证等方式管理；对限制进口或者出口的技术，实行许可证管理。

实行配额、许可证管理的货物、技术，应当按照国务院规定经国务院对外贸易主管部门或者经其会同国务院其他有关部门许可，方可进口或者出口。

国家对部分进口货物可以实行关税配额管理。

6. 限制或禁止有关国际服务贸易

根据《中华人民共和国对外贸易法》第二十五条规定，国家基于一些原因，可以限制或者禁止有关的国际服务贸易。

第二十六条第一款规定，国家对与军事有关的国际服务贸易，以及与裂变、聚变物质或者衍生此类物质的物质有关的国际服务贸易，可以采取任何必要的措施，维护国家安全。

另外还有一些针对特殊货物的进出口限制规定，这里不作详述。

⑨ 调整海南自由贸易港原辅料"零关税"政策

财关税〔2025〕1号《关于调整海南自由贸易港原辅料"零关税"政策的通知》对海南自由贸易港原辅料"零关税"政策进行调整，具体事项有以下三项：

①增加未烘焙咖啡、乙烯、机器零件等297项商品至海南自由贸易港"零税率"原辅料清单。

②对《财政部　海关总署　税务总局关于海南自由贸易港原辅料"零

关税"政策的通知》（财关税〔2020〕42号）第三条所列维修情形，增加如下内容：

"用于维修按照《财政部 海关总署 税务总局关于海南自由贸易港交通工具及游艇'零关税'政策的通知》（财关税〔2020〕54号）、《财政部 海关总署 税务总局关于海南自由贸易港自用生产设备'零关税'政策的通知》（财关税〔2021〕7号）、《财政部 海关总署 税务总局关于调整海南自由贸易港自用生产设备'零关税'政策的通知》（财关税〔2022〕4号）进口的'零关税'游艇、自用生产设备（含相关零部件），免征进口关税、进口环节增值税和消费税。

未征得海关同意并补缴进口关税、进口环节增值税和消费税，'零关税'零部件不得挪作他用。"

③将《财政部 海关总署 税务总局关于海南自由贸易港原辅料"零关税"政策的通知》（财关税〔2020〕42号）第四条修改为：

"'零关税'原辅料仅限海南自由贸易港内企业生产使用，接受海关监管，不得转让。因企业依法破产等原因，确需转让'零关税'原辅料的，转让前应征得海关同意并办理补缴税款等手续。其中'零关税'原辅料转让给符合享受政策条件主体的，免征进口关税、进口环节增值税和消费税。'零关税'原辅料加工制造的货物转让时，需补缴原辅料的进口关税、进口环节增值税和消费税。上述转让行为，照章征收国内环节增值税、消费税。'零关税'原辅料及加工制造的货物出口，按现行出口货物有关税收政策执行。"

该通知还说明，原辅料'零关税'政策其他内容继续执行《财政部 海关总署 税务总局关于海南自由贸易港原辅料"零关税"政策的通知》（财关税〔2020〕42号）有关规定。

❿ 开展外贸业务必须懂得处理关税

关税是指一国海关根据该国法律规定，对通过其关境的进出口货物征收的一种税收。关税在各国一般属于国家最高行政单位指定税率的高级税种，对于对外贸易发达的国家而言，关税甚至是国家财政的主要收入。

我国目前对进出境货物征收的关税分为进口关税和出口关税两类。而根据不同的计征方法进行划分，关税又可分为表1-6中的几个类型。

表1-6　根据计征方法划分关税类型

类型	解释
从价关税	以进出口货物的价格作为标准征收关税
从量关税	依照进出口货物数量的计量单位（如吨、箱等）征收定量关税
混合关税	对进出口货物进行从价和从量混合征税的关税
选择关税	指在税则中对同一种货物规定采用从量或从价两种关税税率，在征税时可以选择征税额较高的一种，或者以税额较低的一种作为技术标准进行计征
滑动关税	关税税率随着进口商品价格由高到低而由低到高设置的税，可以起到稳定进口商品价格的作用

实务中，关税的税率有多种不同类型，具体见表1-7。

表1-7　关税税率类型

类型	适用范围
普通税率	适用于原产于未与我国共同适用最惠国待遇条款的世界贸易组织成员，未与我国订有相互给予最惠国待遇、关税优惠条款贸易协定和特殊关税优惠条款贸易协定的国家或者地区的进口货物，以及原产地不明的货物
最惠国税率	适用于原产于与我国共同适用最惠国待遇条款的世界贸易组织成员的进口货物，原产于与我国缔结或者共同参加含有相互给予最惠国待遇条款的国际条约、协定的国家或者地区的进口货物，以及原产于我国的进口货物
协定税率	适用于原产于与我国缔结或者共同参加含有关税优惠条款的国际条约、协定的国家或者地区且符合国际条约、协定有关规定的进口货物
特惠税率	适用于原产于我国给予特殊关税优惠安排的国家或者地区且符合国家原产地管理规定的进口货物
关税配额税率	指关税配额限度内的税率。关税配额是进口地限制进口货物数量的措施，把征收关税和进口配额相结合，以限制进口。对于在配额内进口的货物，可以适用较低的关税配额税率；对于配额之外的，则适用较高的关税配额税率
暂定税率	指在最惠国税率的基础上，对于境内需要降低进口关税的货物，以及出于国际双边关系的考虑需要个别安排的进口货物，可以实行暂定税率

注意，适用于最惠国税率的进口货物有暂定税率的，应当适用暂定税率；适用协定税率、特惠税率的进口货物有暂定税率的，应从低适用税率；适用普通税率的进口货物，不适用暂定税率。

进口关税一般采用比例税率，实行从价计征的办法，但对于啤酒、原油等少数货物则实行从量计征，而对于广播用录像机、放像机和摄像机等则实行从价加从量的复合税率。

我国对进出口货物主要采取从价计征的办法征税，计税依据是进出口货物的完税价格。财务人员核算进口货物的关税时，还需要区分一般贸易项下和特殊贸易项下进口的货物，因为不同情形下关税完税价格的确定依据不同。出口货物应当以海关审定的货物售予境外的离岸价格扣除出口关税后作为完税价格，而离岸价格应以该项货物运离关境前的最后一个口岸的离岸价格为实际离岸价格。

根据规定，进口货物的纳税义务人应当自运输工具申报进境之日起14日内，向货物的进境地海关申报。进口货物到达前，纳税义务人经海关核准可以先行申报，具体办法由海关总署另行规定。

出口货物的纳税义务人除海关特准的外，应当在货物运抵海关监管区后、装货的24小时以前，向货物的出境地海关申报。进出口货物转关运输的，按照海关总署的规定执行。

报关企业接受纳税义务人的委托，以报关企业的名义办理报关纳税手续的，报关企业与纳税义务人承担纳税的连带责任。

纳税义务人应当自海关填发税款缴款书之日起15日内向指定银行缴纳税款。纳税义务人未按期缴纳税款的，从滞纳税款之日起，按日加收滞纳税款万分之五的滞纳金。纳税人因不可抗力或者在国家税收政策调整的情形下，不能按期缴纳税款的，经依法提供税款担保后，可以延期缴纳税款，但是最长不得超过6个月。

纳税人按照规定缴纳税款后，由海关制发缴款凭证。

如果纳税人符合相关法律法规、政策等规定的条件，可以申请退还关税。

具体可进入国家税务总局查看《中华人民共和国海关法》了解相关情况。

如果有少征、漏征或多征关税的情况，纳税人需要按照相关法律法规的规定处理。

1.3 关于外贸基础的问题解答

从事外贸工作的人在实务中难免会遇到不了解或有疑问的问题，这些问题的答案对于正确处理工作事宜至关重要，因此让很多外贸职场人士感到头疼。本节将针对外贸工作中的一些基础且受关注的问题进行解答。

⑪ 当前我国外贸发展的保障措施主要有哪些

问 对于想要从事外贸工作的人来说，了解国家对外贸发展的保障措施是非常重要的。我国在外贸发展方面，主要有哪些措施来保障出口商利益呢？

答 我国目前的外贸发展保障措施主要从关税、非关税和出口管理这三个方面来制定。

关税措施：适当征收进口关税，以此增加进口货物的成本，提高进口货物的市场价格，影响外国货物的进口数量，从而对本国工农业生产形成一定的保护。我国的进口关税有各种名目，如优惠关税、最惠国待遇关税、普惠制关税和保护关税等。同时对于不同商品，适用的关税税率也不相同。

信息拓展 关税税率的查询方法

若需查询具体的关税税率，外贸企业或外贸人员可以访问"中华人民共和国海关总署"官网。在网站首页下方单击"我要查"按钮，在打开的页面中单击"税率查询"按钮，即可进入如图1-14所示的查询页面。

序号	税号	商品名称	进口最惠国税率	进口普通税率	进口暂定
1	1201100000	种用大豆	0	180%	
2	1201901100	非转基因黄大豆	3%	180%	
3	1201901900	转基因黄大豆	3%	180%	
4	1201902000	非种用黑大豆	3%	180%	

图1-14 关税税率的查询端口

非关税措施：是指关税措施以外的限制进出口的政策，主要分为数量限制和其他非关税措施两类。配额、进出口许可证、自动出口限制和数量性外汇管制等属于数量限制措施，而技术性贸易壁垒、动植物检验检疫措施、海关估价、原产地规则等属于其他非关税措施。

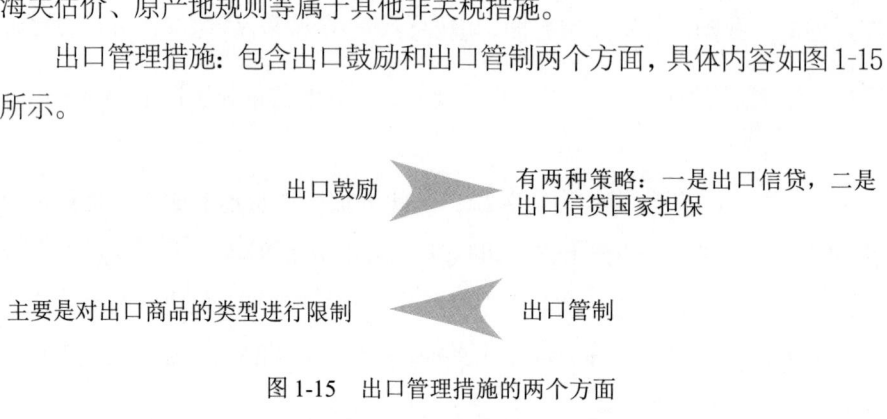

出口管理措施：包含出口鼓励和出口管制两个方面，具体内容如图1-15所示。

出口鼓励 → 有两种策略：一是出口信贷，二是出口信贷国家担保

主要是对出口商品的类型进行限制 ← 出口管制

图1-15 出口管理措施的两个方面

出口信贷是国家为了鼓励出口，增强商品的竞争力，通过银行对本国出口商、境外进口商（或其银行）提供优惠利率的贷款，其利率一般低于市场利率，差额由政府补贴。

出口信贷国家担保是国家为扩大出口，由国家设立的担保机构对出口厂商或商业银行提供的信贷担保，当境外债务人拒绝付款时，该机构就按照承保的数额给予补偿。通常情况下，保险公司不承保的出口项目都可向

担保机构投保。

出口管制中，被管制的商品通常包括战略物资及其有关的先进技术资料，境内生产所需的原材料、半成品及境内市场供应不足的某些必需品，实行"自动"出口控制的商品，实行许可证出口管理的商品，为实行经济制裁对某国或某地区限制甚至禁止出口的商品，重要的文物、艺术品、黄金和白银等。

⑫ 外贸行业面临哪些挑战和机遇

问 想要从事外贸工作的人群特别关心外贸行业面临的挑战和机遇，因为这直接关系到他们的切身利益，比如他们担心自己刚加入的公司是否会很快倒闭，导致自己失业；他们还关心外贸行业是否有好的发展机遇，从而使自己的工作更加稳定。那么，外贸行业具体面临哪些挑战和机遇呢？

答 以我国服务贸易为例，根据我国商务部发布的贸易发展报告来看，目前我国服务贸易面临三大挑战和三大机遇，分别如图1-16和1-17所示。

外需增长的不确定性较大	全球经济复苏放缓，服务贸易面临外需收缩、供给冲击压力加剧、地缘政治冲突持续等不利因素影响。大宗商品价格高位波动，全球消费持续疲软
前期贸易摩擦频发，数字安全威胁不断升级，在数字贸易方面，全球"数字鸿沟"、"数字隔离"和数字贸易"联盟化"突出	国际发展环境的不确定性较大
人才短缺且培养难度大	外贸行业特别需要精通国际贸易、擅长跨文化沟通的复合型人才，但现实中人才的供应面临不足的问题，一方面毕业后难以适应企业的实际工作需求；另一方面外贸企业内部存在培训难、人才流失的问题

图1-16 服务贸易的三大挑战

```
┌─ ○ 数字化发展
│  ┌─────────────────────────────────────────────┐
│  │ 数字化技术激发服务贸易数字化发展的潜力。数字技术广泛渗入生产、│
│  │ 流通、消费环节，推动服务供给端数字化创新和需求端数字化消费，大│
│  │ 幅提高服务的可贸易性。数字技术有助于降低跨境服务贸易成本，将对│
│  │ 发展国家服务贸易产生重要的推动力                              │
│  └─────────────────────────────────────────────┘
│
├─ ○ 服务贸易高水平开放
│  ┌─────────────────────────────────────────────┐
│  │ 在新一轮国际经贸规则重构中推进服务贸易高水平开放是高标准国际经│
│  │ 贸规则的重要特征。中国服务领域对外开放持续深化，外商投资准入前│
│  │ 的国民待遇加负面清单管理制度日趋完善。同时，跨境服务贸易的限制│
│  │ 措施逐步放宽，使得中国服务领域开放的大门越开越大              │
│  └─────────────────────────────────────────────┘
│
└─ ○ 超大规模服务业市场
   ┌─────────────────────────────────────────────┐
   │ 世界已进入服务经济时代，超大规模服务业市场为全球服务贸易提供了│
   │ 广阔的发展空间。新一代信息技术发展与迭代不断拓展全球经济合作纵│
   │ 深，服务业跨国合作与转移成为国际贸易的新增长点                │
   └─────────────────────────────────────────────┘
```

图 1-17 服务贸易的三大机遇

⑬ 自身经营的商品是否属于限制类商品的出口

问 有些主营业务为对外出口的企业，对于自己经营的商品是否属于限制类商品并不清楚，从而导致无法事前做好相关准备，临出口时才被告知属于限制类商品，需要办理众多手续才能正常出口，这无疑会降低出口企业的经营效率。因此，很多外贸企业对于自身经营的产品是否属于限制类商品存在疑问，那么究竟如何判断呢？

答 所谓的限制类商品，通常是指加工贸易限制类商品。为了落实国务院决定，保持外贸稳定增长，我国商务部和海关总署规定了加工贸易限制类商品的目录，涵盖了进口和出口两方面的加工贸易限制类商品。外贸企业可以进入海关总署官网查询，单击首页上方的"互联网＋海关"选项卡，如图 1-18 所示。

图 1-18　进入海关总署官网单击相应选项卡

在打开的页面中找到"我要查"版块,单击"海关法规"选项卡,如图 1-19 所示。

图 1-19　单击"海关法规"选项卡

在法规列表中找到"海关总署 商务部公告 2008 年第 120 号",即可查看加工贸易限制类商品目录。

⑭ 作为出口商该如何应对新型非关税壁垒的影响

问 随着 WTO 规则体系不断完善,国际贸易竞争日益激烈,传统贸易保护措施的作用大大降低,各种新的非关税壁垒措施迅速出现并发展,如技术性贸易壁垒、绿色贸易壁垒、社会责任标准贸易壁垒、保障措施和针对中国的特定产品保障措施以及动物福利壁垒等。不同于以数量限制为特征的传统贸易壁垒,这些新型壁垒更多体现商品和商业利益,是以保护安全、维护人类和动植物的生命和健康、保护环境和生态平衡等名义,通过立法、特定技术法规、标准和合格评定程序等来影响国际商品自由流动。那么,作为出口商,该如何做才能有效应对新型非关税壁垒呢?

答 新型非关税壁垒具有很大的隐蔽性、复杂性和强制性，通常也都被赋予合法性，种类繁多且形式多变，难以应对。然而，世界贸易组织协议中承认各成员国采取技术性贸易壁垒和绿色贸易壁垒的必要性和合理性，因此，应对新型非关税壁垒的影响要从两大方面入手。

1. 正确认识和发挥政府在应对非关税壁垒中的主要作用

本国政府可以作为管理者参与，利用国家职能来发挥管理作用，如在海关、商检、进出口许可证管理和税收等领域发挥其主导作用；或者作为服务者参与，通过提供政策和信息服务发挥服务作用；又或者作为谈判组织者参与，通过与WTO、国际组织和各国政府谈判、协商，发挥主导作用。显然，出口商不能完全依赖于这些措施，毕竟外贸企业无法干预国家事务，只能希望国家重视非关税壁垒问题，并采取上述措施来保护出口商的利益。

2. 加强对新型非关税壁垒的研究，结合地区出口产品制定具体对策

研究和分析国际贸易中新型非关税壁垒的特点、形成机理和发展规律，加强对境外实施非关税壁垒的实证研究，如非关税壁垒引起的贸易摩擦和争端案例。

①系统分析实施非关税壁垒国家的产业属性、行业发展状况、产品市场竞争程度和市场容量变化，研究其与实施非关税壁垒的内在联系。

②系统分析非关税壁垒对出口产品、出口行业的影响程度，进行科学量化，提出针对不同产品、不同出口国家和不同非关税壁垒的具体对策。

③应对新型非关税壁垒要变被动为主动，可以建立重点产品、敏感产品的预警机制和公告制度，为出口企业提供信息服务；还可以建立和强化新型非关税壁垒咨询中心，开展咨询服务；甚至可以建立以政府为主导、企业和行业协会为主体的应急体系。

如果出口商发现单凭自己的力量无法有效应对新型非关税壁垒的影响，可以登录海关总署官网，提出自己的建议，让国家看到非关税壁垒带来的不利影响，从而促使其采取上述有关措施。

信息拓展 新型非关税壁垒的几种表现形式

技术性贸易壁垒是指超越公认的不合理和非科学的强制性或非强制性规定、标准和法规，以及用于检验商品是否符合这些技术法规、确定商品质量和性能的认证、审批和实验程序所构成的贸易壁垒。如国标 ISO 9000、ISO 14000 和"关于限制在电子电气设备中使用某些有害成分的指令"等。

绿色贸易壁垒是指一些发达国家以保护环境和国民健康为名，通过立法或制定技术法规、标准、合格评定程序等方式，对进口产品实行限制的新型贸易壁垒。如一些国家通过立法禁止进口含偶氮染料的纺织品。

社会责任标准贸易壁垒，如 SA8000，是一项规范社会道德行为的新型国际标准，要求企业在追求利润的同时积极承担社会责任，目标是保护人类基本权益、改善全球工人的工作条件，并确保企业提供的产品符合社会责任标准。具体来说，在童工、强制劳动、健康与安全、结社与谈判、歧视、惩戒性措施、工作时间、工资和管理系统等方面，为企业设定了社会责任的最低标准，这可能会给企业带来沉重负担。

⑮ 目前进口肉类的收货人还需要备案吗

问 一些经营特殊产品的外贸企业对于自身在进口或者出口时是否需要备案尚不清楚，比如进口肉类的外贸企业常常会多方打探，作为进口肉类的收货人是否需要备案？

答 某地海关副关长在一次访谈中回答了该问题，自 2022 年 1 月 1 日起，取消进口肉类收货人备案事项。企业如需进口肉类，只需完成进出口收发货人登记，并在"进口食品进口商备案"系统中的"经营食品种类"栏勾选肉类即可。

⑯ 化妆品企业知识产权权利变动需变更备案吗

问 一家化妆品企业备案的知识产权权利发生了一些变动，是否需要向海关总署办理变更或注销呢？

答 知识产权备案情况发生改变的，知识产权权利人应当自发生改变之日起30个工作日内，向海关总署办理备案变更或者注销手续。知识产权权利人未按规定办理变更或者注销手续，给他人合法进出口或者海关依法履行监管职责造成严重影响的，海关总署可以根据有关利害关系人的申请撤销有关备案，也可以主动撤销有关备案。

⑰ 暂停部分水果进口的具体情况有哪些

问 听说海关总署会暂停部分水果进口或暂停从相关水果产区、果园、包装厂进口，请问具体包括哪些情况？

答 ①进境水果果园、加工厂地区或周边地区爆发严重植物疫情的；②经检验检疫发现中方关注的进境检疫性有害生物的；③经检验检疫发现有毒有害物质含量超过中国相关安全卫生标准规定的；④不符合中国有关检验检疫法律法规、双边协定或相关国际标准的。①~④规定暂停进口的水果需恢复进口的，应当经海关总署依照有关规定进行确认。

⑱ 如何选择合适的物流方式

问 物流方式主要有公路运输、铁路运输、海运、航空运输、管道运输、国际多式联运等，外贸业务中怎样才能选择合适的物流方式？

答 要保证选择的物流方式是合适的，就要按照各物流方式的适用情景进行选择。公路运输适合近距离、小批量的货运，以及铁路和海运难以到达的地区；铁路运输适用于大宗货物运输、长距离干线运输；海运适合大批量、长距离的情形；航空运输适用于贵重物品、紧急物资以及偏远地区的情况；管道运输适用于石油、天然气、煤炭等大宗物资的连续运输；国际多式联运是结合至少两种不同运输方式的物流方式，适用于跨国货物运输和复杂物流新需求。

第 2 章

前期准备：实施外贸活动不担心

外贸企业开展外贸业务的前期准备阶段，难免会遇到一些不清楚的问题。为此，需要汇总这些疑难问题进行，并找到相应的答案或解决办法，以确保准备工作能够有效地支持后期的外贸业务开展。

2.1 开展对外贸易需要做好哪些准备

外贸企业在正式开展对外贸易业务之前，做好必要的前期准备，有利于后续业务的顺利进行。

01 怎样进行国际市场调研

外贸企业进行国际市场调研，先要确定调研方法，主要包括图2-1展示的两大类。

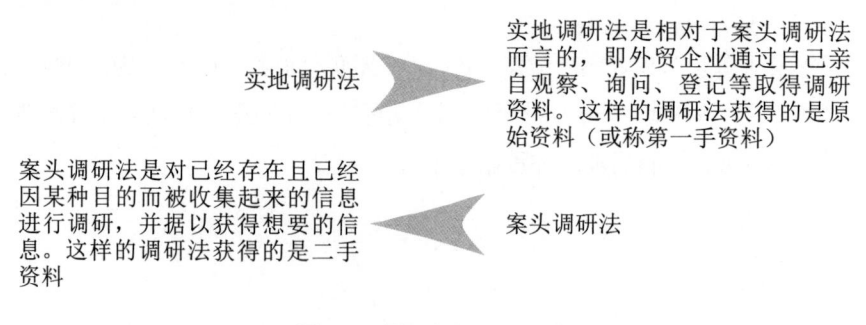

实地调研法 ➡ 实地调研法是相对于案头调研法而言的，即外贸企业通过自己亲自观察、询问、登记等取得调研资料。这样的调研法获得的是原始资料（或称第一手资料）

案头调研法是对已经存在且已经因某种目的而被收集起来的信息进行调研，并据以获得想要的信息。这样的调研法获得的是二手资料 ⬅ 案头调研法

图 2-1 国际市场调研方法

外贸人员不仅需要掌握国际市场调研的方法，还应该清楚调研时需要获取哪些关键信息，简单介绍见表2-1。

表 2-1 国际市场调研需要了解的信息

类别	具体信息
经济发展信息	包括经济环境特征、经济增长速度、通货膨胀率、工商业周期趋势等一般信息以及与之相关的价格、税收、外贸政策等方面的资料，是外贸企业确定国际市场发展方向和目标的重要依据
社会或政治气候信息	包括影响企业境外业务经营的一系列非经济性环境条件的一般信息，如法律体系、语言文字、政治稳定性、社会风俗习惯、有关文化方式和道德背景等
市场条件信息	包括有关国家市场结构与容量、交通运输条件、对本行业产品的获利能力分析、主要进出口地的需求总量、某商品进出口量在其境内消费或生产的比重等
市场竞争者的信息	包括市场竞争结构和垄断程度、主要竞争对手企业的占有率、当地供货商利用政治影响提高关税和非关税壁垒的可能性等

续上表

类别	具体信息
科技发展信息	应经常注意和搜集对本企业有用的、别人已经取得的科技成果或发明专利等方面的详细信息资料，因为科学技术的发展对实现企业长期目标有重大战略意义
国际市场营销情况	包括商品销售渠道、广告宣传和竞争分析，具体调研销售网络的设立、批发零售商的经营能力、经营利润、消费者对批发零售商的印象、售后服务、消费者购买动机、广告内容、广告时间和方式、广告效果以及竞争者的产品质量、价格、政策、广告、分配路线、占有率等
客户情况	包括客户的背景和人际关系，客户的资信情况，客户的经营范围和经营能力等

对外贸人员来说，仅了解国际市场调研方法和所需调研的信息是不够的，还需要遵循国际市场调研的一般步骤，以避免调研工作出错，如图2-2所示。

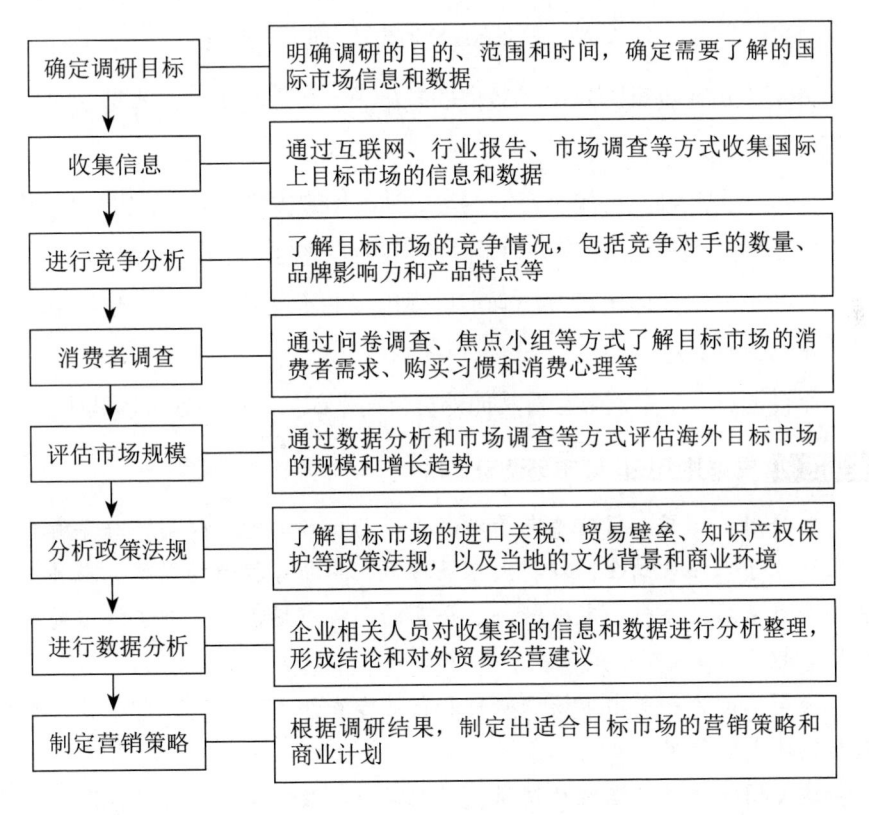

确定调研目标	明确调研的目的、范围和时间，确定需要了解的国际市场信息和数据
收集信息	通过互联网、行业报告、市场调查等方式收集国际上目标市场的信息和数据
进行竞争分析	了解目标市场的竞争情况，包括竞争对手的数量、品牌影响力和产品特点等
消费者调查	通过问卷调查、焦点小组等方式了解目标市场的消费者需求、购买习惯和消费心理等
评估市场规模	通过数据分析和市场调查等方式评估海外目标市场的规模和增长趋势
分析政策法规	了解目标市场的进口关税、贸易壁垒、知识产权保护等政策法规，以及当地的文化背景和商业环境
进行数据分析	企业相关人员对收集到的信息和数据进行分析整理，形成结论和对外贸易经营建议
制定营销策略	根据调研结果，制定出适合目标市场的营销策略和商业计划

图2-2　国际市场调研的一般步骤

外贸人员在确定目标市场时，可以从三个方面考量：研究本企业的产品或服务的最佳市场，研究本企业的竞争对手正在销售的市场，研究本企业的目标客户群体所在的市场。

收集国际市场数据的工具有很多，常用的有四种，如图2-3所示。

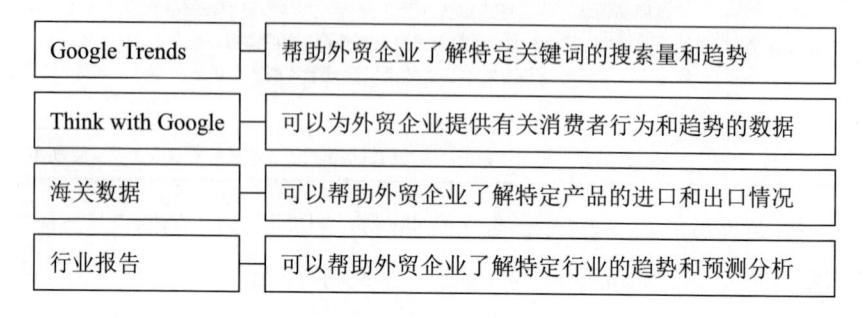

Google Trends	帮助外贸企业了解特定关键词的搜索量和趋势
Think with Google	可以为外贸企业提供有关消费者行为和趋势的数据
海关数据	可以帮助外贸企业了解特定产品的进口和出口情况
行业报告	可以帮助外贸企业了解特定行业的趋势和预测分析

图 2-3　收集国际市场数据的四大工具

外贸人员在收集国际市场数据的基础上，可以根据实际需要选用各种数据分析方法。

SWOT分析法：运用该方法确定目标市场的优势、劣势、机会和威胁。

PEST分析法：运用该方法了解目标市场的政治、经济、社会和技术环境。

市场细分法：运用该方法确定目标市场的不同细分市场，使得制定的销售策略更有针对性。

下面通过一个案例来看看其他外贸公司是如何进行国际市场调研的。

实用范例　安排并组织国际市场调研工作

某公司是一家专门从事电子产品生产与出口的外贸公司，每年都会参加国际电子产品展销会，以扩大市场份额，不断寻找新的商机。在某一次展销会结束后，公司决定进行一次全面的国际市场调研，以了解当前国际市场的趋势和竞争对手的动向。

公司派遣了一支由市场调研员和行业专家组成的团队，前往目标市场进行实地走访和调研。

这支团队通过与当地经销商、代理商以及最终用户的交流，了解该市场对于电子产品的需求和偏好。同时也通过与竞争对手的对比分析，找出自身在该市场中的优势和劣势,并制定相应的应对策略。

同时,公司还对市场调研报告进行数据分析,深入研究该市场的潜在增长点,发现一些前期没有发现的商机和发展趋势,为公司的未来发展指明方向。

公司利用市场调研报告,通过对竞争对手的产品特点、价格策略和营销手段等进行深入研究,找到竞争对手的劣势和薄弱环节,并设计一系列针对性的竞争策略,以保障公司在该市场中的竞争地位。

通过这次全面的国际市场调研,公司成功掌握目标市场的动向和趋势,找到市场的增长点和商机,制定有效的市场竞争对策,为公司在国际贸易市场中取得成功奠定坚实基础。

由此可见,国际市场调研工作中,外贸公司不仅要将调研工作派给专业的人员负责,还需要根据自身实际情况选择实地考察或者其他相关方法进行调研,调研对象包括经销商、代理商、最终客户以及竞争对手情况,调研客体就是公司拟进入目标市场的产品或服务。

❷ 如何获得进出口经营权

外贸企业要获得进出口经营权,有一定的办事流程需要遵守,简单介绍如图2-4所示。

①准备企业资料 → ②变更经营范围 → ③办理备案登记 → ④电子口岸备案

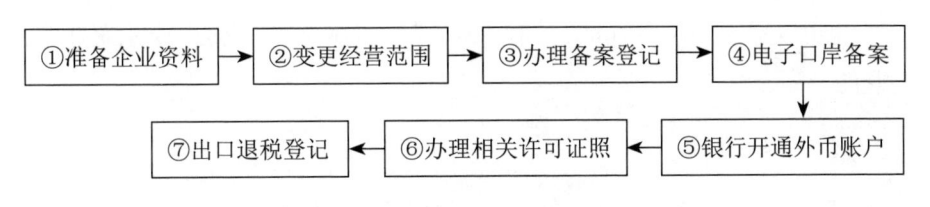

⑦出口退税登记 ← ⑥办理相关许可证照 ← ⑤银行开通外币账户

图2-4 外贸企业获取进出口经营权的一般流程

(1)准备企业资料

外贸企业需要准备的企业资料包括但不限于最新的营业执照、法定代表人身份证复印件等。

（2）变更经营范围

从事进出口业务需确保营业执照的经营范围栏包含"货物及技术进出口"或"经营进出口业务"等字样。如果经营范围中没有包含外贸或进出口等相关内容，需要先进行经营范围变更。

（3）办理备案登记

纳税人可以登录"互联网+海关"一体化网上办事平台，进入"企业管理和稽查"模块办理，如图2-5所示，可以单击"进出口货物收发货人备案"或"报关企业备案"选项卡，即可按照页面提示完成备案登记手续。

图2-5 登录"互联网+海关"办理备案登记

也可以登录"中国国际贸易单一窗口"标准版"企业资质"子系统办理，如图2-6所示。

图2-6 登录"中国国际贸易单一窗口"标准版办理备案登记

无论选择哪个平台，办事人员都需要提交"报关单位备案信息表"，所提交的材料均需加盖公章后上传。

（4）海关注册登记

根据中华人民共和国海关总署的相关公告，企业在互联网上申请办理报关单位注册登记有关业务的，可以通过"中国国际贸易单一窗口"标准版"企业资质"子系统或"互联网＋海关""企业管理"子系统填写相关信息，并向海关提交申请。申请提交成功后，联系注册地海关办理注册登记，联系电话可在当地海关网站的办事指南里查看下载。

申请通过后，取得海关进出口代码。

（5）检验检疫局备案

根据中华人民共和国海关总署相关公告可知，完成注册登记的报关单位，海关向其核发的"海关报关单位注册登记证书"自动体现企业报关、报检两项资质，原"出入境检验检疫报检企业备案表""出入境检验检疫报检人员备案表"不再核发。

由此可见，报关单位在完成海关注册登记的同时，就有检疫备案代码。

相关手续可以登录"互联网＋海关"官网完成，如图2-7所示。也可以登录中国国际贸易单一窗口官网办理，如图2-8所示。

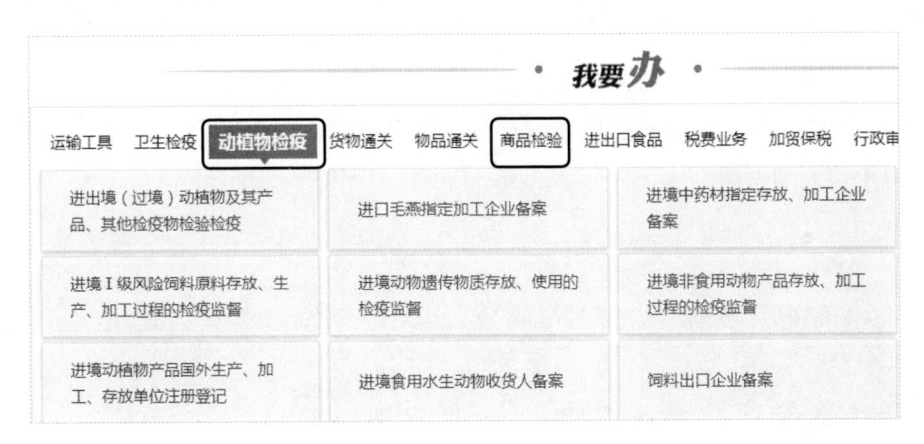

图2-7　"互联网＋海关"办理检验检疫备案

图 2-8　中国国际贸易单一窗口办理检验检疫备案

（6）电子口岸备案

根据《关于进一步便利电子口岸企业入网手续办理的公告》规定：中国电子口岸数据中心各地分中心受理企业的制卡申请。

电子口岸企业入网时，企业提交的申请信息经核实与营业执照信息一致的，制发电子口岸企业法人卡。企业办理电子口岸入网手续时，不再对海关报关单位备案信息、贸易外汇收支企业名录等信息进行验核，相关信息仅用于企业办理相关业务权限检查。但是，企业办理货物贸易外汇业务仍须按规定进行贸易外汇收支企业名录登记。

这样看来，外贸企业在办理营业执照后即可办理电子口岸卡，无须等到办理海关报关单位备案后再办理。

图 2-9 是中国电子口岸官网首页，通过"接入指引"可以办理电子口岸用户入网申请。

图 2-9　在中国电子口岸官网办理入网申请

（7）银行开通外币账户

开展货物贸易外汇收支业务的企业应当于办理首笔收支前,在境内银行办理名录登记,提交"贸易外汇收支企业名录申请表"。同时,开通外币账户,需要根据工作人员的指引完成相关申请书的填写和手续的办理。

（8）办理相关许可证照

根据不同行业的要求,外贸企业需要准备相关许可证照和证明文件,如食品行业的食品经营许可证、医疗器械行业的医疗器械注册证等。其中,医疗器械行业的医疗器械注册证的格式可以进入"国家药品监督管理局"官网查询。在官网首页找到"政务服务门户"版块,单击"办事指南"超链接,如图2-10所示。

图2-10　找到国家药品监督管理局的办事指南

在打开的页面中单击"医疗器械"选项卡,在下方单击相关类别的医疗器械首次注册选项右侧的"办事指南"超链接,如图2-11所示。

图2-11　选择医疗器械类别查看办事指南

在打开的页面中单击左侧的"结果样本"选项卡,再单击"样本文件下载"超链接,即可将医疗器械注册证样本文件下载到本地进行格式查看,如图2-12所示。

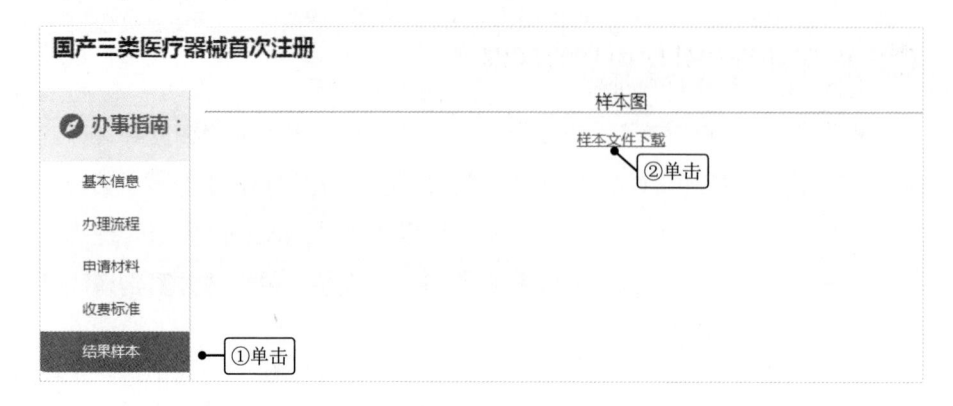

图2-12 下载并查看医疗器械注册证样本

(9)出口退税登记

享受出口退(免)税政策的出口企业,在申报出口退(免)税前需向主管税务机关申请办理出口退(免)税备案以及后续的备案变更、备案撤回事项。一般的外贸企业主要办理出口退税、生产企业委托代办退税、集团公司成员企业、免税品经营企业销售货物退税、边贸代理出口等方面的备案,具体可参考国家税务总局"办税指南"中的相关指引执行。网上办理相关手续,可以进入中国国际贸易单一窗口官网,通过"口岸执法申报－出口退税"端口实现,如图2-13所示。

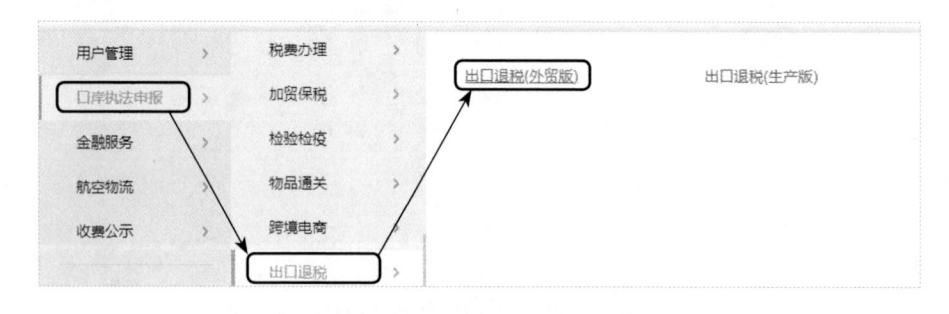

图2-13 网上办理出口退税事宜

从图 2-13 中可以看出，出口退税分为外贸版和生产版，生产性企业和外贸企业在出口退税手续方面的操作是不同的，企业需根据自身情况选择一个合适的版本进行手续办理。

❸ 内保外贷和外保内贷的区别

内保外贷是一种特殊的融资担保形式，是指境内银行（担保人）为境内企业的境外企业提供融资担保，由境外银行给境外企业发放相应贷款。这种担保形式为：在额度内，由境内银行开户保函或备用信用证（即担保信用证）为境内企业的境外企业提供融资担保，无须逐笔审批，与以往的融资型担保相比，缩短了业务流程。

"内保"是指境内企业向境内分行申请开立担保函，由境内分行出具融资性担保函给离岸中心；"外贷"是指由离岸中心凭借收到的担保函向境外企业发放贷款，如图 2-14 所示。

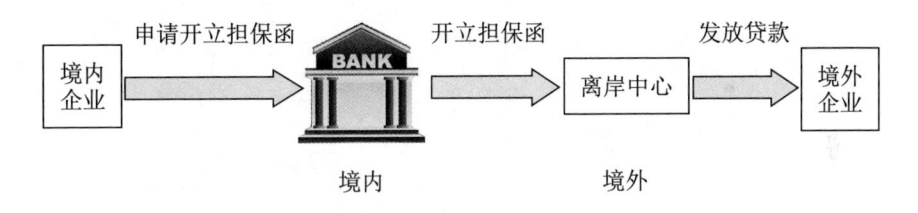

图 2-14 内保外贷的简单示意图

外保内贷是一种特殊的企业融资方式，是指境内企业借用外币普通贷款或金融机构给予的授信额度，由境外机构或个人提供担保。这种形式为：境外企业向境外机构申请开具融资性的担保函，由银行离岸中心出具担保函给境内分行，分行收到担保函后就可以为境内企业提供人民币授信。

"外保"是指境外企业向境外机构申请开具融资性的担保函，由境外机构出具融资性担保函给离岸中心；"内贷"是指由离岸中心凭借收到的担保函向境内企业发放贷款，如图 2-15 所示。

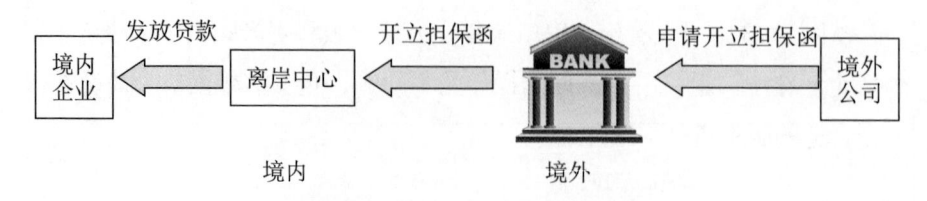

图 2-15 外保内贷的简单示意图

在内保外贷模式下，离岸中心实际上是境内银行在境外的分行；在外保内贷模式下，离岸中心是境外银行在境内的分行。

内保外贷与外保内贷作为跨境担保的两种主要形式，区别有几个方面，见表 2-2。

表 2-2 内保外贷与外保内贷的区别

区别	内保外贷	外保内贷
借款主体不同	境外企业	境内企业
贷款银行不同	境外银行	境内银行
担保机构不同	境内银行或非银行机构提供担保	境外银行等机构提供担保
目的不同	为了其境外关联企业能获取境外融资，解决境外企业在当地较难获得银行授信以及"融资难、融资贵"的困境	当境外企业拥有大量外币时，可通过外保内贷提升境外资产活力，满足境内企业融资需求
受理条件不同	①凡是具有进出口权或对外承包经营权或其他涉外经营权的。②资信良好的企业在银行开立人民币或外币账户，并与银行建立了良好业务关系。③银行审查申请人资格、申请书内容、业务背景、相关文件和保函格式。④银行实地调查客户资信情况、业务背景等。⑤按照国家法律法规和国际惯例办理保函业务。⑥按照统一授信规定办理业务，在核定的授信额度内出具保函，或按低风险业务要求交纳足额保证金，或以银行承兑汇票、存单等质押后办理	①银行通过对境外公司进行调查、评估，了解境内企业融资、经营情况后，开出合格的担保保函或备用信用证。②授信主体只能是外商投资企业，即中外合资企业、中外合作企业和外商独资企业。③授信额度以外商投资企业的投注差为限，即最大授信额度 = 经批准的总投资额度 - 外商投资企业注册资本。④在业务发生时仅需向外汇管理局报备，在授信到期日需要履约时，才需要向外管局申请核准该笔授信业务的外债额度。⑤是外汇担保项下人民币贷款

续上表

区别	内保外贷	外保内贷
业务优势不同	①享受境外贷款的低利率，降低资金成本。②缓解银行目前贷款规模从紧以至于企业资金紧张的局面	①满足企业固定资产投资和流动资金需求。②企业有真实贸易背景支持，融资较便利。③无须提供额外担保，操作便捷，被广泛认定为低风险业务

实用范例 内保外贷中币种错配的交易成本由谁承担的纠纷

某外贸公司因自身境外项目的融资需求，与某银行签订了"综合授信合同"以及"开立保函协议"对授信额度、保证金金额等约定均为人民币，且约定由某银行向境外指定人开立保函，如果银行支付案涉保函项下款项，或者该外贸公司或担保人发生违约、担保物被查封，则银行有权宣布提前到期，由外贸公司向银行全额偿付相应的债权本金、罚息和实现债权的费用。

后期，该外贸公司出现违约情形，银行履行了案涉保函项下付款义务，所以银行对该外贸公司提起诉讼，要求外贸公司立即支付全部本金、罚息和相关费用。

双方就外贸公司的还款币种以及银行是否应在外贸公司违约后划扣外贸公司账上的人民币保证金产生分歧。

外贸公司主张，本案的还款币种应为人民币，且双方约定外贸公司未能足额还款时银行有权直接划扣保证金，因此，银行应就延迟划扣导致损失扩大的部分承担责任。

银行主张，本案的还款币种为美元，购汇、换汇是外贸公司合同项下的义务，外贸公司对其保证金账户资金未提前经审批后购汇，所以银行无法进行扣划，不应对此承担责任。

该案例的争议焦点为还款币种的确定以及银行对保证金处理的责任界定。法院经审理认为，内保外贷关系中，境内企业向境内银行承担反担保责任时，履约币种不受境外担保标的币种的影响，应根据反担保凭证等合同约定综合确定还款币种；另外，内保外贷属于资本项目下交易，根据我国外汇管理政策，当银行发生内保外贷履约的，应先使用自有资金，不得以反担保资金直接购汇履约，相关结售汇纳入银行自身结售汇管理。同时，外汇管理规定明确了内保外贷履约后银行替担保人购汇。

所以境内银行清收反担保企业资金时，以企业应自行购汇为由主张履行障碍的，不应得到支持，银行可自行代反担保企业办理相关汇兑手续。

由于该案例中"综合授信合同"及该合同项下的其他约定对授信额度、保证金金额的约定均为人民币，且根据我国外汇管理局"资本项目外汇业务指引（2024版）"的相关规定："担保合同（或保函）与履约币种原则上应保持一致。"仅明确了内外外贷的境内银行对外履约的币种原则上应与担保合同币种一致，对于境内反担保人向境内银行履约的币种没有强制性规定，因此，即使银行的境外担保标的为美元债务，但由于该外贸公司的授信额度、境内质押、反担保资金等均为人民币，所以，本案例的还款币种应为人民币。

在该案例中，外贸公司未反担保人，银行为担保人，外贸公司未能及时履行付款义务时，银行有权先清收保证金，而不得以企业应自行购汇为由进行抗辩，而该银行怠于行使该项权利，因此，应对未及时清收保证金而扩大的损失承担相应责任。

需要注意的是，"扩大损失"不包括实现债权的费用。银行按照合同约定，在扣划保证金账户后对收回的款项按照顺序清偿债权，即先清偿律师费、财产保全费、罚息等，剩余款项再用于抵扣本金。而本案例中外贸公司主张实现债权的费用属于银行因未及时清收保证金导致的扩大损失，不予支持，外贸公司需自行担责。所以，"扩大损失"部分是指外贸公司在银行履行付款义务之日起至实际划扣保证金账户之日止金钱债务的利息部分，也就是说，银行仅有权要求外贸公司承担自实际划扣保证金账户之日起应付未付的欠款本金的罚息。

从案例可知，在内保外贷业务中，境内银行作为担保人，在反担保人未能履行付款义务时，应及时清收反担保人的保证金，如果保证金与银行担保履约币种不一致，银行可自行代反担保人办理汇兑手续，否则需要对延迟划扣导致的损失扩大部分承担责任。

内保外贷业务发生担保履约后，最终成为对外债权人的境内担保人或反担保人，应按照规定办理对外债权登记，且企业内保外贷履约额或作为银行内保外贷业务反担保人的履约额，不得超过企业对外放款额度的上限，否则不得办理新的境外放款业务。而外债登记并不影响境内银行对反担保人保证金的扣划。

04 优化产品宣传网站

在互联网时代，人人离不开网络，事事需要网络。在宣传活动中，网络的发展极大地节约了宣传成本，扩大了宣传效果。因此，越来越多的企业建立了自己的产品网站，旨在宣传自己的产品或服务。

产品宣传网站的建立大致分为三个步骤，每个步骤需要做的事情简单介绍如图2-16所示。

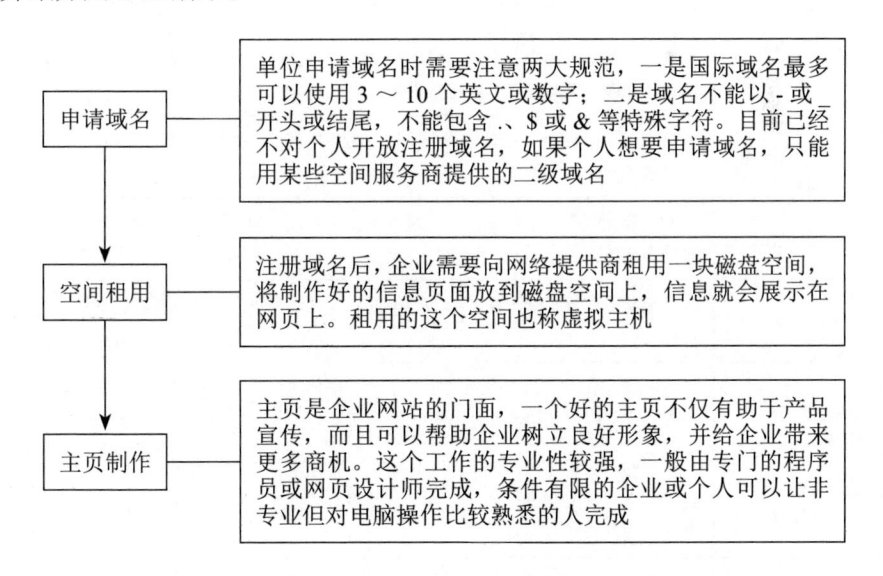

申请域名	单位申请域名时需要注意两大规范，一是国际域名最多可以使用3～10个英文或数字；二是域名不能以 - 或 _ 开头或结尾，不能包含 .、$ 或 & 等特殊字符。目前已经不对个人开放注册域名，如果个人想要申请域名，只能用某些空间服务商提供的二级域名
空间租用	注册域名后，企业需要向网络提供商租用一块磁盘空间，将制作好的信息页面放到磁盘空间上，信息就会展示在网页上。租用的这个空间也称虚拟主机
主页制作	主页是企业网站的门面，一个好的主页不仅有助于产品宣传，而且可以帮助企业树立良好形象，并给企业带来更多商机。这个工作的专业性较强，一般由专门的程序员或网页设计师完成，条件有限的企业或个人可以让非专业但对电脑操作比较熟悉的人完成

图2-16 建立产品宣传网站的三大步骤

那么，在建立了自己的产品宣传网站后外贸公司，该如何优化网站以提高访问量,进而提升转化率呢?简单介绍见表2-3。

表2-3 优化产品宣传网站的要点

优化要点	说明
关键词优化	这是网站优化的基础,也是提升网站排名的关键。从用户角度出发,选择与网站内容相关、搜索量大、竞争程度适中的关键词,同时要注意关键词的密度和分布,确保关键词在页面中自然出现,而不是过度堆砌
资源优化	①确保产品图片清晰、高质量、真实反映产品情况,同时注意图片的大小和加载速度,确保不会影响网站的整体性能。 ②使用合适的视频格式和优化技术,提高视频的加载和播放效果
详细的商品描述	确保商品描述准确、详细、易于理解,要注意使用吸引人的语言和排版,让用户对产品产生兴趣
用户评价和反馈	要在产品页面展示用户的评价和反馈,并确保评价和反馈的真实性和可信度。同时鼓励用户发表评价和反馈,提高评价和反馈的数量和质量
网站结构优化	建立清晰的网站结构,确保每个页面都能被搜索引擎和用户轻松访问;合理设置网站导航和分类,提高网页的可访问性和内链的连通性
链接建设	通过与其他相关网站建立友好的链接关系,可以提高网站的权重和排名,同时还可以通过外部链接和内部链接的合理运用提高网站的流量和用户体验
清晰的购物流程	确保购物流程清晰、简单、易于操作,同时要确保购物流程与支付方式的安全性和可靠性,提高用户的信任感和购买欲望
相关产品推荐	可以在产品页面中推荐与该产品相关的其他产品,并根据用户的购买行为和浏览记录进行个性化推荐
网站速度优化	利用优化代码、压缩文件和用缓存等技术手段,加快网页的加载速度,提高用户的访问体验
移动端优化	使用响应式设计或开发专门的移动网站,保证在不同设备上都能良好展示网站页面
社交媒体整合	将社交媒体与产品宣传网站进行整合,增加用户参与度和交互性,发布有价值的内容并与用户互动,提升品牌的曝光度和口碑
优化数据分析和检测功能	通过数据分析工具监测网站的访问量、转化率、用户行为等数据,并根据数据结果结合相关方法进行功能优化。可以根据数据找到用户使用习惯和痛点,进一步优化网站和产品
网站安全优化	加强网站的安全性,保护用户的隐私和数据安全。可以使用安全证书、加密技术等手段,防范黑客攻击和数据泄露

网站优化不是一次性工作,而是一个持续进行的过程。在进行网站优化的过程中需要不断学习和创新,适应市场发展和用户需求变化,才能在激烈的竞争中脱颖而出。

如果企业能力有限,或者缺乏网站设计与优化的人才,可以借助第三方提供的服务优化产品宣传网站,简单介绍下面一些。

1. 橙鱼传媒

橙鱼传媒专注于企业全链路整合营销服务,已形成了以全链路整合营销策划、全网 SEO 排名优化、网站 B/S 技术开发、短视频新媒体运营托管及搜索引擎包年竞价托管为主的全网营销五大服务体系。

公司拥有海量优质一手资源以及搜索引擎、权威媒体、短视频自媒体等优质渠道,熟悉品牌打造的动态步骤,是全方位品牌管家的倡导者与实践者,助力传统中小微企业。图 2-17 为橙鱼传媒的官网首页。

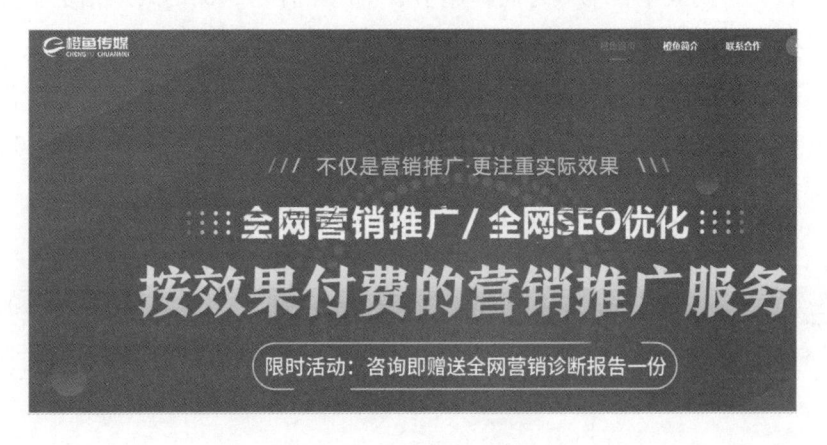

图 2-17　橙鱼传媒官网首页

2. 腾讯营销学堂

腾讯营销学堂是腾讯广告的产品介绍中心和投放优化学习中心,在"产品学堂"里有广告资源和转化链路等服务,如图 2-18 所示。

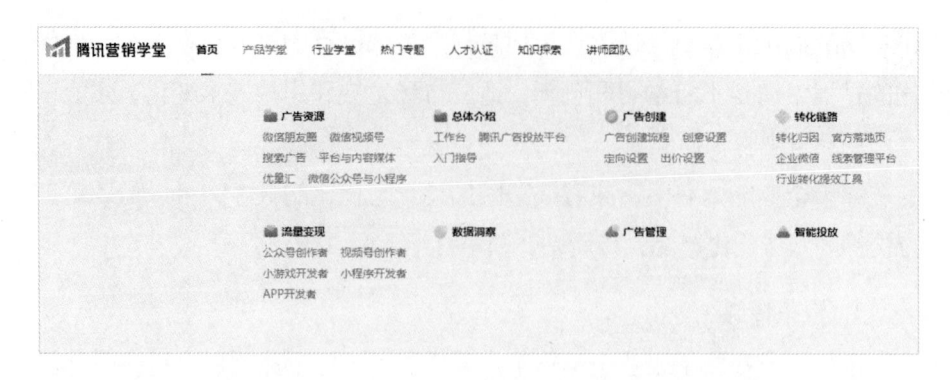

图 2-18　腾讯营销学堂的"产品学堂"

3. 猪八戒网

猪八戒网创立于 2006 年，是我国主要的定制化企业服务电商平台，一方面为企业提供全生命周期服务，以解决企业在各发展阶段的服务需求，降低服务采购成本；另一方面构建了数字化工作台，助力人才拓宽服务半径、提升服务效率。

猪八戒网包含的服务项目包括但不限于商标和专利、品牌设计、移动端开发、影视和动画、工商财税、网站建设、营销传播、UI 设计、电商设计、国际服务、技术服务和 VR/AR 等方面。图 2-19 为猪八戒官网首页。

图 2-19　猪八戒官网首页

⑤ 如何跟进交易会上第一次见面的客户

外贸人员与客户第一次见面，第一印象很重要，第一印象好了，甚至可以起到事半功倍的效果。那么，该怎样妥善跟进交易会上第一次见面的客户呢？

1. 第一次见面要注意搭讪技巧

交易会上与客户第一次见面时，开场白的展开非常重要，需要掌握有关技巧以提升客户的第一印象。图 2-20 简单展示了这些技巧。

图 2-20　第一次与客户见面的搭讪技巧

对于参与交易会但对当地情况不熟悉的客户，外贸人员可以从其衣食住行等方面入手提供必要的帮助，让客户体会到宾至如归的感受。

如果在交易会上客户踌躇不定，想要了解产品又望而却步，此时外贸人员可以进行适宜的问候，比如临到饭点，可以询问客户是否用餐，避免突然搭讪引起尴尬。

对于刚踏入展位的客户，可以观其打扮、审其气质，对其作出与本公司产品有联系的、适当的赞美，获得客户的好感。

对于在展位内部巡视良久的客户，可以猜想其对公司的产品有一定兴趣，或者想要了解更多，此时外贸人员应虚心向对方请教关于产品的一些问题和情况，使突然的搭讪不显得唐突。

2. 主动倾听并提供解决方案

交易的开始就是需求，因此，在跟进客户关系时主动倾听非常重要。了解客户的需求，明白他们在找什么，有助于提供个性化的方案。

在与客户初次接触的过程中，对方通常会提出问题或疑虑，此时要理解客户的问题，从而为客户提供明确的解决方案，让对方感受到公司的产品或服务是他们需要的。

3. 定期跟进

对于客户的跟进，外贸人员不仅要在初次接触后执行，还要建立定期的跟进计划，如通过电子邮件、电话或线下会面等方式，确保我们一直在客户的视野中。但要注意跟进的度，不能让对方感到被侵扰。

4. 向客户提供有价值的商业信息

在跟进外贸客户的过程中，不仅要及时询问客户是否有疑问待解决，还要借此机会向客户提供有价值的商业信息，如行业发展趋势、公司新产品或服务的信息、其他竞争对手的报价等，让客户多方了解，便于做出决定。

5. 仔细建档记录客户信息

在交易会上接触的客户，无论日后是否有合作的机会，外贸人员都应该为公司探寻客户的详细信息，从而为客户信息建档，以备后用，也方便日后更顺利地开展跟进工作。

下面来看一个跟进第一次见面的客户的案例。

实用范例 **定期跟进客户获得订单**

某公司参加了近期的一场交易会，其间接触了几个潜在客户。交易会上拿到了他们的官方联系方式，交易会结束后，公司的业务员向其中一位客户取得联系。

但是，客户在向业务员要了产品目录后，就没有表现出多大的兴趣。

更是在这次联系后的几天后"消失"了。随后业务员陆续向该客户发去了邮件：

×月三封邮件。

×月一封邮件。

×月一封邮件。

依然没有回音。虽然每一封邮件都变换不同花样，分享行业动态、产品目录、热门推荐以及公司介绍……但都没有回应。在随后的三四个月毫无进展。

但是因为客户很对口，业务员拿下客户的欲望非常强烈，且客户没有明确拒绝，就表示还有机会，所以仍然在坚持联系。

终于，某一天客户要求样品。业务员立即与客户协商，样品由公司免费提供，但运费需要对方承担，请对方告知快递账号，但是客户又没有给出明确回应。

虽然客户没有确定，但业务员还是决定先安排样品，等做好了再问客户，随后联系工厂打板。样品完成后，业务员将样品图片和包裹重量体积等信息发给了客户，再次请其提供到付账号。客户请业务员帮忙查询 EMS 和 DHL 的运费，最终决定通过 EMS 寄送，时间较长，且运费需要预付。

客户选择了 EMS，业务员向客户发送了 debit note（借方通知），请客户付款，想要试试对方是否回应。客户回复在 first order（一阶段）中一起付，业务员也爽快答应并垫支了运费，寄出了样品。

后续客户非常满意样品，双方签订了外贸合同。

不同的客户有不同的性格，案例中的客户是那种有事找你，没事你别烦他的类型，所以他不希望你问他要什么，而是希望你能告诉他什么产品适合，提供方案给他选择。抓住客户心理，让他在有需要时就想起你。

06 准备预出口商品的合适样品要注意哪些

外贸企业准备预出口商品的样品时，不仅要区分样品的类型，还要与客户约定好样品制作费以及运费的承担方，另外还要做好样品的其他管理工作。

1. 与客户确认好样品的标准

不同的样品类型对应的样品规格、质量等要求不同，简单介绍见表2-4。

表2-4 出口样品的各种类型

样品类型	说明
款式样	款式样的尺寸做工必须完全按照客户提供的标准和要求完成，而材料做工没有那么重要，可以用相近且实惠的材料代替，如果预出口商品有配色，则样品也需要有配色
确认样	确认样一般要给商品设计师看，所以一定要精确制作，客户会非常看重样品的颜色是否正确、辅料是否齐全、装饰等是否按照要求去做
产前样	产前样即生产之前确定下来的货样，因此必须符合客户对商品的一切要求，避免出现生产损失
广告样	广告样主要用来吸引客户，以期增加销量，一般在外贸公司与客户确定订单后、安排生产前使用。客户可以用广告样来扩大宣传，因此，广告样的颜色、尺码等一定要齐全，外观效果要好。还需注意的是，广告样必须提前安排准备，不能临期提供备样
船样	船样是一种特殊的样品，也称"船头版"或"大货版"，主要用于出口纺织品和服装产品。该类样品是在客户的要求下，按照订单要求或修改意见生产出来的，并按照要求包装，目的是让客户在货物装船前进行确认，会直接影响客户付款的决定。因此，船样也需要完全按照客户的要求制作

2. 样品制作费的处理

外贸公司制作样品将产生一定的费用，公司与客户之间进行商谈，确定样品制作费由谁承担。

如果一个订单涉及多个品种的样品，需分别列明每件样品的单价和费用要求等信息，以便后期制作报价单。

3. 确定样品的寄送形式和费用

进出口贸易中，寄送样品一般通过快递公司完成，如EMS、DHL、TNT、UPS和OCS等。而寄送费用的承担方可能不同，如寄件方预付、收货方支付，如图2-21所示。

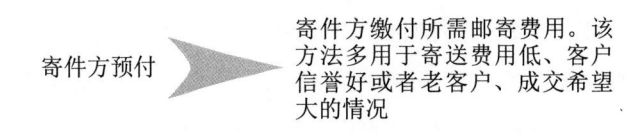

寄件方预付	寄件方缴付所需邮寄费用。该方法多用于寄送费用低、客户信誉好或者老客户、成交希望大的情况
也称到付，即收件人缴付所需邮寄费用。该方法多用于寄送费用高、客户信誉差或者新客户、成交希望无法确定的情况	收货方支付

图 2-21 样品寄送费的处理

注意，在到付的方式下，收件人可能在当地采取拒付的行为，最后快递公司还是会要求寄件方支付邮寄费用。因此，到付方式下，公司通常会要求收件人必须提供某一快递公司的到付账号。

4. 选择样品的寄送工具

国际贸易中，样品的寄送方式比较多的，不过一般分为两大类，一是邮政的航空大包，二是航空快递。

邮政的航空大包价格比较实惠，适用于大宗的低值产品寄送，包括相应的样品。外贸人员可以在各地邮局办理寄送业务，只要不是危险品，一般都可正常寄送。

航空快递主要指境内邮政和境外大快递公司，适用范围较广，但有些快递公司收费较高。

5. 样品的管理

准备样品不仅是外贸公司与客户确定订单需要做的事情，也是外贸活动展前准备工作的重要一环，需要注意一些细节问题。

①明确核算样品的制作费用和相关费用，确定样品价格，做好报价单，方便交易会进行过程中客户询价，能够报出准确价格。

②每个样品上尽量贴上产品型号，或者带有公司 logo 的吊牌，在一定程度上可以体现公司业务的专业性，还能帮助外贸合作双方快速识别不同型号的产品，快速报价。

③如果是一些热门产品或者公司主打、主推的产品，公司可以多准备一些样品，方便客户选择。

④在将样品交付给客户之前，外贸人员需要仔细查验每个样品的质量，防止样品出现质量问题而降低客户对公司的好感度。

⑤寄送样品给客户时，可以在样品上附标签，注明出口商名称、联系人及其电话、邮箱、样品的描述、装箱资料以及FOB价格等信息。公司也可以设计样品管理表，记录送样国别或地区名、客户名称、样品名、样品的版本以及生产批次、编号、样品数量和金额、客户评估内容等。

2.2　准备工作中需要培养和提高的能力

在正式开展外贸工作前，外贸人员要做的准备工作还包括各种能力的培养与提升，如书写邮件的技巧、与客户沟通的能力以及筛选客户的能力等。

⑦ 学会书写外贸业务交流邮件

对于外贸业务员来说，外文邮件写作是必须学习和掌握的工作技能，尤其是客户开发信的书写，在开发客户这件事情上有低价有效的优势，也是素未谋面的客户对公司的第一印象来源，因此非常重要。

一封内容优质的外文邮件能提升客户对公司的好感，增加双方合作的可能性。

而内容全面、书写规范只是一封外文邮件的基本要求，在实际工作中，外贸人员还需掌握一些写作技巧，让邮件内容更有吸引力、可读性更强。图2-22展示外文邮件写作的小技巧。

内容完整
外文邮件的内容包括但不限于以何种方式获得客户信息的解释、写信的目的、公司相关信息的介绍、公司联系方式以及期待客户回信之类的结语

语言精简
语言啰唆的内容会让客户觉得冗余乏味，容易让客户觉得在浪费时间，从而产生反感情绪。因此写作时应尽量精简内容，用简洁的话说清楚要点即可，不要重复书写或进行扩展说明

排版规整
邮件的格式会影响客户的阅读体验，排版凌乱的邮件显然会让客户失去继续阅读的耐心。因此，外文邮件的排版要规整，不要过分个性化

一对一单独发送
对于素未谋面或者不熟悉的客户来说，将邮件群发给他们是一种非常不礼貌的行为，也很容易引起对方的反感。因此，在发送邮件给客户时，尽量做到一对一发送，让对方感觉到自己被尊重，以此赢得对方的好感

慎用链接
如果外贸人员在外文邮件中添加相关链接，很可能被系统识别为垃圾邮件，从而导致邮件发送不成功。如果必须添加链接，可以将链接中的"http"部分删掉，这样邮件就可以顺利发送

图 2-22 外文邮件的写作小技巧

下面通过一个案例看看外文邮件如何写作。

广州贸易有限公司的张全通过网络查找到一位同行业的潜在客户，于是向对方发送了一封开发邮件。

实用范例 向公司潜在客户发送开发信

英
Good Afternoon, my friend. Thank you for taking the time to read my email. Glad to know you are in the market for refrigerators.
This is Zhang Quan from Guangzhou Trading Co., Ltd. I've been working in

the field of refrigerators for more than eight years. Hope that I can serve you with my professional experience from now on.

I'd like to provide you with some information about our factory. GT Co., Ltd. is a professional manufacturer of refrigerators, and we got the supports as below.

Staff number:over 500.

Production lines:five lines.

Monthly capacity:10,000 units.

Samples and more information are available for your review at any time. We would appreciate it if you could reply soon.

Thanks and best regards,

Yours sincerely

Website:×××××

Add:×××××

Tel:×××××

Fax:×××××

E-mail:×××××

中

下午好，朋友。感谢您阅读我的电子邮件。

很高兴知道贵方有意购进冰箱。

我是广州贸易有限公司的张全，我在冰箱领域有超过八年的行业工作经验。希望以后我能有机会以我的专业经验为您服务。

我想向贵方介绍一下我们工厂的情况。广州贸易有限公司是一家专业的冰箱制造商，我们公司的规模信息如下。

员工人数：500人以上。

生产线：5条生产线。

月产量：10 000台。

我们随时提供样品和更多信息供贵方参考。希望尽快收到贵方的回复。

衷心感谢并致以最好的祝愿，

谨上

网址：×××××

地址：×××××

电话：×××××

传真：×××××

邮箱：×××××

从示例可以看出，该篇开发信的篇幅并不长，首先对客户花时间阅读电子邮件表示感谢，这样能第一时间让对方感受到我们处事有礼。

其次说明己方知晓对方有意购进冰箱，然后就直奔主题做自我介绍，并表达为对方服务的真心。

紧接着向客户介绍工厂的情况，如经营范围以及员工人数、生产线和月产量等规模情况。

最后向客户表达随时向其提供样品和更多信息的意愿，同时希望获得对方的回复，最后向对方表达谢意和祝愿，将公司的具体联系方式附于信件末尾，以便客户联系。

⓾ 掌握与客户沟通的技巧

想要工作进行顺利需要双方持续沟通交流。学会沟通，可以让对方对你卸下防备，产生信任；不善沟通，很可能让对方反感，不利于合作。

如何与客户顺畅地沟通？怎么做才能让客户信任公司？这些都是外贸人员在外贸工作中需要解决的问题。要做到这些，需要掌握必要的沟通技巧。

1. 确定沟通方式

在准备与客户沟通前，外贸人员需明确沟通方式，如线上视频沟通、线上电话沟通、线下拜访等。如果要线下拜访，则需提前与客户约定好时间，避免突然拜访，容易给客户造成困扰，很可能引起客户的反感，毕竟突然到访很可能打乱对方的工作安排和行程。这样不仅达不到沟通的目的，反而面临失去客户的风险。

2. 将沟通目的实物化

什么是沟通目的实物化呢？实际上就是根据不同目的，准备好促进目的达成的工具,这样沟通起来更高效,图2-23为一些示例。

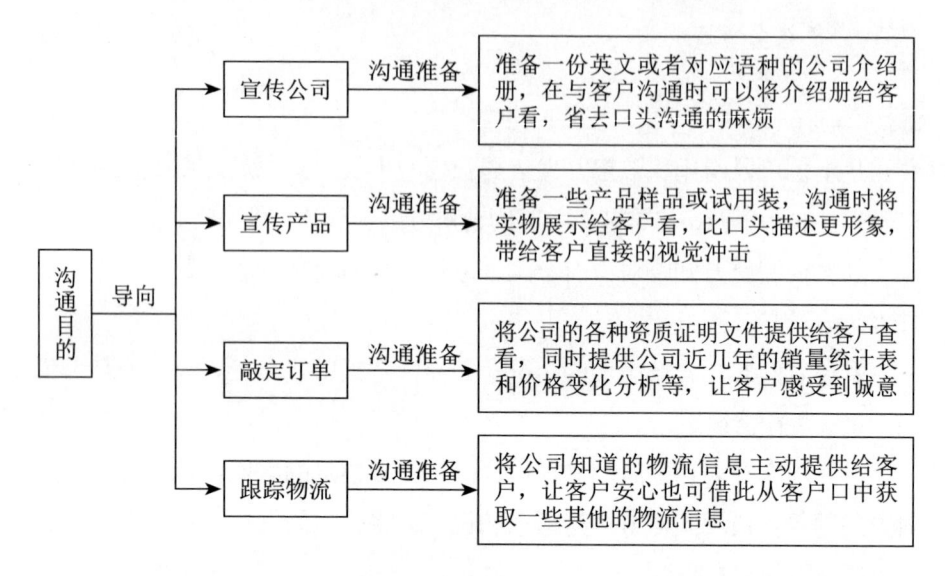

```
                        ┌─宣传公司──沟通准备→ 准备一份英文或者对应语种的公司介绍
                        │                    册,在与客户沟通时可以将介绍册给客
                        │                    户看,省去口头沟通的麻烦
                        │
                        ├─宣传产品──沟通准备→ 准备一些产品样品或试用装,沟通时将
沟通目的──导向──┤                    实物展示给客户看,比口头描述更形象,
                        │                    带给客户直接的视觉冲击
                        │
                        ├─敲定订单──沟通准备→ 将公司的各种资质证明文件提供给客户查
                        │                    看,同时提供公司近几年的销量统计表
                        │                    和价格变化分析等,让客户感受到诚意
                        │
                        └─跟踪物流──沟通准备→ 将公司知道的物流信息主动提供给客
                                              户,让客户安心也可借此从客户口中获
                                              取一些其他的物流信息
```

图 2-23　实物化沟通目的

3. 以客户想法为主,适当表达意见

沟通的主体是双方,但沟通的重点应该是客户,外贸人员要以客户的想法为主,在沟通交流过程中适当发表自己的意见或想法即可。这一沟通技巧的运用如图2-24所示。

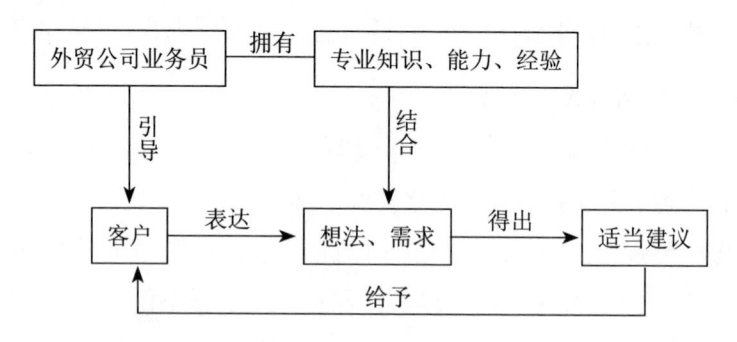

```
外贸公司业务员 ──拥有→ 专业知识、能力、经验
      │                        │
      │引导                    │结合
      ↓                        ↓
     客户 ──表达→ 想法、需求 ──得出→ 适当建议
      ↑                                │
      └──────────给予───────────────────┘
```

图 2-24　沟通技巧

4. 不断确认谈话的重要细节

无论沟通交流的主题是什么，外贸人员都要与客户不断地确认谈话内容的重点。比如与客户商谈合作事宜，就要对交易价格、金额、交货时间和条件等进行反复确认，保证所有条款的商议、理解和执行一致。遇到有疑问的内容，须及时提出。这样可以明确双方责任，避免以后产生经济纠纷。

5. 不要在谈话时催促客户

在沟通过程中催促客户，一是不礼貌，很容易引起对方的不满；二是可能导致双方交流不顺畅、不明确，从而影响沟通的最终效果，即未起到沟通交流的作用，双方仍然各执己见、各怀心思、各行其是，这显然不利于双方合作共赢。

6. 不要轻易说"不"

无论是生活中还是工作中，有些人习惯了说"不"，这会让对方觉得你是一个刻板且不懂变通的人，从而没有意愿沟通交谈。

不要轻易说"不"，辅之以欲抑先扬的沟通技巧，先肯定对方的看法，然后讲己方的意见，会使沟通氛围更好。不仅避免了说"不"，还能让对方认为我们是有主见的。

7. 多用"我们""咱们"等迅速拉近关系

与客户刚见面或者第一次约时间时，可能会询问对方在哪里见面，如"明天在哪里见面"，此时如果说成"明天咱们在哪儿见面啊"，会显得更亲切，双方沟通氛围会更轻松愉悦。

8. 努力记住对方的名字

尤其对于初次见面的客户，外贸人员一定要努力记住对方的名字，这不仅是礼貌问题，也方便双方再次见面时友好称呼，同时也能让客户感受到开展业务的用心和真诚。

09 培养筛选客户的能力

筛选客户的能力并不是人人都有，尤其在外贸业务中，若能高效筛选出有价值的客户，可以节约交易成本。那么如何筛选客户呢？首先要将客户分成不同的等级，如图 2-25 所示。

真正想要合作的客户
> 这类客户的意向度较高，向公司提出的要求和问题也比较合情合理，可以将其作为优质客户，进行第一时间的沟通与疑问解答

完全无合作意向的客户
> 客户与公司沟通一次后就没有下文了，或者在协商过程中客户从不讨价还价等。这些客户通常就是没有合作意向，所以才不想花更多的时间洽谈。对于这类客户，做个登记即可，无须花太多精力

其他意向不明的客户
> 外贸人员如果无法判断某客户的确定意向，就需要用独特的方式将其筛选出来

图 2-25　划分客户等级

然后，通过沟通判定客户意向，筛选客户，如图 2-26 所示。

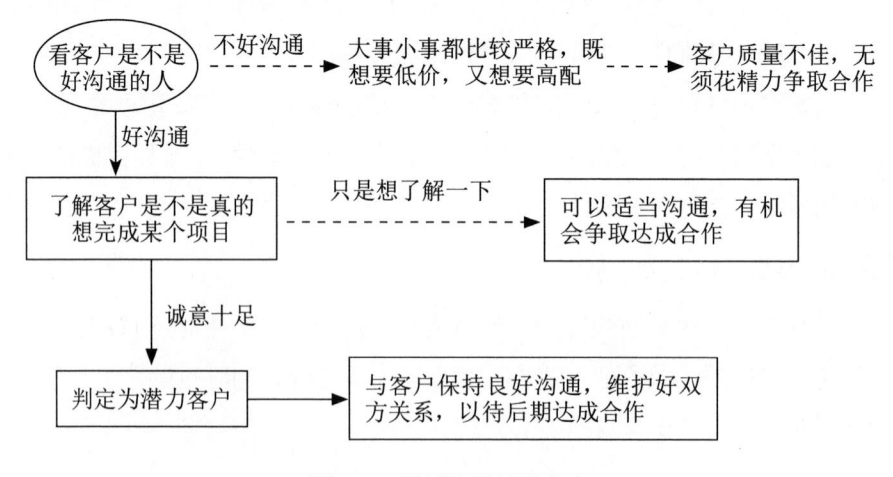

看客户是不是好沟通的人
- 不好沟通 → 大事小事都比较严格，既想要低价，又想要高配 → 客户质量不佳，无须花精力争取合作
- 好沟通 ↓

了解客户是不是真的想完成某个项目
- 只是想了解一下 → 可以适当沟通，有机会争取达成合作
- 诚意十足 ↓

判定为潜力客户 → 与客户保持良好沟通，维护好双方关系，以待后期达成合作

图 2-26　通过沟通筛选客户

另外，外贸人员筛选客户还可参考以下五点依据，如图 2-27 所示。

1. 统计客户全年的交易额，看客户全年在本公司的购买额
2. 统计分析某客户为公司带来的毛利额大小
3. 了解该客户的货款是否能足额收回
4. 了解该客户在同行业中的地位以及其经营方式，分析其发展前途
5. 了解该客户对相关产品的购买率以及以往的付款情况

图 2-27　筛选客户的五点依据

外贸公司培养外贸人员筛选客户的能力，可以从以上三个方面入手，向外贸人员强调客户分级的重要性以及如何分级，说明与客户沟通时该如何判断客户的意向，指导外贸人员充分运用筛选客户的依据。

2.3　关于外贸交易准备工作的问题解答

在外贸交易准备环节，也有一些疑难问题需要解决，比如出口商没有出口经营权如何完成商品出口的外贸交易？进口商没有进口经营权如何完成商品进口的外贸交易？新注册企业如何办理进出口权？

❿ 出口商没有出口经营权如何完成商品出口的外贸交易

问 有些外贸人员在为公司开展外贸交易做准备时，可能会存在这样的疑问，公司已经有了电子口岸卡以及"海关报关单位注册登记证书"，如何知道公司是否已经获取进出口经营权资质呢？

答 一般来说，外贸企业在商务部门办理备案后即获取进出口经营资质；在海关注册登记后再办理电子口岸卡，就可以开展进出口业务。但是，实际工作中，依然有企业没有进出口经营权，此时要完成商品出口业务，通常需要通过"代理出口"模式达到目的。出口企业只需要与受托方约定好相关费用，就可以进行外贸交易了。这种方法还能节约大量时间以及手续和人力成本。

出口企业在选择出口代理商时一定要谨慎，主要从三个方面衡量并选择出口代理商：一是代理商公司实力，二是代理公司服务能力，三是代理公司收费透明度高低，具体内容如图2-28所示。

一个好的出口代理商可以为出口企业解决后顾之忧，并直接影响出口效率

选择出口代理商要考虑的关键点：

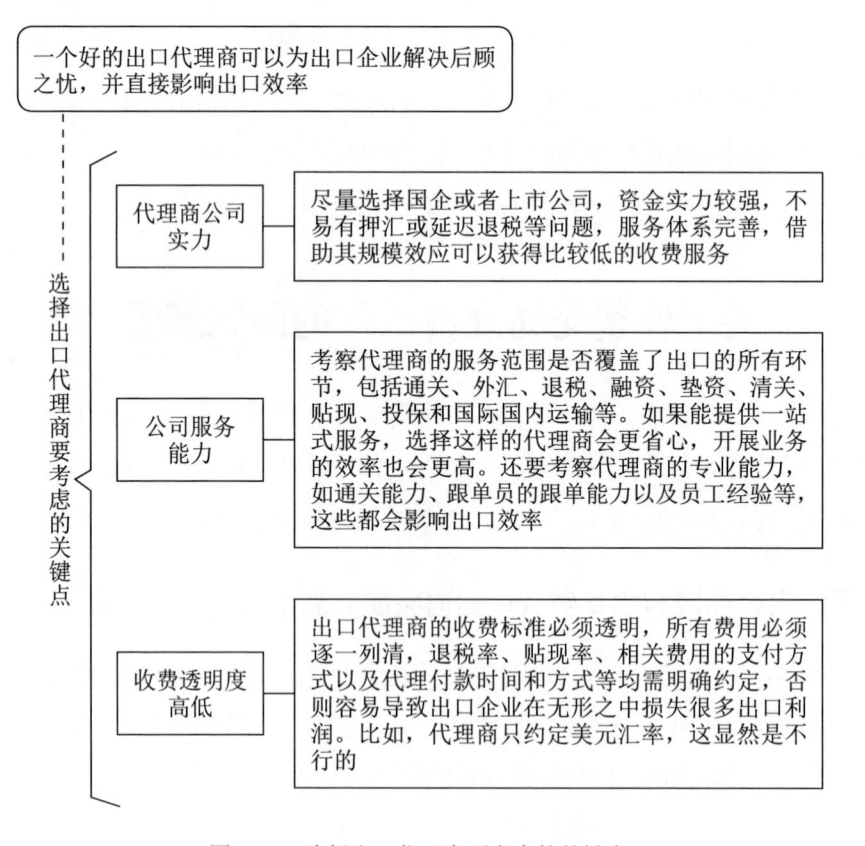

- **代理商公司实力**：尽量选择国企或者上市公司，资金实力较强，不易有押汇或延迟退税等问题，服务体系完善，借助其规模效应可以获得比较低的收费服务

- **公司服务能力**：考察代理商的服务范围是否覆盖了出口的所有环节，包括通关、外汇、退税、融资、垫资、清关、贴现、投保和国际国内运输等。如果能提供一站式服务，选择这样的代理商会更省心，开展业务的效率也会更高。还要考察代理商的专业能力，如通关能力、跟单员的跟单能力以及员工经验等，这些都会影响出口效率

- **收费透明度高低**：出口代理商的收费标准必须透明，所有费用必须逐一列清，退税率、贴现率、相关费用的支付方式以及代理付款时间和方式等均需明确约定，否则容易导致出口企业在无形之中损失很多出口利润。比如，代理商只约定美元汇率，这显然是不行的

图2-28 选择出口代理商要考虑的关键点

同理,如果进口商没有进口经营权,也可以通过"代理进口"的模式完成商品进口业务。在选择代理进口商进行合作时需要注意的问题可以参考图 2-29 中的内容。

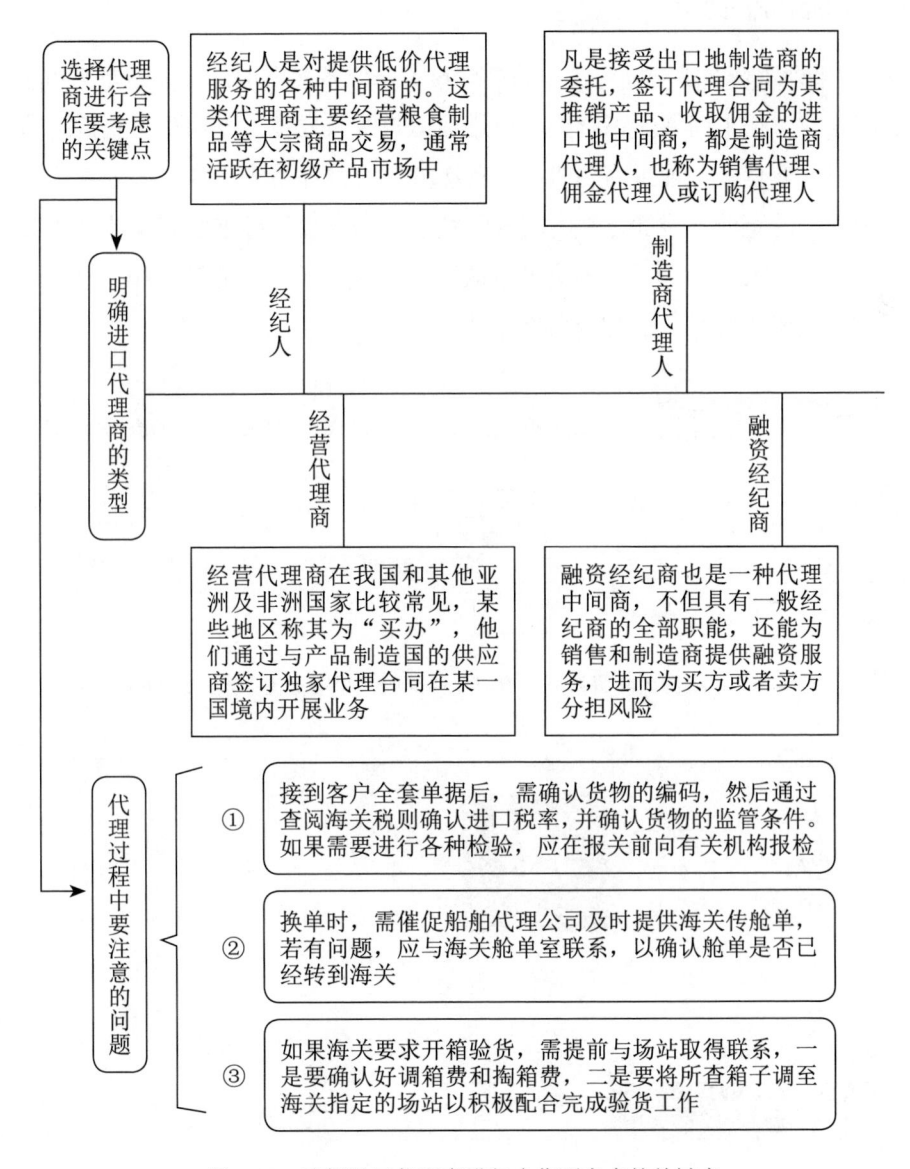

```
选择代理商进行合作要考虑的关键点
├── 明确进口代理商的类型
│   ├── 经纪人:经纪人是对提供低价代理服务的各种中间商的。这类代理商主要经营粮食制品等大宗商品交易,通常活跃在初级产品市场中
│   ├── 制造商代理人:凡是接受出口地制造商的委托,签订代理合同为其推销产品、收取佣金的进口地中间商,都是制造商代理人,也称为销售代理、佣金代理人或订购代理人
│   ├── 经营代理商:经营代理商在我国和其他亚洲及非洲国家比较常见,某些地区称其为"买办",他们通过与产品制造国的供应商签订独家代理合同在某一国境内开展业务
│   └── 融资经纪商:融资经纪商也是一种代理中间商,不但具有一般经纪商的全部职能,还能为销售和制造商提供融资服务,进而为买方或者卖方分担风险
└── 代理过程中要注意的问题
    ├── ① 接到客户全套单据后,需确认货物的编码,然后通过查阅海关税则确认进口税率,并确认货物的监管条件。如果需要进行各种检验,应在报关前向有关机构报检
    ├── ② 换单时,需催促船舶代理公司及时提供海关传舱单,若有问题,应与海关舱单室联系,以确认舱单是否已经转到海关
    └── ③ 如果海关要求开箱验货,需提前与场站取得联系,一是要确认好调箱费和掏箱费,二是要将所查箱子调至海关指定的场站以积极配合完成验货工作
```

图 2-29 选择进口代理商进行合作要考虑的关键点

⑪ 新注册企业如何办理进出口权

问 新注册企业如何办理进出口权？海关备案登记如何办理？有没有文件说明办理操作流程？

答 如果外贸企业需要向海关申请办理报关单位备案事项，首次办理工商注册的企业，在工商注册系统中勾选进出口货物收发货人并填写相关备案信息即可。非首次办理工商注册或者首次办理工商注册未选择"多证合一"办理模式的企业，可通过"中国国际贸易单一窗口"标准版"企业资质"子系统，如图2-30所示，或者"互联网+海关"的"企业管理和稽查"子系统，如图2-31所示，提交备案申请。

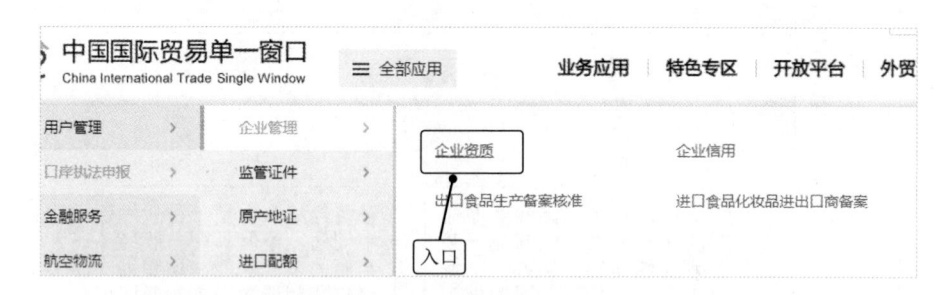

图2-30　"中国国际贸易单一窗口"标准版"企业资质"子系统的入口

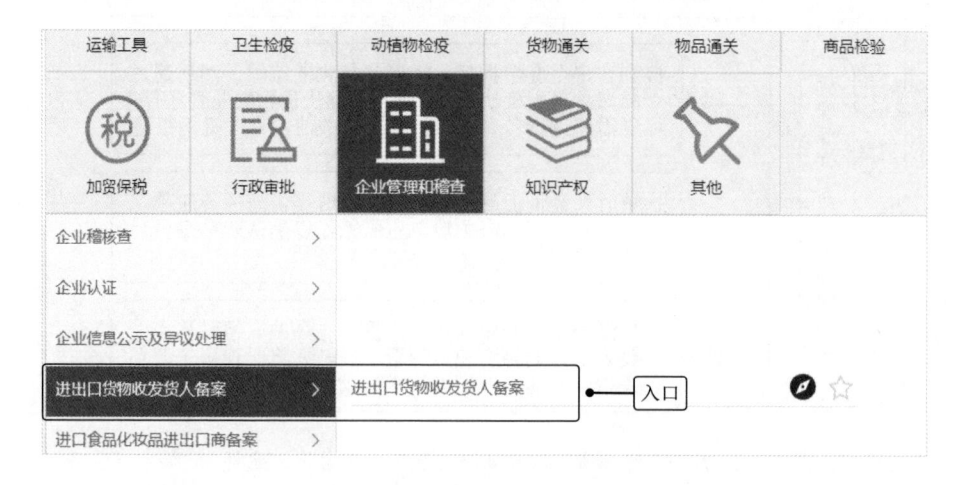

图2-31　"互联网+海关"的"企业管理和稽查"子系统的入口

⑫ 因人员流动导致自营进出口经营权申请中断该怎么办

问 如果公司在去年年底开始申请办理自营进出口经营权的相关事宜，但中间因为人员流动中断了，公司现在已经领到"中华人民共和国海关进出口货物收发货人报关注册登记证书"、GC482 外置式 IC 卡读卡器（卡也有）、中国电子口岸客户端安装程序、"代理报关委托书"一本、"中华人民共和国海关出口货物报关单"（1 联 ×100 份）两本，以及"出口外汇核销单领用申请表"若干张。那么接下来公司还需要办理其他什么手续才能顺利取得自营进出口经营权呢？

答 "中华人民共和国海关出口货物报关单"是在海关购买，企业在报关时使用。"代理报关委托书"是在报关协会购买，企业在报关时使用。如果企业在海关办理过进出口经营权备案注册登记，会获得海关签发的"中华人民共和国进出口收发货人报关注册登记证书"，则申请进出口经营权在海关办理的手续已经完成。接下来可以在海关办理进出口报关等业务。

⑬ 备案后还需办理哪些手续

问 公司办理进出口经营权的，在商务局备案后，在海关还需要办理哪些手续，提交哪些资料呢？

答 公司还需在海关办理进出口收发货人海关注册登记，需要提供的文件材料包括以下这些：

①"报关单位情况登记表""企业信息核查表""报关单位管理人员情况登记表"，这些表格在海关领取。

②企业法人营业执照副本原件及复印件。

③如果是外商投资企业，还需提供"中华人民共和国外商投资企业批准证书"；如果是拥有国际货运代理权的企业，还需提供"国际货运代理企业备案表"。

④企业章程原件及复印件。

⑤报关专用章印模，一般呈椭圆形，长50 cm，宽36 cm，印章上部为企业名称全称，下部为"报关专用章"字样。报关专用章印模盖在A4白纸上。

⑥验资报告原件及复印件。

⑦法人代表、报关业务负责人、财务负责人身份证复印件。

⑧其他海关认为需要提供的材料。

除了提供上述材料外，还应注意以下几点：

①公司经营范围内必须包含"进出口"字样（外资企业除外）。

②上述材料内容必须一致，不能相互冲突。

③非法人、财务负责人、报关负责人办理时，必须由法人委托本公司员工办理，并出具委托书。

⑭ 如何才能获得外贸融资

问 外贸融资是围绕国际贸易结算的各个环节所发生的资金和信用的融通活动，那么，是不是任何情况下外贸企业都能办理外贸融资呢？

答 外贸企业要想获得外贸融资，需要具备表2-5所示的相关条件。

表2-5　外贸企业获得外贸融资需要具备的条件

涉及方面	具体条件
企业自身	①申请办理外贸融资的企业应具有进出口经营权，且资信良好，有长期稳定的出口业务，出口制单水平较高。 ②出口货物应是企业的主营产品，并在境外或其他地区有稳定的销售市场。 ③初次到银行办理出口结算业务的企业，原则上不办理出口押汇业务
开证行	①外贸融资业务项下的开证行应资信良好，所在国（地区）政局稳定、经济金融秩序良好，开证行长期债务类的信用等级较高，与我国银行有正式的代理行关系，业务往来无不良记录。 ②开证行等级不符合上述条件的，若有信誉良好的其他银行加具保兑，也可以办理外贸融资业务。此时要求保兑行的长期债务类的信用等级应在A3或A-以上，与我国银行有正式的代理行关系，业务合作关系良好，所在国（地区）政局稳定、经济金融秩序良好

续上表

涉及方面	具体条件
来证	外贸融资业务项下的来证应具备以下条件： ①信用证明确规定适用"跟单信用证统一惯例"。 ②信用证条款明确、合理，索汇路线简洁清晰。 ③信用证未指定银行为付款行、保兑行或承兑行。 ④信用证要求的单据包含全套物权单据。 ⑤信用证未规定对受益人不利的软条款。 ⑥信用证规定的货运目的地未发生政局不稳或战争情形。 ⑦信用证付款条件为远期付款，且开证行或保兑行已对信用证项下汇票作出承兑的，可以不适用④、⑤、⑥项。 ⑧远期信用证的付款期限不超过180天
手续	向银行申请办理外贸融资的企业，应先签订统一格式的"出口押汇总承诺书"，针对具体业务逐笔申请并签署"贸易融资申请书"，出口企业在这些文件上加盖的公章和有权人签字等与银行的预留有效授权印鉴要相符

实际对外贸易活动中，贸易付款方式为赊销或承兑交单的，外贸企业可能会办理外贸融资。

⑮ 进行外贸融资时如何选择合适的服务方式

问 外贸融资的服务方式有信用证融资、保理融资、供应链融资、出口退税质押贷款、订单融资以及外汇贷款等，那么，实际业务中该如何选择合适的服务方式呢？

答 如果外贸企业想要获得中长期融资，可以选择信用证融资方式。如果外贸企业想提前获得销售货款，加速资金周转，可以采用保理融资方式，此时企业可以将应收账款转让给保理商。如果外贸企业资金实力不够，可以采取供应链融资方式，以供应链上下游中的核心企业信用为依托，可有效解决中小企业融资难的问题。如果企业想要提前获得退税资金，从而提高资金使用效率，可采用出口退税质押贷款方式，即企业将应退税款质押给银行，从银行获得贷款。如果企业没有足够资金采购出口商品所需的原材料或机器设备，可采用订单融资方式。如果企业需要进口设备、原材料或进行境外投资，可采用外汇贷款方式，解决外汇资金不足的问题。

第3章

报价签约：开展外贸业务不马虎

报价签约是外贸业务中不可缺少的环节，涉及商品价格的谈判、支付方式的确定以及其他与交易合同相关的重要事项，因此做事不能马虎。需要明确的问题一定要找到解决办法，需要做的事情一定要谨慎处理。

3.1 出口报价是多少要谨慎

出口报价比内销定价更讲究，因为出口报价涉及国际贸易术语的选用，同时还关系着交易双方物权转移与风险转移等问题，所以报价一定要谨慎。

01 不同贸易术语间价格的换算

价格是决定贸易双方能否达成交易的关键因素之一，它需要买卖双方不断地讨价还价来确定。而要进行报价和还价，就要熟练掌握不同报价方式之间价格的换算，否则很可能发生报价错误。

在我国进出口业务中，最常采用的贸易术语有六种，分为两大类，如图 3-1 所示。

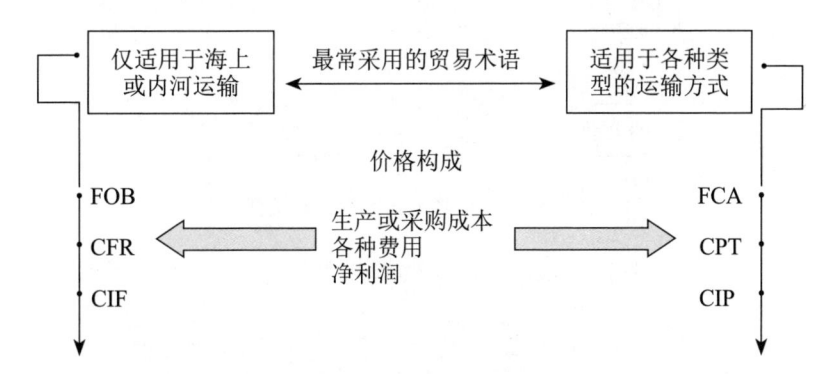

图 3-1 最常采用的六种贸易术语

下面分别介绍各种价格之间的换算关系。

1. FOB、CFR 和 CIF 的价格构成与换算

如何用计算公式表示这三个价格的构成情况？分别是：

FOB 价 = 生产或采购成本 + 境内费用 + 净利润

CFR 价 = 生产或采购成本 + 境内费用 + 净利润 + 境外运费

CIF 价 = 生产或采购成本 + 境内费用 + 净利润 + 境外运费 + 境外保险费

图 3-2 展示了以 FOB 价表示其他价格的换算情况。

$$CFR 价 = FOB 价 + 境外运费$$

$$CIF 价 = FOB 价 + 境外运费 + 境外保险费$$

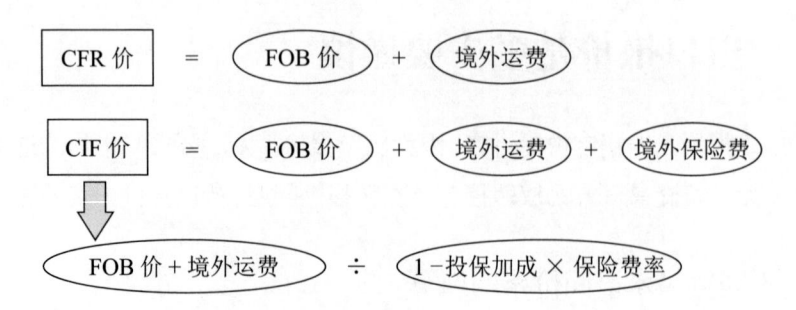

$$= (FOB 价 + 境外运费) \div (1 - 投保加成 \times 保险费率)$$

图 3-2 以 FOB 价表示其他价格的换算情况

以 CFR 价表示其他价格的换算情况如图 3-3 所示。

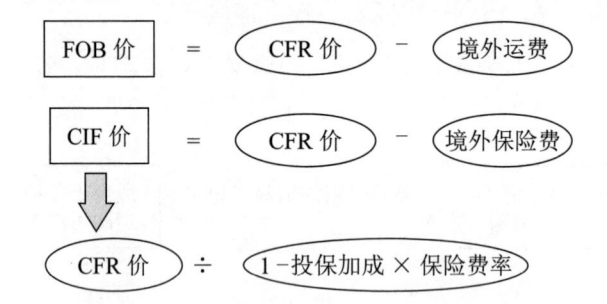

$$FOB 价 = CFR 价 - 境外运费$$

$$CIF 价 = CFR 价 - 境外保险费$$

$$= CFR 价 \div (1 - 投保加成 \times 保险费率)$$

图 3-3 以 CFR 价表示其他价格的换算情况

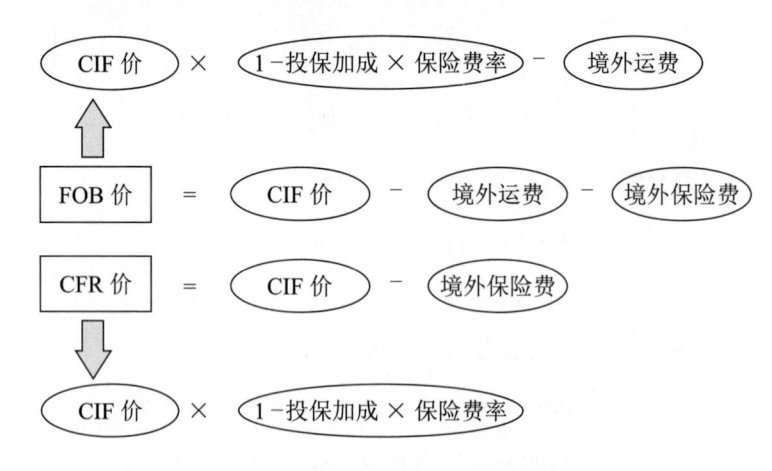

以 CIF 价表示其他价格的换算情况如图 3-4 所示。

$$CIF 价 \times (1 - 投保加成 \times 保险费率) - 境外运费$$

$$FOB 价 = CIF 价 - 境外运费 - 境外保险费$$

$$CFR 价 = CIF 价 - 境外保险费$$

$$= CIF 价 \times (1 - 投保加成 \times 保险费率)$$

图 3-4 以 CIF 价表示其他价格的换算情况

2. FCA、CPT 和 CIP 的价格构成与换算

实际上，FCA 价的构成与 FOB 价相同；CPT 价的构成与 CFR 价相同；CIP 价的构成与 CIF 价相同，这里不再列明计算公式。结合 FOB、CFR 和 CIF 这三个价格之间的换算思路，可以得出 FCA、CPT 和 CIP 这三个价格的换算情况，具体如下：

图 3-5 展示了以 FCA 价表示其他价格的换算情况。

CPT 价 = FCA 价 + 境外运费

CIP 价 = FCA 价 + 境外运费 + 境外保险费

↓

(FCA 价 + 境外运费) ÷ (1 − 投保加成 × 保险费率)

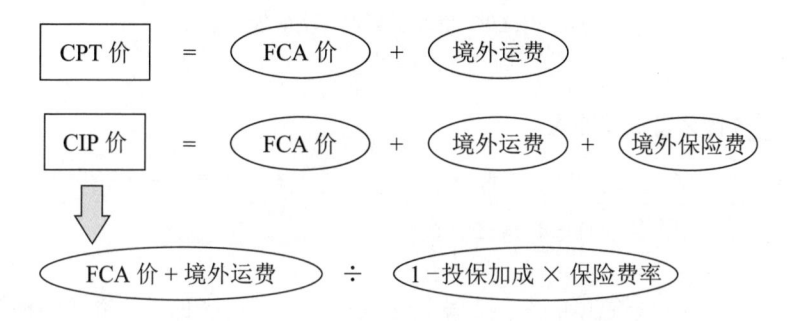

图 3-5 以 FCA 价表示其他价格的换算情况

以 CIP 价表示其他价格的换算情况如图 3-6 所示。

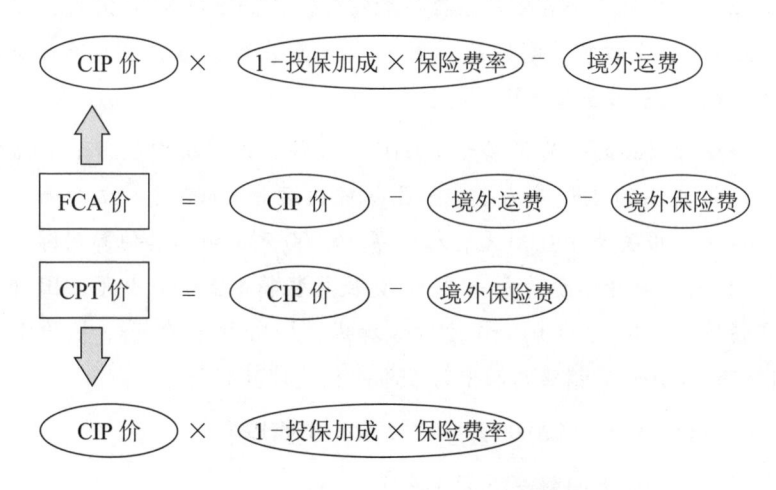

CIP 价 × (1 − 投保加成 × 保险费率) − 境外运费

↑

FCA 价 = CIP 价 − 境外运费 − 境外保险费

CPT 价 = CIP 价 − 境外保险费

↓

CIP 价 × (1 − 投保加成 × 保险费率)

图 3-6 以 CIP 价表示其他价格的换算情况

以 CPT 价表示其他价格的换算情况如图 3-7 所示。

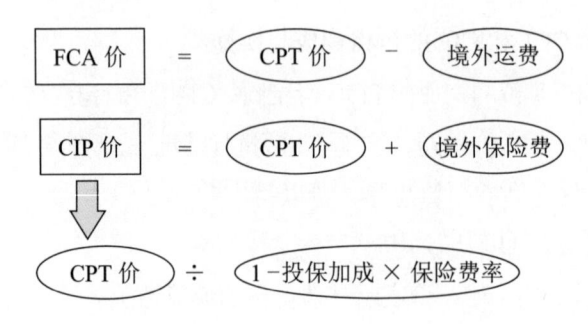

```
FCA 价 = CPT 价 − 境外运费
CIP 价 = CPT 价 + 境外保险费
         ↓
CPT 价 ÷ 1−投保加成 × 保险费率
```

图 3-7 以 CPT 价表示其他价格的换算情况

信息拓展 什么是投保加成

投保加成是指国际贸易双方约定的某个保险金额比率，比如按照 CIF 价的 110% 投保，超出的 10% 就是投保加成。

下面通过一个简单的案例，学习 FOB、CFR 和 CIF 三种价格的换算。

实用范例 进行 FOB、CFR 和 CIF 三种价格的换算

某外贸公司向境外某公司出售一批商品，已知每纸箱装 40 件，每箱体积 0.5 立方米，出口货量刚好是一个 20 英尺集装箱整箱货（20 英尺集装箱的有效容积按 25 立方米计算）。

已知该批商品的供货价格为 120.00 元/件，该单价中包含了 13% 的增值税；这批商品的退税率为 13%。已知境内运费 80.00 元/立方米，报检费 100.00 元，报关费 120.00 元，核销费 100.00 元，境内其他费用综合为商品金额的 3%。国外运费为每一个 20 英尺集装箱 1 250.00 美元，国外保险的购买情况为 CIF 价的 10% 作为投保加成，保险费率为 1%。报价汇率为 USD1=CNY7.1059，销售利润率为 15%。相关计算如下：

单位不含税价格 =120.00÷（1+13%）=106.19（元）

净利润 =106.19×15%=15.93（元）

单位实际成本 =106.19−15.93=90.26（元）

商品纸箱数 =25÷0.5=50（箱）

出口数量 =40×50=2 000（件）

境内费用=境内运费+报检费+报关费+核销费+其他综合费用=25×80.00+100.00+120.00+100.00+120.00×2 000×3%=9 520.00（元）

FOB 价 =120.00×2 000+9 520.00=249 520.00（元）

境外运费 =1 250.00×7.1059=8 882.38（元）

CFR 价 =FOB 价 + 境外运费 =249 520.00+8 882.38=258 402.38（元）

CIF 价 =FOB 价 + 境外运费 + 境外保险费 =（FOB 价 + 境外运费）÷（1-投保加成 × 保险费率）=（249 520.00+8 882.38）÷（1-10%×1%）= 258 661.04（元）

❷ 出口报价隐藏的陷阱

外贸人员要注意，出口报价过程中存在成本陷阱，这主要是指在确定报价的构成时忽略了一些被隐藏的成本，导致按照报价成交会造成一定的损失。这样的陷阱很容易使那些交易量小或者利润空间较小的商品出现亏损。常见的出口报价隐藏成本有图 3-8 中的两大类。

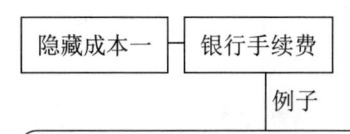

隐藏成本一 — 银行手续费

例子：境外买方向境内出口企业汇来货款，付款行一般都会收取相应的手续费，这就导致境外客户支付的货款金额与境内出口企业实际收到的金额不一样，此时如果预期利润率为 12%，那么实际利润率很可能只有 11%，甚至更低

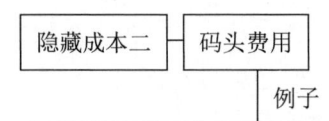

隐藏成本二 — 码头费用

例子：在进出口贸易中，接受订舱的货运公司往往会将相关费用转嫁给订舱公司。所以，在 CFR 和 CIF 条件下成交时，出口商负责订舱，此时出口商就会承担货运公司转嫁来的相关费用，导致成本增加。再加上实务中码头费用常常约定不清，难免产生隐藏成本

图 3-8 出口报价的隐藏成本

所以，实际在确定出口商品的成本构成时，应将银行手续费和码头费用等考虑进去，这样算出来的报价才会更准确，对企业才更有利。同时，在不同的成交方式下，要仔细核对具体的费用，比如在 FOB 成交方式下，如果与货运公司是初次合作，应事先核对费用，一旦发现费用分担不均，应联系客户进行协商调整。

下面来看一个由码头使用费引起的纠纷案件。

实用范例 码头使用费约定不明引发纠纷

××物流是一家在东南亚及欧美之间运营的国际货运公司。在一次运输中，该物流公司与本地港口某公司签订了一份"海上运输合同"，合同中提及的码头使用费条款比较简略，没有精确指出相关细节。

由于港口管理方的操作失误，该物流公司的集装箱在码头滞留了五天，海运代理方却表示，由于合同中对使用时间的说明不够明确，该物流公司负有支付额外码头使用费的责任。

该物流公司聘请专业的律师团队，对此次事件进行了深入分析，认为合同中对"使用时间"的模糊条款存在合法性问题，合同也未能明确规定费用的承担力度，导致产生了这一结局。通过合理的解释，维护了该物流公司的权益。

最终达成的协商结果是该物流公司可以部分免去滞期费用。

如果公司需要支付码头使用费的滞期费用，对出口企业来说无疑增加了出口成本。为了避免类似情况发生，出口企业在签订合同前，一定要对相关条款进行详细审查，确保明确定义每一项费用的计算标准和形式。

在国际货运中，码头使用费通常由码头运营方在"海上运输合同"中明确规定。虽然看似是正常的交易成本，但如果没有适当的条款说明，往往会引发麻烦。

根据《中华人民共和国海商法》的规定可知，码头使用费属于海上运输合同中的一部分，其具体数额和条款需要在合同中明确，且需要包含使用时间、费用计算标准等关键信息，以便在出现争议时作为法律依据。

信息拓展 码头使用费合同条款的常见格式

> 码头使用费相关的合同条款通常包括使用费用、收费时间段、延迟费用条款等。使用费用要明示单位使用费和计费方式；收费时间段应明确使用开始和结束的时间；延迟费用条款应清晰描述滞期费的计算方法以及适用条件。通过这些条款，帮助减少模糊空间，提高合同的约束力。

03 熟悉外贸磋商的工作流程和内容

交易磋商是国际贸易的重要环节之一，而磋商的结果直接影响外贸合同能否顺利签约，因此，熟悉磋商的流程和具体内容很重要。交易磋商可以是口头的，如面谈或电话；也可以是书面的，如通过传真、电传和信函等方式磋商。磋商的过程大致可分为四个环节，如图3-9所示。

①询盘
交易的一方向另一方询问交易条件，并表示交易愿望的行为。询盘多由买方作出，但也可由卖方作出

②发盘
也叫发价，是交易一方（发盘人）向另一方（受盘人）提出各项交易条件，并愿意按照这些条件达成交易的一种意思表示

④接受
受盘人在发盘有效期内无条件同意发盘中提出的各项交易条件，是愿意按照这些条件和对方达成交易的一种意思表示

③还盘
受盘人不同意发盘中的交易条件而提出修改或变更的意见，在法律上称为"反要约"

外贸磋商的流程

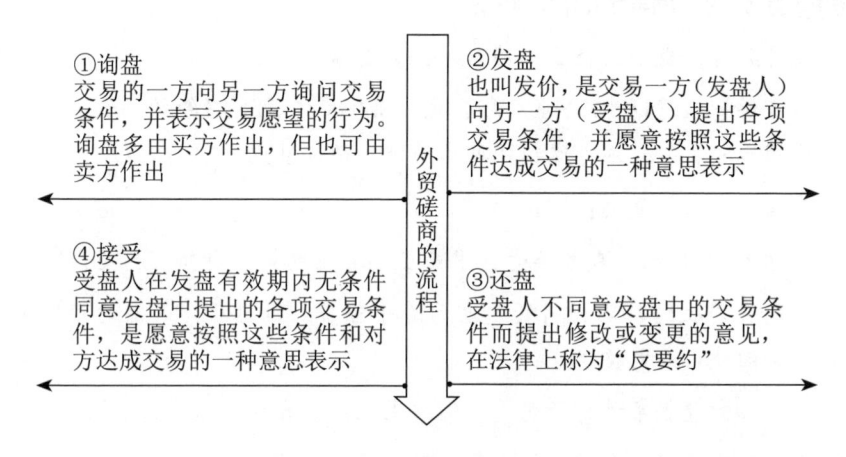

图3-9 外贸磋商的流程和内容

①询盘对交易双方无约束力。比如，买方询盘"有意购买东北玉米，请发盘""有意购买玉米，6月装运，请报价"等。

②发盘在法律上称为"要约"，发盘有效期内，一经受盘人无条件接受，合同即告成立，发盘人承担按照发盘条件履行合同义务的法律责任。发盘多由卖方提出，但也可以由买方提出，此时称为递盘。

③还盘实际上是受盘人以发盘人的身份发出的一个新盘，原发盘人就成为新盘的受盘人。还盘也是受盘人对发盘的拒绝，原发盘因受盘人还盘而失效，原发盘人不再受其约束。还盘可以在贸易双方之间反复进行，还盘的内容通常只陈述需求的变更或增添的条件，无须重复双方意见一致的交易条件。

④接受在法律上称为"承诺"，接受一经送达发盘人，合同即告成立。贸易双方均应履行合同规定的义务并拥有相应权利。若交易条件简单，接受中无须复述全部条件；若双方多次相互还盘，条件变化较大，且还盘中只涉及需要变更的交易条件，则在接受环节最好复述全部条件，以免造成疏漏和误解。

下面来看一个实际案例。

实用范例 外贸磋商导致的合同纠纷

某月某日，我国某企业向韩国某公司发盘：

"可供一级芝麻10公吨，每公吨1 500.00美元CIF纽约，适合海运包装，订约后即装船，不可撤销即期信用证，请速复电。"

韩国公司立即复电：

"你方×日电，我方接受，用双层新麻袋包装，内加一层塑料袋。"

我国公司收到韩国公司的复电后着手备货，数日后，芝麻的市场价格猛跌，韩国公司来电称：

"我方对包装条件作了变更，你方未确认，合同并未成立。"

而我国公司坚持合同已经成立，双方无法协商一致。

按照《联合国国际货物销售合同公约》第19条规定：

"对发盘表示接受但载有添加、限制或其他更改的答复，即为拒绝该项发盘并构成还盘。但是，对发盘表示接受但载有添加或不同条件的答复，如所载的添加或不同条件在实质上并不变更该项发盘的条件，除发盘人在不过分迟延的期间内以口头或书面通知反对其间的差异外，仍构成接受。

如果发盘人不做出这种反对，合同的条件就以该项发盘的条件以及接受通知内所载的更改为准。有关货物价格、付款、货物质量和数量、交货地点和时间、一方当事人对另一方当事人的赔偿责任范围或解决争端等的添加或不同条件，均视为在实质上变更发盘的条件。"

而该案例中韩国公司在接受函中，将包装条件添加为用双层新麻袋包装，内加一层塑料袋，属于非实质性变化，我国企业对此项接受，未表示反对，并且也着手备货了，因此该接受是有效的，合同成立。

所以，案例中韩国公司以"包装条件作了变更，你方未确认，合同并未成立"的说法不成立。

⑭ 报价还价要注意谈判技巧

外贸交易中，商品价格的确定并非一锤定音，而需要外贸人员与客户不停地磋商，最终找到一个双方都能接受的价格平衡点。

为什么买卖双方交易总是会对报价产生分歧呢？归根究底，是买卖双方对价格的预期不一致，通常表现为客户觉得卖方的报价过高，而卖方觉得客户还价过低。因此，外贸人员在工作中难免会遇到压价的客户。

实际工作中，应对压价的客户并不是一件容易的事情，价格的高低直接影响客户的采购成本。想要客户妥协并接受公司的理想报价是比较困难的，所以，外贸人员必须掌握有效的谈判技巧，在确保公司利益的同时，又让客户能够接受报价。

如果客户觉得价格高了，要求出口方降价，此时的报价谈判技巧可以是"最低订货量"。

如果客户表示其他供应商的报价更低，若出口方不同意降价，就会与其他供应商合作，此时的报价谈判技巧可以是"依据反驳＋附条件"。

如果客户无论如何都不接受己方报价，一味地压价，那么谈判技巧就可以是"态度强硬＋直接摊牌"。

不同的谈判技巧具体该怎么用，如图3-10所示。

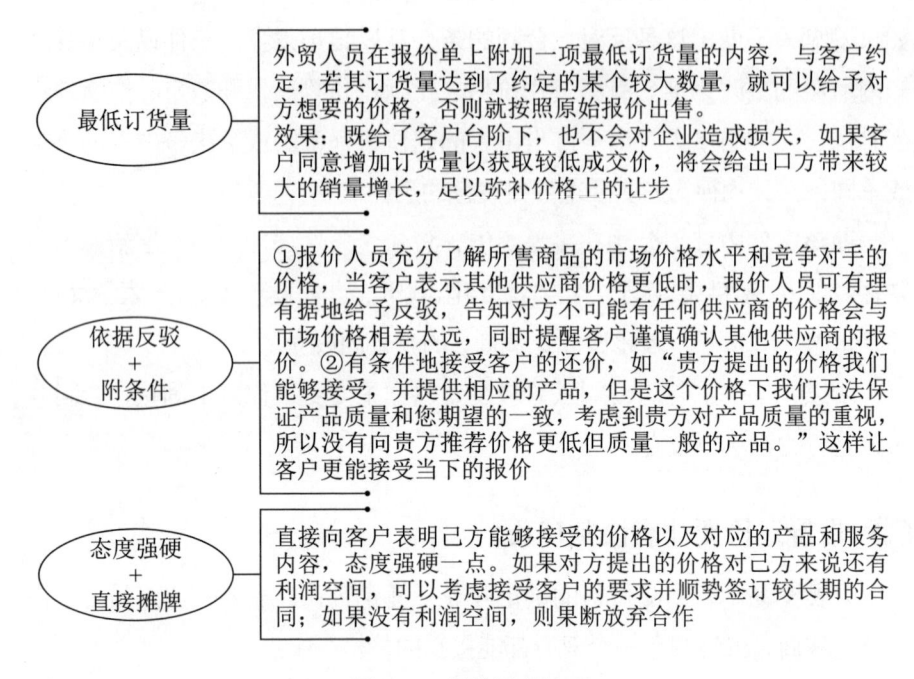

```
┌─────────┐     ┌──────────────────────────────────────────┐
│最低订货量│────│外贸人员在报价单上附加一项最低订货量的内容，与客户约│
└─────────┘     │定，若其订货量达到了约定的某个较大数量，就可以给予对│
                │方想要的价格，否则就按照原始报价出售。              │
                │效果：既给了客户台阶下，也不会对企业造成损失，如果客│
                │户同意增加订货量以获取较低成交价，将会给出口方带来较│
                │大的销量增长，足以弥补价格上的让步                  │
                └──────────────────────────────────────────┘

┌─────────┐     ┌──────────────────────────────────────────┐
│依据反驳  │────│①报价人员充分了解所售商品的市场价格水平和竞争对手的│
│   +     │    │价格，当客户表示其他供应商价格更低时，报价人员可有理│
│附条件    │    │有据地给予反驳，告知对方不可能有任何供应商的价格会与│
└─────────┘     │市场价格相差太远，同时提醒客户谨慎确认其他供应商的报│
                │价。②有条件地接受客户的还价，如"贵方提出的价格我们│
                │能够接受，并提供相应的产品，但是这个价格下我们无法保│
                │证产品质量和您期望的一致，考虑到贵方对产品质量的重视，│
                │所以没有向贵方推荐价格更低但质量一般的产品。"这样让│
                │客户更能接受当下的报价                              │
                └──────────────────────────────────────────┘

┌─────────┐     ┌──────────────────────────────────────────┐
│态度强硬  │────│直接向客户表明己方能够接受的价格以及对应的产品和服务│
│   +     │    │内容，态度强硬一点。如果对方提出的价格对己方来说还有│
│直接摊牌  │    │利润空间，可以考虑接受客户的要求并顺势签订较长期的合│
└─────────┘     │同；如果没有利润空间，则果断放弃合作                │
                └──────────────────────────────────────────┘
```

图 3-10　报价谈判技巧

下面来看一个外贸业务中报价还价的例子。

实用范例　弄清楚客户还价原因并强调质量以应对

某公司经营化工和机械出口业务，对化工行业来说，价格是敏感、具决定性的因素。而机械行业因为质量、售后等参差不齐，价格差异较大。所以，业务员一定要了解行情，清楚大体价格水平，这样有助于合理报价。

某天，客户发来邮件称价格太高，于是，业务员直接发邮件，询问客户说的价格高是与哪一个或者哪一些供应商的产品价格作比较？根据客户的回复，得知其将当前的价格与历史采购价格相比较，高于历史价格，所以觉得公司的报价太高。此时业务员可以进行纵向引导。

英

I think you are a very wise businessman. When you are purchasing something, you will not only consider the price, but also you will consider the cost of using these products.

我认为您是一个非常明智的商人。当您在购买东西时,您不仅会考虑价格,而且当您使用这些购买的产品时,您会考虑成本。

这样恭维客户可以防止后续拒绝客户还价导致客户心理不愉快。业务员还向客户具体分析了自家产品价格高的原因,比如从省人工、省物料、节能环保、安全、容易操作等方面反映产品的高质量,尽量不要直接说自家产品质量好。最后,客户被业务员说服,选择向公司采购。

由案例可知,如果客户觉得价格高,一方面是单纯图便宜,另一方面是不清楚市场行情。业务员可以先强调自家产品的质量高,然后强调客户使用产品会获得哪些好处,还可以通过向客户承诺周到的退货、换货等售后服务来让客户对我们的产品有信心,让客户无法从产品本身质量和服务态度等挑错,没有再次还价的决心。

05 掌握制作报价单的要点

外贸企业出口报价需要以规范且专业的形式表现出来,所以需要制作报价单,如图3-11所示为常用的报价单模板。

\multicolumn{2}{c|}{Quotation}	
Quote mumber:	Quote date:
From:	To:
Supplier:	Buyer:
Post code:	Post code:
Contacts:	Contacts:
Telephone:	Telephone:
Fax:	Fax:
Address:	Address:
Web:	Web:
Payment Term:	
Packaging:	
Insurance:	
Delivery Time:	
Port of Loading:	
Port of Unloading:	
Quality Guarantee:	
After-sale Service:	
Quotation Valid By:	
Special Requirements:	

图 3-11 报价单模板

一般来说,PDF格式的文件无法修改,可有效防止报价单内容被篡改,

同时防止客户无法打开Excel格式报价单的情况发生。有些企业会准备两份报价单，一份PDF格式，作为权威商业文件；一份Excel格式，方便客户标注需求。外贸企业制作报价单时要注意图3-12中的要点。

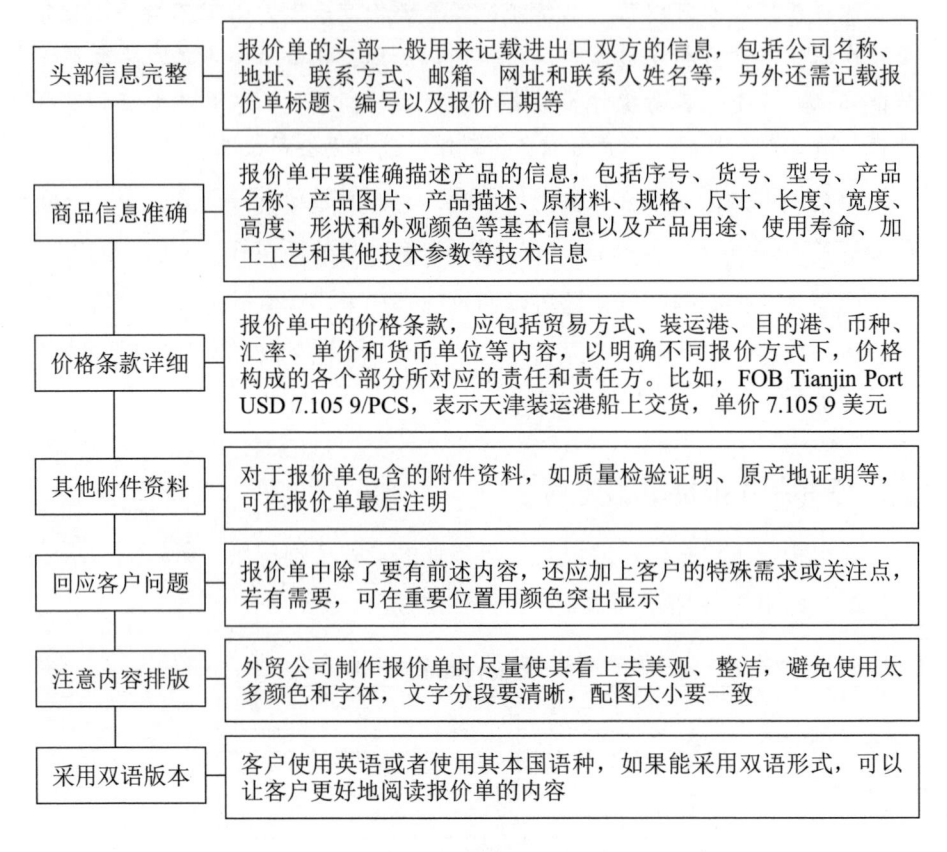

头部信息完整	报价单的头部一般用来记载进出口双方的信息，包括公司名称、地址、联系方式、邮箱、网址和联系人姓名等，另外还需记载报价单标题、编号以及报价日期等
商品信息准确	报价单中要准确描述产品的信息，包括序号、货号、型号、产品名称、产品图片、产品描述、原材料、规格、尺寸、长度、宽度、高度、形状和外观颜色等基本信息以及产品用途、使用寿命、加工工艺和其他技术参数等技术信息
价格条款详细	报价单中的价格条款，应包括贸易方式、装运港、目的港、币种、汇率、单价和货币单位等内容，以明确不同报价方式下，价格构成的各个部分所对应的责任和责任方。比如，FOB Tianjin Port USD 7.105 9/PCS，表示天津装运港船上交货，单价7.105 9美元
其他附件资料	对于报价单包含的附件资料，如质量检验证明、原产地证明等，可在报价单最后注明
回应客户问题	报价单中除了要有前述内容，还应加上客户的特殊需求或关注点，若有需要，可在重要位置用颜色突出显示
注意内容排版	外贸公司制作报价单时尽量使其看上去美观、整洁，避免使用太多颜色和字体，文字分段要清晰，配图大小要一致
采用双语版本	客户使用英语或者使用其本国语种，如果能采用双语形式，可以让客户更好地阅读报价单的内容

图3-12 制作报价单的要点

3.2 做好签约工作避免合同纠纷

当外贸交易双方针对交易事项达成一致后，就进入合同协商与签订环节。签订合同可为双方协商的内容赋予法律效力，从而保护进出口双方的合法权益，同时避免不必要的纠纷和损失。

❻ 一份完整的外贸合同有哪些要件

无论是外贸合同还是内销业务涉及的销售合同，编制不规范或有遗漏，就容易引起贸易双方的纠纷，因此需牢记外贸合同要件，如图 3-13 所示。

外贸合同要件	说明
合同对象	即合同约定的交易双方，一般会写明双方的公司名称、法人代表姓名、公司地址以及联系方式等
商品信息	外贸合同中的商品信息包括但不限于交易单价、数量、总金额、生产厂家、包装类型、装运标记、装运港口、装运日期、卸货港口、保险公司名称以及投保责任人等信息
支付方式和条件	具体说明当前交易采用的货币和货款支付方式，以及该支付方式下需要满足什么样的支付条件，需要提供哪些资料等
保证和索赔	要件主要规定了出口方或者供货方对商品质量的保证，以及商品损害发生时的索赔流程、索赔责任的界定方式等
延迟交货和罚款	要件规定若卖方不能按时交货应给予买方的赔偿或罚款。我国相关法律规定，罚款应不超过货物总值的一定比例，有时还会规定罚款率。如果卖方在外贸合同规定的装运时间内延迟了较多的天数仍然不能交货，则买方有权取消合同，即使合同取消，卖方仍然需要支付相应罚款给买方
不可抗力条款	主要规定了在合同双方中任何一方遇到不可抗力事件，如自然灾害、战争、军事行动、封锁、进出口禁令或其他不受双方控制的情况，使合同的全部或部分义务无法履行时，合同义务的履行期限可以相应延长，在此期间合同义务仍然有效
仲裁	要件是对合同双方产生纠纷后的处理方式的说明，常见样式为"凡因执行本合同或有关本合同所发生的一切争执，双方应友好协商解决。如果协商不能解决的，应提交至××仲裁委员会，根据仲裁委员会的仲裁程序、暂行规定进行仲裁。仲裁裁决是终局的，对双方都有约束力，仲裁费用由败诉方承担。"
其他事项	如果交易双方除了上述要件外，还有需要列明的事项或作出的说明，就可以在以上内容之后继续一一列出
双方签字盖章	交易双方应在合同最后签署各自的姓名，如果交易双方组织形式为企业，还应加盖企业的公章，最后还要注明签署合同的日期

图 3-13　外贸合同要件

图 3-14 展示了某外贸公司签订的外贸合同的部分内容。

合同 Contract

编号 No:
日期 Date:

买方（The Buyer）：
电话（T）：
传真（F）：
地址（ADD）：
卖方（The Seller）：
电话（T）：
传真（F）：
地址（ADD）：
网址（WEB）：
商标（Brand）：
生产地（Manufacture Place）：

本合同由双方订立，根据本合同规定的条款，买方同意购买，卖方同意出售下述商品：
This contract is made by and between the Buyer and the Seller, whereby the Buyer agrees to buy and the Seller agrees to sell the under-mentioned commodity according to the terms and conditions stipulated below.

1. 货名，规格，数量及价格（Commodity, Specifications, Quantity and Price）：

Commodity	Specifications	Quantity(PCS)	Price
		Total	

2. 发货期（Time of shipment）：在卖方收到买方定金之日起12个月内交货。可分批发货。
Within 12 months the seller receives the earnest from the buyer. Partial delivery is allowed.
3. 运输（Transport）：卖方工厂交货，买方负责运输费用。EXW, the buyer is responsible for the transportation costs.
4. 到货口岸（Port of Destination）：中国上海港　Shanghai Port, China
5. 保险（Insurance）：由买方自理，投保合同值100%的一切险。The Buyer shall cover 100 percent of the contracted value against all risks.
6. 付款条件（Terms of Payment）：买卖双方在签约后的30个工作日内，买方需预付发货总额的40%作为预付款，并通过电汇形式支付。余下的60%款项应在发货前10个工作日内以信用证形式付清。
Within 30 working days after the buyer and seller sign the contract, the buyer shall offer a 40% prepayment of the total goods valued by T/T and pay the rest of 60% by L/C 10 working days before shipment date.
7. 装运通知（Shipping advice）：货物全部装船后，卖方应在72小时内将合同编号、商品名称、数量、毛重、发票金额、船名和装运日期、发货港口、到货港口及提单号传真电告买方。The Seller shall, within 72 hours after the completion of the loading of the goods, advise the Buyer by fax of the contract No., commodity, quantity, invoiced value, gross weight, vessel name, date of shipment on board, port of loading, port of destination, invoice No., B/L No., etc.
……

图 3-14　外贸合同的部分内容

07 审核交易合同时需要注意的问题

外贸企业不仅要对合作方发来的合同进行全面、仔细且专业的审核，也需对自己制作的合同进行严格审核。一旦合同签订，就具有法律效力。审核不当很可能导致企业面临巨大的经济损失和不可预估的风险。审核交易合同需要注意图 3-15 中的这些问题。

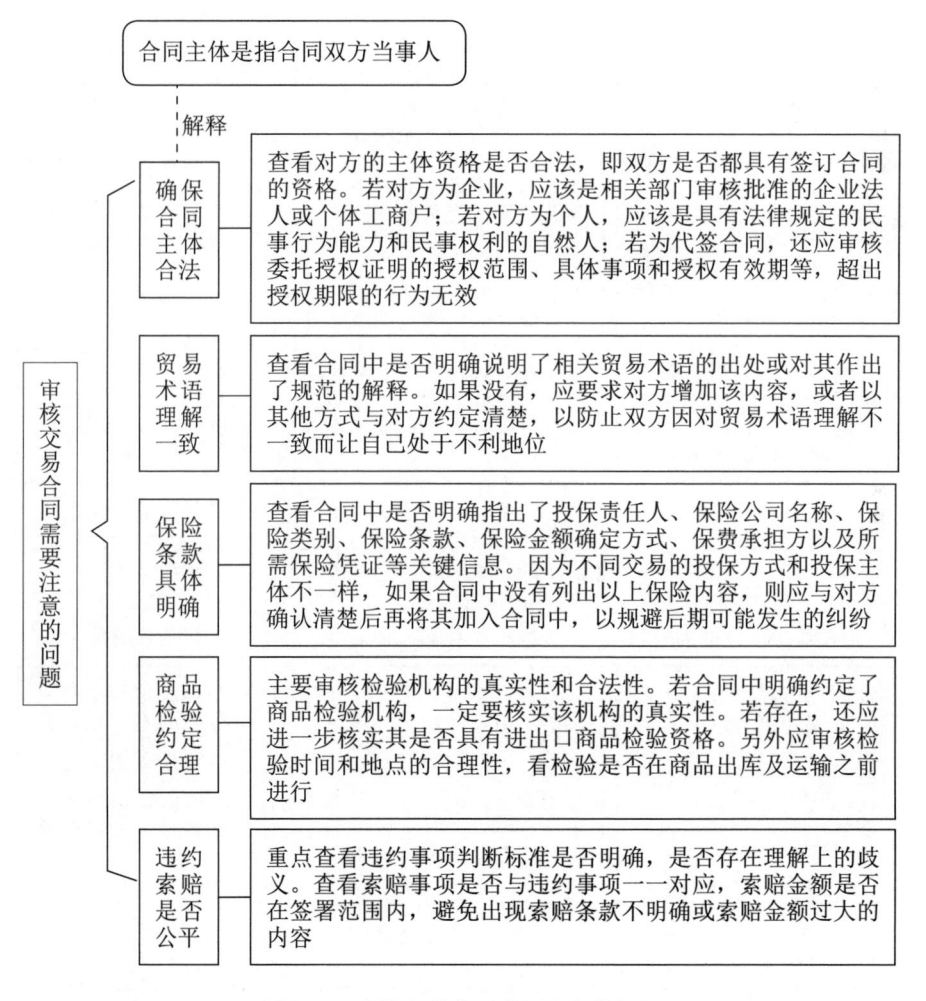

合同主体是指合同双方当事人
解释

确保合同主体合法：查看对方的主体资格是否合法，即双方是否都具有签订合同的资格。若对方为企业，应该是相关部门审核批准的企业法人或个体工商户；若对方为个人，应该是具有法律规定的民事行为能力和民事权利的自然人；若为代签合同，还应审核委托授权证明的授权范围、具体事项和授权有效期等，超出授权期限的行为无效

贸易术语理解一致：查看合同中是否明确说明了相关贸易术语的出处或对其作出了规范的解释。如果没有，应要求对方增加该内容，或者以其他方式与对方约定清楚，以防止双方因对贸易术语理解不一致而让自己处于不利地位

保险条款具体明确：查看合同中是否明确指出了投保责任人、保险公司名称、保险类别、保险条款、保险金额确定方式、保费承担方以及所需保险凭证等关键信息。因为不同交易的投保方式和投保主体不一样，如果合同中没有列出以上保险内容，则应与对方确认清楚后再将其加入合同中，以规避后期可能发生的纠纷

商品检验约定合理：主要审核检验机构的真实性和合法性。若合同中明确约定了商品检验机构，一定要核实该机构的真实性。若存在，还应进一步核实其是否具有进出口商品检验资格。另外应审核检验时间和地点的合理性，看检验是否在商品出库及运输之前进行

违约索赔是否公平：重点查看违约事项判断标准是否明确，是否存在理解上的歧义。查看索赔事项是否与违约事项一一对应，索赔金额是否在签署范围内，避免出现索赔条款不明确或索赔金额过大的内容

图 3-15 审核交易合同需要注意的问题

注意，在理解贸易术语时，如交货期和装运期这两个术语，通常在

FOB 和 CIF 条件下，国际商会的解释是一致的。但在实际交易中，买方经常会自行约定另外的交货期，这就打破了原本的贸易术语中商品风险转移点和时间限制，卖方只有在规定时间内交货才算完成了合同。这样将交货期与装运期分开，人为地增加了卖方的交货风险，使卖方处于不利地位。

除此以外，外贸人员在审核交易合同时，还应注意发现合同陷阱，从而对其进行防范。常见的合同陷阱如图 3-16 所示。

常见合同陷阱及其防范措施

合同方的资信陷阱
①合同当事人一方没有注册资本，不能提供营业证明和法人资格证明，仅只有个人名片（标有公司、职务、通讯地址和电话等），常以中间商自居收取佣金。
②老客户的状况是不断变化的，当前很可能经营不善产生负债，甚至面临破产，如果在签订合同前不对其进行资信状况调查，很容易引发风险；而对新客户进行资信调查是必须的

客户变更条款陷阱
①客户以各种原因称由第三方代替自己履约，出口方可能面临货款无法收回风险。
②有的信用证结汇有效期与装运期或交货期在同一天到期，即"双到期"情况，出口方很容易收不到外汇。一般来说信用证结汇有效期应比装运期或交货期长半个月至一个月。
③协商时客户承诺全额付款以降低商品价格，但事后客户以各种理由变更支付条款

商品质量陷阱
①公司作为出口方，进口方要求公司写明规格后还要提供样品，如果公司答应寄出样品，就会导致合同发生变更，即凭规格交货变为凭样品交货，使出口方处于被动局面。
②公司作为进口方，与出口方之前订立合同只约定交易商品数量，导致最终收到的商品质量达不到约定要求，而出口方以合同没有相关约定为由拒绝理赔

不签书面合同的陷阱
合同一方以《联合国国际货物销售合同公约》第十一条为由，让另一方不必担心没有书面合同，只要双方认同即可。然而，书面合同在国际贸易环节中尤为重要，特别是在交易纠纷处理中是最重要的证据。所以，不签书面合同实际上是一个不能忽视的陷阱

贸易术语陷阱
外贸合同中规定使用 CIF 贸易术语，但同时又规定"以货到约定的目的港作为买方支付货款的前提，货不到不付款"或"卖方限×年×月将货运抵约定目的港，否则有权拒收货物"。这样一来，合同即使使用了 CIF 贸易术语，但都不是装运合同，而是到达合同

法律条款陷阱
境外公司通常会选择对自身有利的本国法律甚至限定在本国法院诉讼，此时如果对方存在欺诈行为，境内公司寻求法律的保护将会变得非常困难

图 3-16 常见的合同陷阱

针对图中介绍的合同陷阱，外贸人员在审核合同时可以采取相应措施。

①针对合同方的资信陷阱，外贸人员需要在签订合同前充分调查对方的资信状况，包括但不限于对方公司是否存续、是否存在重大经营事项变更、是否有无法偿还债务的风险等。

②要避免客户变更条款陷阱，在编制合同条款时可以将无故变更条款的行为视为违约行为，并规定具体的违约金和处理办法。

③规避商品质量陷阱，要求在合同条款中明确约定商品质量检验事项和判断指标，同时约定清楚商品质量不达标情况下的履约方式或赔偿责任。

④若对方提出不签书面合同的要求，公司可以直接拒绝合作。

⑤要规避贸易术语陷阱，就需要在交易合同中明确规定贸易术语的出处和解释。

⑥法律条款陷阱的预防，需要外贸人员熟悉国外法律，将出现经济纠纷的处理办法约定清楚，且保证约束力不偏颇。

下面来看一个案例，关于外贸合同主体资格不合规的纠纷。

实用范例 外贸合同交易主体不适格造成损失

××年×月，我国某出口企业A与自称是买方B的工作人员甲完成合作商谈，双方签订外贸合同，约定以OA60天的支付方式出口一批价值25.00万美元的电子产品，提单收货人约定为乙。货款快到期时，出口企业A询问甲付款事项，但是甲失联了。

于是A公司向中国信保提出索赔申请，中国信保立即委托B公司所在地区的海外渠道借介入调查，而B公司完全否认贸易，且称甲并非其公司员工，甲之前提供的所有有关B公司的证明材料均系伪造，不承认与A公司签订的外贸合同。

后经中国信保工作人员核实，甲与出口企业A联系的邮箱并非B公司官方邮箱，双方也没有官方账户资金往来。

从案例可知，可将其视为甲冒充B公司的名义进行的商业诈骗。在该案例中，出口企业在识别交易主体环节出现漏洞，导致外贸合同不被承认，换句话说合同无效。那么，实际外贸工作中，业务员需要从哪些方面有效规避这类合同风险呢？

①通过权威渠道调查买方资信，包括但不限于买方的注册名称、地址、注册号/税号、官方电话、官方邮箱和网址等基本信息，并将掌握到的这些信息与直接对接人提供的信息进行比对。

②通过官方邮箱确认合同，尤其涉及有关质量、数量、规格和付款条件等合同关键性内容的。

③与买方建立"多点联系"，即不要轻信单独一个自称某买方工作人员对接人的"说辞"。如果确实无法与买方两个以上的工作人员取得联系，在首次交易中也应该做到至少与买方官方电话的联系人取得联系，以核实买方对接人是否为买方公司员工或正在商谈的合作事项是否属实等。

④提前通过买方官方银行账户实现资金往来，尽量发挥议价能力，在发货前提前收取一定比例的预付款，就基本可以通过买方官方银行账户佐证买方官方层面是否知晓或授权正在商谈的合作事项。如果无法与买方达成先收取一定比例预付款的合同条件，可采取小金额、公对公"互相打款"的途径与买方官方银行账户完成资金往来，验证买方真实性和贸易可靠性。

08 签订 FOB 条款时需要引起重视

实际外贸业务常以 FOB 条件成交。FOB 条款下，卖方负责备货、装船、出口清关、凭单交货以及货物过船舷前的费用和风险；买方负责租船订舱、投保、办理进口清关手续、付款赎单接货以及货物越过船舷后的费用和风险。换句话说，在 FOB 条款下，货物在装运港被装上指定船只时，风险就转移给了买方。

那么，外贸公司为什么要在签订 FOB 条款时引起重视呢？这是因为进出口双方均在一定范围内承担相应风险。

①由买方企业指定船公司或承担货运代理，对卖方来说存在运输风险和单据结汇风险。

②在 FOB 条款下，由买方指定承运人，卖方发货后可能无法获取提单，从而面临无法掌握商品实际控制权的风险，此时如果买方不断寻找信用证

中的不符合点并据此提出退单或拒付，卖方还将面临钱货两空的风险。

③在 FOB 条款下，租船订舱由买方负责，但货物在卖方手里，此时如果卖方未及时备货、装船，而买方按期派船，卖方将面临承担空舱费和滞期费的风险；如果卖方按期备货、装船，而买方船只提前或延迟到达，买方将面临承担相关费用的风险。

④在 FOB 条款下，出口货物从起运地到船舷的责任由卖方承担，如果不为货物在这段距离投保，出口方将面临货物过船舷之前发生灭失或损坏的风险。

外贸公司需要引起重视，做好应对措施，如图 3-17 所示。

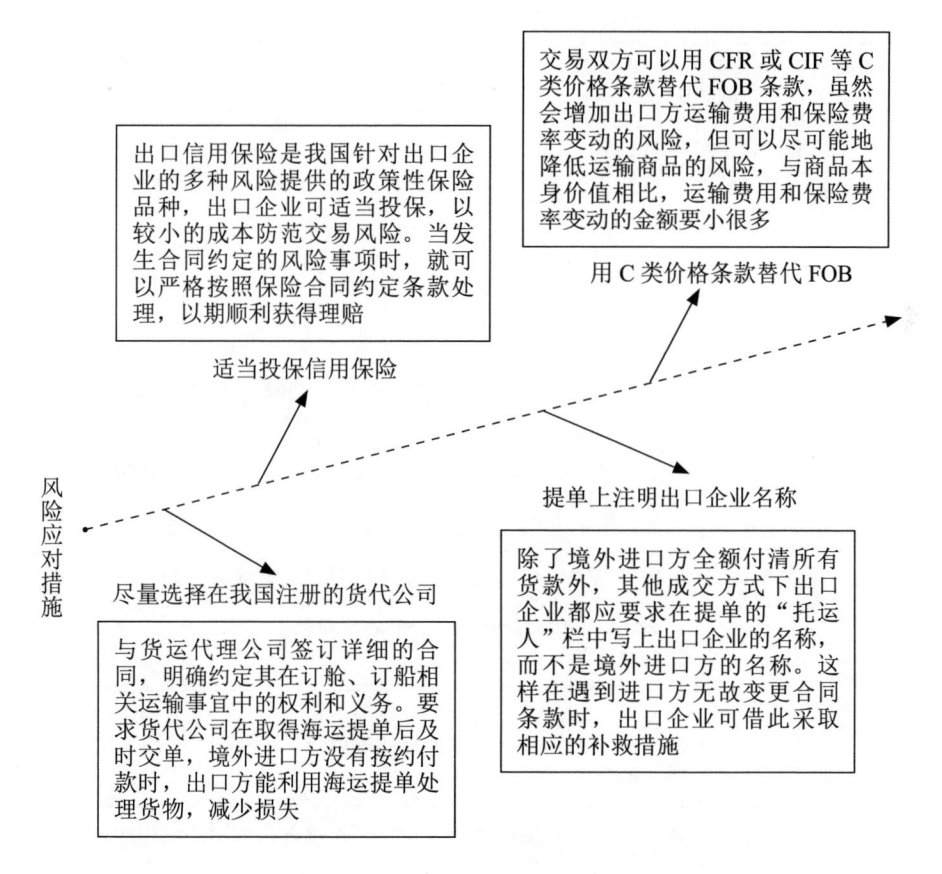

```
                    ┌─────────────────────────────┐
                    │ 交易双方可以用 CFR 或 CIF 等 C │
                    │ 类价格条款替代 FOB 条款，虽然   │
                    │ 会增加出口方运输费用和保险费   │
                    │ 率变动的风险，但可以尽可能地   │
                    │ 降低运输商品的风险，与商品本   │
                    │ 身价值相比，运输费用和保险费   │
                    │ 率变动的金额要小很多           │
                    └─────────────────────────────┘
                         用 C 类价格条款替代 FOB

┌─────────────────────────────┐
│ 出口信用保险是我国针对出口企 │
│ 业的多种风险提供的政策性保险 │
│ 品种，出口企业可适当投保，以 │
│ 较小的成本防范交易风险。当发 │
│ 生合同约定的风险事项时，就可 │
│ 以严格按照保险合同约定条款处 │
│ 理，以期顺利获得理赔         │
└─────────────────────────────┘
        适当投保信用保险

                              提单上注明出口企业名称

风                                  ┌─────────────────────────────┐
险     尽量选择在我国注册的货代公司 │ 除了境外进口方全额付清所有   │
应                                  │ 货款外，其他成交方式下出口   │
对     ┌─────────────────────────────┐ │ 企业都应要求在提单的"托运   │
措     │ 与货运代理公司签订详细的合   │ │ 人"栏中写上出口企业的名称， │
施     │ 同，明确约定其在订舱、订船相 │ │ 而不是境外进口方的名称。这   │
       │ 关运输事宜中的权利和义务。要 │ │ 样在遇到进口方无故变更合同   │
       │ 求货代公司在取得海运提单后及 │ │ 条款时，出口企业可借此采取   │
       │ 时交单，境外进口方没有按约付 │ │ 相应的补救措施               │
       │ 款时，出口方能利用海运提单处 │ └─────────────────────────────┘
       │ 理货物，减少损失             │
       └─────────────────────────────┘
```

图 3-17　外贸公司做好应对措施

⓿⑨ 合同备案是怎么回事

这里的合同备案是指加工贸易企业持合法的加工贸易合同到主管海关备案、申请保税并领取加工贸易"登记手册"或其他准予合同备案凭证的行为。

涉及合同备案的企业主要分为两类，如图3-18所示。

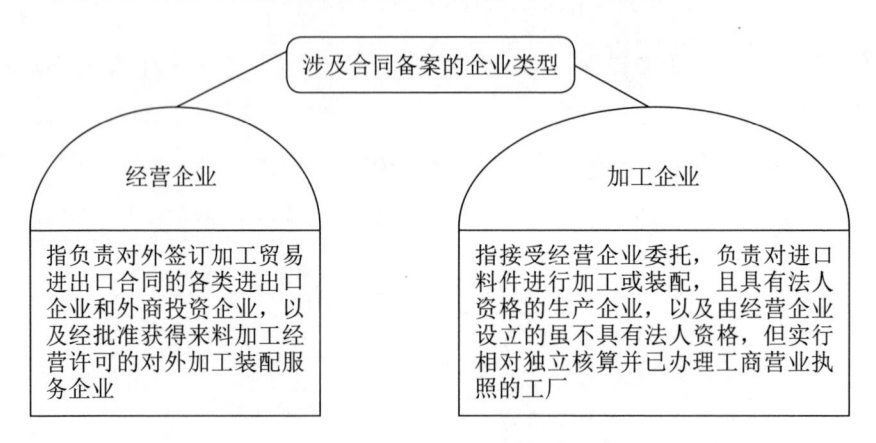

```
          涉及合同备案的企业类型
         ┌──────────┴──────────┐
       经营企业              加工企业
  指负责对外签订加工贸易    指接受经营企业委托，负责对进口
  进出口合同的各类进出口    料件进行加工或装配，且具有法人
  企业和外商投资企业，以    资格的生产企业，以及由经营企业
  及经批准获得来料加工经    设立的虽不具有法人资格，但实行
  营许可的对外加工装配服    相对独立核算并已办理工商营业执
  务企业                    照的工厂
```

图3-18 涉及合同备案的企业类型

从事加工贸易的进出口企业，除了要对贸易合同进行备案，还需要对其他一些单证、保税额度和台账制度等进行备案，如图3-19所示。

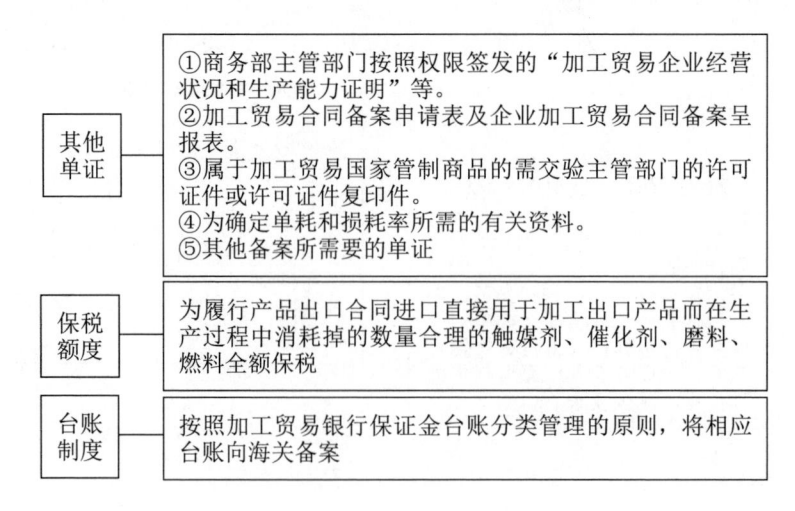

其他单证	①商务部主管部门按照权限签发的"加工贸易企业经营状况和生产能力证明"等。 ②加工贸易合同备案申请表及企业加工贸易合同备案呈报表。 ③属于加工贸易国家管制商品的需交验主管部门的许可证件或许可证件复印件。 ④为确定单耗和损耗率所需的有关资料。 ⑤其他备案所需要的单证
保税额度	为履行产品出口合同进口直接用于加工出口产品而在生产过程中消耗掉的数量合理的触媒剂、催化剂、磨料、燃料全额保税
台账制度	按照加工贸易银行保证金台账分类管理的原则，将相应台账向海关备案

图3-19 其他需要备案事项

3.3 关于出口贸易报价签约的问题解答

外贸业务中的报价签约事宜直接关系着交易双方的权益,因此开展工作时尤其要谨慎。对于一些疑问或者不知道该怎么处理的细节,外贸人员有必要学习。

⑩ 航空运单的使用有没有坑

问 公司与境外客户前期谈判很顺利,付款条件约定为先支付30%的定金,剩余70%的货款采取货到付款。但是公司将货物准备好后,客户要求先空运一部分货物,对方看到航空运单的复印件后就会付清剩余货款,然后公司再安排剩下的货物走海运,这样的操作行吗?

答 当然不行,外贸人员切记不要在外贸合同中签署这样的条款。这是因为航空运单并不是物权凭证,即使没有航空运单,客户只要具备到货通知书且能证明自己是主单上的收货人即可提货。等到外贸人员将航空运单的复印件发给客户时就可能发生对方不回复的情况,此时做进一步的探寻,很可能会发现空运的货物已经被全部带走了。

因此,签约时,对于初次合作或者不熟悉的客户,外贸公司不要签订货物一部分空运、一部分海运这样的运输方式,最好坚持收到全额货款后,再根据实际情况采取空运或海运方式交货。

⑪ 如何确定加工结转申报价格

问 如果公司是一家外资加工企业,需要通过一家商社向另一家外资公司结转出口一批货物,而商社要从中赚取一部分佣金,导致公司的转出价格与外资公司的转入价格有差异,这种情况下己方公司和对方外资公司在办理转厂报关时价格该如何确定呢?

答 根据海关规定,结转进口和出口报关单的申报价格为结转货物的实际成交价格，即转出企业与转入企业的成交价格。同时，结转进口报关单与结转出口报关单之间的申报价格应当一致。

⓬ 赠品出口如何报价

问 如果公司是一家三资企业，出口商品中有赠品出口，赠品是进料对口购进的，现在出口要如何确定报价？

答 出口赠品不存在成交价格。根据《中华人民共和国海关确定进出口货物计税价格办法》中的条款规定，出口货物的成交价格不能确定的，海关经了解有关情况，并与纳税义务人进行价格磋商后，估定完税价格。企业若掌握同时或者大约同时向同一国家或者地区出口的相同、类似货物的成交价格，可以向海关提供。

⓭ 如何找到适合自己的外贸交易方式

问 交易方式是企业销售商品的方式，从不同的角度划分交易方式，类型有很多，如批发交易与零售交易、购买交易与租赁交易、合同交易与非合同交易、自主交易和信托交易等，那么外贸企业要如何找到适合自己的外贸交易方式呢？

答 外贸企业首先需要了解常见的外贸交易方式，如图 3-20 所示。

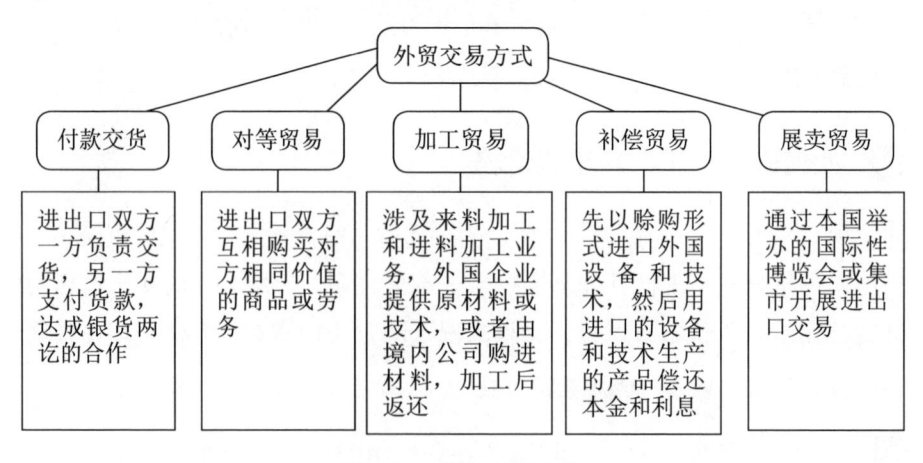

```
                    外贸交易方式
    ┌──────┬──────┬──────┬──────┬──────┐
  付款交货  对等贸易  加工贸易  补偿贸易  展卖贸易
```

付款交货	对等贸易	加工贸易	补偿贸易	展卖贸易
进出口双方一方负责交货，另一方支付货款，达成银货两讫的合作	进出口双方互相购买对方相同价值的商品或劳务	涉及来料加工和进料加工业务，外国企业提供原材料或技术，或者由境内公司购进材料，加工后返还	先以赊购形式进口外国设备和技术，然后用进口的设备和技术生产的产品偿还本金和利息	通过本国举办的国际性博览会或集市开展进出口交易

图 3-20　外贸交易方式

然后根据各种外贸交易方式的特点及使用范围，决定公司自身适合哪种外贸交易方式，如图3-21所示。

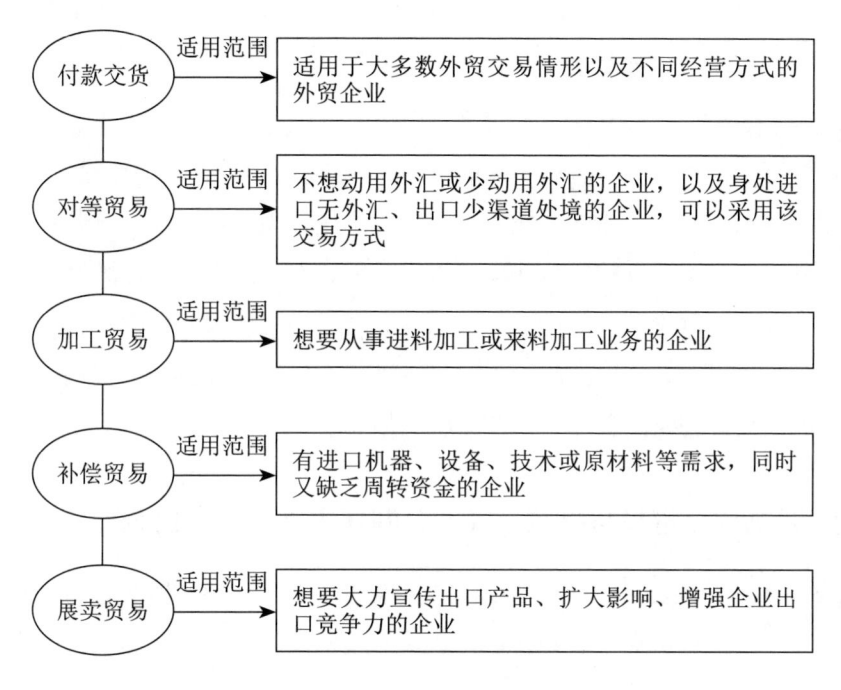

交易方式		适用范围
付款交货	适用范围	适用于大多数外贸交易情形以及不同经营方式的外贸企业
对等贸易	适用范围	不想动用外汇或少动用外汇的企业，以及身处进口无外汇、出口少渠道处境的企业，可以采用该交易方式
加工贸易	适用范围	想要从事进料加工或来料加工业务的企业
补偿贸易	适用范围	有进口机器、设备、技术或原材料等需求，同时又缺乏周转资金的企业
展卖贸易	适用范围	想要大力宣传出口产品、扩大影响、增强企业出口竞争力的企业

图 3-21　外贸交易方式的适用范围

⑭ 进口药材是否需要做合同认证公证

问 公司计划进口一批药材，但是听说境外合同要公证和认证，是否有这个要求呢？

答 目前，海关部门对于企业与境外签订合同的认证与公证没有要求。而且，《中华人民共和国民法典》（下称《民法典》）也没有规定涉外合同需要经过公证才可以生效。《民法典》规定，依法成立的合同，自成立时生效，但是法律另有规定或者当事人另有约定的除外。依照法律、行政法规的规定，合同应当办理批准等手续的，依照其规定。未办理批准等手续影响合同生效的，不影响合同中履行报批等义务条款以及相关条款的效力。

⓯ 进口试用装产品的合同金额怎么填

问 公司有一批进口试用装产品，在编写合同与商业发票时，金额是否可以填写为 0 元呢？

答 商品本身存在商业价值的，需要按照实际的商业价值申报，不能因为是试用装产品而填写 0 元。试用装产品的作用不仅是为了推广新产品，还可以帮助商家收集消费者的反馈意见。通过试用，消费者可以亲自体验产品的优缺点，商家可以根据这些反馈改进产品，提高产品质量，满足消费者需求。同时，试用装产品还可以帮助商家建立品牌形象和口碑，通过优化产品和服务吸引更多消费者。所以，试用装产品本身有非常明确的商业价值，进口时的报价需要按照其本身的商业价值确定。

⓰ 鼓励项目进口货物减免税的合同卖方能否是境内企业

问 在鼓励项目中，如果公司与境内另一家企业签订了设备购买合同，而该企业在境外工厂订购了设备，设备直接从境外发运给公司，那么公司能否依据与该境内企业签订的设备购买合同，向海关申请鼓励项目进口货物的减免税呢？

答 在进口贸易中，卖方应是境外企业，但是，随着境内特殊监管区域的发展，部分设立在境内关境外的国际贸易企业，如保税区内的企业，也可作为卖方开展进出口贸易，如果是后一种情况，进口方可以提供详细情况，咨询当地办理减免税业务的行政单位。换句话说，如果公司与境内非保税区内的企业签订了设备购买合同，即使设备直接从境外发运给公司，也不能凭借设备购买合同向海关申请鼓励项目进口货物的减免税。

⓱ 实际退运数量与退货协议不一致时什么情况可以申报退运

问 公司有一批一般贸易进口的货物，因产品质量问题需要与境外的供应商协议退运出口，因一些原因，能退运的数量与协议约定的不一致，这样还能申报货物退运吗？海关会不会认定单证数量不符而不接受呢？

答 如果实际退运数量少于协议约定的，可以申报货物退运；如果实际退运数量比协议约定得多，则不能申报货物退运。也就是说，公司在与外国供应商签订退运出口协议时，尽量保证退运数量与退货协议约定的数量一致，实在不能保证一致的，也要使退运数量少于退货协议约定的数量，这样才能申报货物退运，否则已经签订的退货协议是不能用于货物退运申报的，海关会认定单证数量不符而不接受，公司只能与供应商重新签订一份退货协议。

⑱ 有关手续未办好延期之前是否可办理协议和合同延期手续

问 如果公司属于三来一补企业，与境外客户签订了协议，但是因为某些原因导致已经办理好的证件可能延期，当下已经开始办理有关证件的延期手续。但是在环保续期方面还未办理完毕，致使公司与境外企业签订的协议可能不能在有效期前向海关申请延期手续。这种情况海关能不能给公司先办理有关协议和协同延期手续呢？

答 不可以，海关必须按照文件要求办延期手续。也就是说，如果公司在办理协议和合同延期手续之前尚未办理好其他相关手续，海关不能先给公司办理有关协议和合同延期手续。由此导致公司没有在规定时间内办理延期案件的，也会被海关按逾期不办理延期案件处理。所以，公司在签订合同时一定要在确保所有事项顺利办理的情况下准确约定合同期限，否则会带来很多麻烦。

第4章

备货检验：完成生产任务不卡单

与客户签订好合同后，外贸企业就要开始备货了，具体工作包括原材料的购买、生产计划的安排和实施，以及一些必要的检验工作，整个流程的组织安排都要合理，避免无法按时交货的情况发生。

4.1 备货就是履约的开始

备货工作就是进出口公司根据合同和信用证规定,向生产加工和仓储部门下达联系单(有些公司称为加工通知单或信用证分析单),要求有关部门按照联系单的要求对应交的货物进行生产、入库、清点、加工整理、刷制运输标志以及申报检验等工作。

01 自产自销模式下的备货工作需要做哪些

一些经济实力比较雄厚且业务量较大的外贸企业,由于商品出口需求量大,从外部获取比较困难,耗时且资金成本较高,所以一般会选择自产自销模式保证充足的商品供应。

那么,自产自销模式下外贸企业备货需要做哪些工作?如图4-1所示。

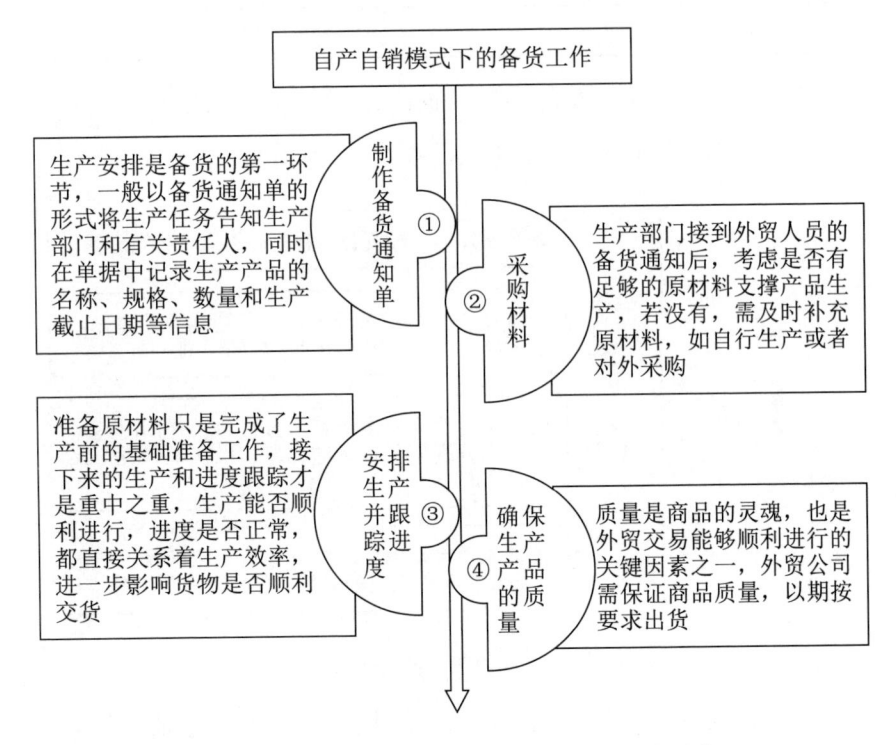

```
                自产自销模式下的备货工作
                          │
   ┌──────────────────────┼──────────────────────┐
   │ 制作备货通知单 ①                              │
   │   生产安排是备货的第一环节,一般以备货通知单的形式将生产任务告知生产部门和有关责任人,同时在单据中记录生产产品的名称、规格、数量和生产截止日期等信息 │
   │                                              │
   │ 采购材料 ②                                    │
   │   生产部门接到外贸人员的备货通知后,考虑是否有足够的原材料支撑产品生产,若没有,需及时补充原材料,如自行生产或者对外采购 │
   │                                              │
   │ 安排生产并跟踪进度 ③                          │
   │   准备原材料只是完成了生产前的基础准备工作,接下来的生产和进度跟踪才是重中之重,生产能否顺利进行、进度是否正常,都直接关系着生产效率,进一步影响货物是否顺利交货 │
   │                                              │
   │ 确保生产产品的质量 ④                          │
   │   质量是商品的灵魂,也是外贸交易能够顺利进行的关键因素之一,外贸公司需保证商品质量,以期按要求出货 │
```

图4-1 自产自销模式下外贸企业备货需要做的工作

在备货环节，公司需要用到的备货通知单，其常见样式见表 4-1。

表 4-1 备货通知单

单号：					日期：		
备货属性	□客户订单 　□无客户订单，风险备货 备货风险说明：						
产品名称	规格型号	数量	单位	需求日期	销售订单号	备注	
发货信息	发货方式：□海运　　□空运　　□铁路运输　　□其他						
	客户名称						
	收货人及联系方式						
	收货地址						
审核意见：							
经办人及日期：				审核人及日期：			

有的企业将备货通知单称为生产通知单，样式因公司而异。相关外贸人员要注意下达备货通知的几个事项，如图 4-2 所示。

下达备货通知的注意事项：

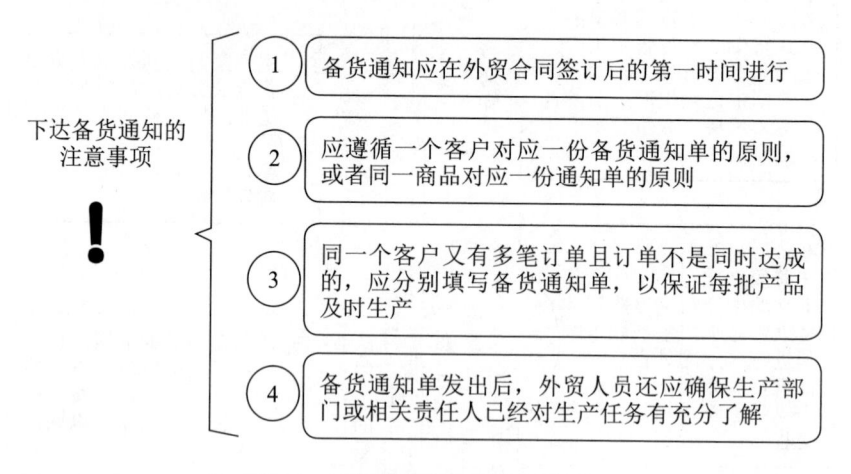

1. 备货通知应在外贸合同签订后的第一时间进行
2. 应遵循一个客户对应一份备货通知单的原则，或者同一商品对应一份通知单的原则
3. 同一个客户又有多笔订单且订单不是同时达成的，应分别填写备货通知单，以保证每批产品及时生产
4. 备货通知单发出后，外贸人员还应确保生产部门或相关责任人已经对生产任务有充分了解

图 4-2 下达备货通知的注意事项

在材料采购环节，生产部门需要确保用于生产产品的原辅材料充足。

此时可能出现两种情况，不同情况下的工作流程是不同的，如图4-3所示。

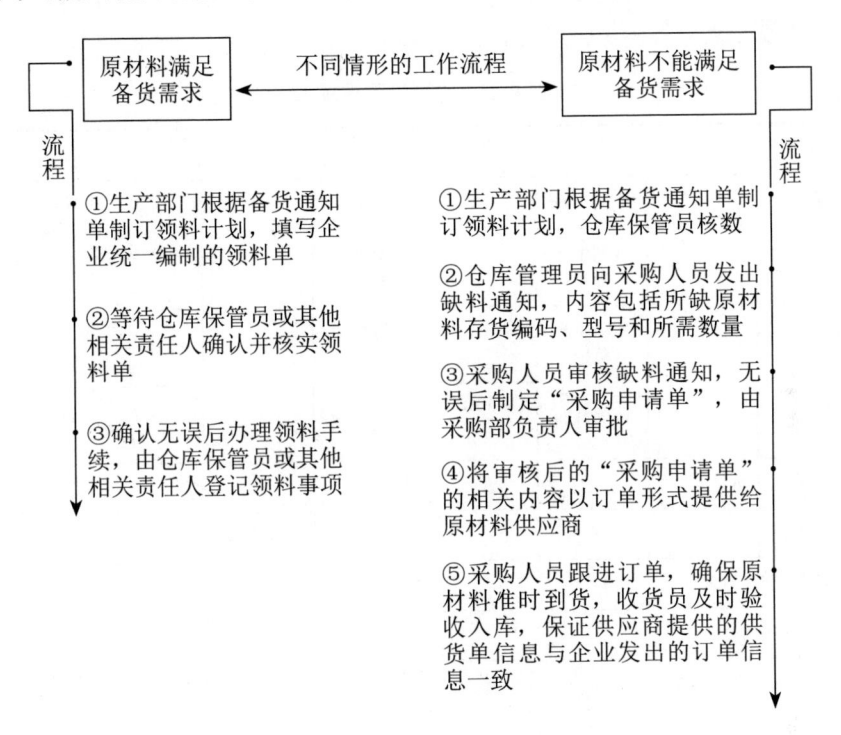

```
        原材料满足          不同情形的工作流程          原材料不能满足
        备货需求         ←─────────────────→         备货需求
   │                                                                    │
   │流                                                                 流│
   │程                                                                 程│
   │                                                                    │
   │  ①生产部门根据备货通知                    ①生产部门根据备货通知单制
   │  单制订领料计划，填写企                    订领料计划，仓库保管员核数
   │  业统一编制的领料单
   │                                          ②仓库管理员向采购人员发出
   │  ②等待仓库保管员或其他                    缺料通知，内容包括所缺原材
   │  相关责任人确认并核实领                    料存货编码、型号和所需数量
   │  料单
   │                                          ③采购人员审核缺料通知，无
   │  ③确认无误后办理领料手                    误后制定"采购申请单"，由
   │  续，由仓库保管员或其他                    采购部负责人审批
   │  相关责任人登记领料事项
   │                                          ④将审核后的"采购申请单"
   │                                          的相关内容以订单形式提供给
   │                                          原材料供应商
   │
   │                                          ⑤采购人员跟进订单，确保原
   │                                          材料准时到货，收货员及时验
   │                                          收入库，保证供应商提供的供
   │                                          货单信息与企业发出的订单信
   │                                          息一致
```

图4-3　材料采购环节不同情形的工作流程

在安排生产并跟踪进度环节，需要把握的重点如图4-4所示。

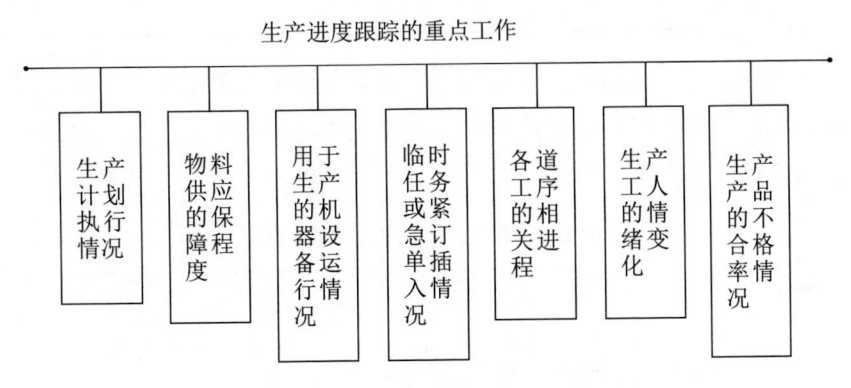

```
                    生产进度跟踪的重点工作
    ┌──────┬──────┬──────┬──────┬──────┬──────┬──────┐
   生产   物料   用于   临时   各道   生产   生产
   计划   供应   生产   任务   工序   工人   产品
   执行   的保   的机   或紧   的相   的情   的不
   情况   障程   器设   急订   关进   绪变   合格
          度     备运   单插   程     化     率情
                行情   入情                        况
                况     况
```

图4-4　生产进度跟踪的重点工作

那么，实际跟踪生产进度时，怎么提高效率和准确性呢？一般采用生产进度跟踪表来落实生产进度，见表4-2。

表4-2 生产进度跟踪表

NO.						
产品名称		图号/料号		材质		外观
订单号		计划生产数量		计划完成日期		调整完成日期
下单日期		实际生产数量		实际完成日期		调整原因
所需原材料		申请日期		到料日期		库存原材料
生产过程负责人			生产工序操作员			
领料数量		库管员			领料日期	
理论产品数量			统计人员			
模具领用时间						
首件产品合格及确认				入库抽检结果及确认		
延迟交货原因：						
跟踪考核结果		合格率		完成率		及时率
进度跟踪负责人：						

在确保生产产品质量环节，生产人员要对整个生产过程中的所有要素进行控制，包括原材料、生产人员、机器设备以及生产工序等，大致需要做的事情可参考表4-3中的内容。

表4-3 确保生产产品质量需要做的事

方面	具体措施
内部管理制度	建立健全内部产品质量管理制度，保证生产部门合理安排时间、加强工艺管理和不合格品管理等
技术检验	确定技术检验方法和标准，达到不合格原材料不投产、不合格在制品不转序、不合格半成品不使用、不合格的零件不装配、不合格的产成品不出厂

续上表

方面	具体措施
质量动态管理	建立健全产品质量的原始记录，并定期做好综合统计与分析
人员控制	①保证参与生产的生产人员满足产品生产需求，同时人力资源不过剩。 ②保证生产人员已经达到参与生产活动的标准。 ③确保公司的质检人员有专业资格，能对产品检验结果负责。 ④提高生产管理人员的工作能力，确保其具有管理生产部门和员工以及及时、准确处理生产突发事件的能力，能对整个生产流程负责
机器设备	①保证生产用机器设备数量合理。 ②检查机器设备是否有明显且明确的标识，如合格证。 ③正式生产前，生产人员要对机器设备进行试运行，防止正式生产时发生故障。 ④确保生产人员熟悉机器设备的构造原理、性能、用途、可能发生的故障以及维修保养方法
生产工序	①正式生产前，确保生产用图样和操作流程是现行有效的。 ②正式生产前，应规定生产对象的技术参数和具体要求，以保证生产的统一性
定期检查	对生产的产品实行定期检查，及时发现质量不符的产品，提高生产效率和交付履约率

⓬ 外部生产模式下的备货流程是怎样的

要用到外部生产模式的外贸企业，通常是一些没有生产单位或工厂、自产备货方式无法开展的公司，所以会通过外部渠道备货，这类企业一般资金实力不是很强，备货流程如图4-5所示。

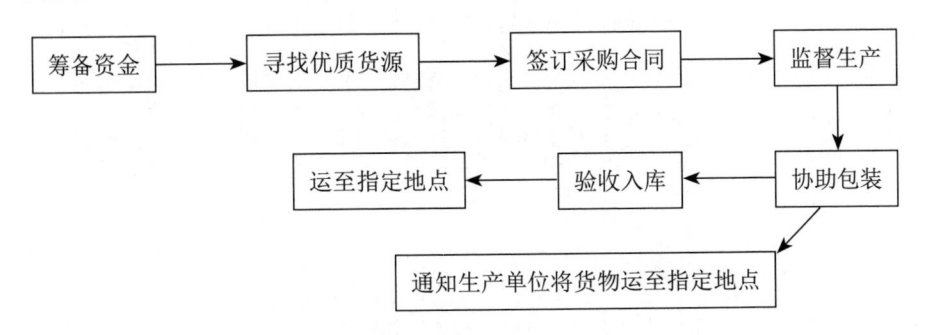

图4-5 外部生产模式下的备货流程

在筹备资金环节，外贸企业可采取的途径如图4-6所示。

流动资金贷款

借款人应满足的条件：
① 有按期还本付息的能力，原应付贷款利息和到期贷款已清偿。
② 除自然人和不需要经工商部门核准登记的事业法人外，应当进行了年度公示。
③ 已开立基本存款账户或一般存款账户。
④ 除国务院规定外，有限责任公司和股份有限公司对外股本权益性投资累计额未超过其净资产总额的50%。
⑤ 借款人的资产负债率符合贷款人的要求。
⑥ 申请中期、长期贷款的，新建项目的企业法人所有者权益与项目所需总投资的比例不低于国家规定的投资项目的资本金比例

含义： 流动资金贷款是企业在生产经营过程中为了满足短期资金需求而向银行申请的贷款，贷款主体为外贸企业。流动资金贷款的期限最长不超过3年

需提供的资料：
① 书面贷款申请和董事会同意申请贷款的决议（如果需要）。
② 公司章程、营业执照、法人代表证明。
③ 企业财务会计报表。
④ 贷款用途证明材料，如购销合同。
⑤ 有关担保和抵押、质押物的资料及银行认为需要提供的其他资料

优缺点： 融资成本较高，审批流程比较复杂、耗时

出口订单融资

申请融资需满足的条件：
① 与申请银行签订"××银行出口订单融资业务总协议"。
② 提交"××银行出口订单融资业务申请书"。
③ 提供境外采购商的有效订单或买卖合同。
④ 如果交易商品为国家限制出口的商品，还应提交国家有关部门同意出口的证明文件

含义： 出口订单融资是指在外贸交易中，当采用非信用证方式结算时，外贸企业可根据出口商提供的有效贸易订单向银行申请贷款，用于当前订单项下货物出口发运前的原材料采购、组织生产和运输

说明：
① 该订单项下的预期收汇款项为该笔贷款的第一还款来源。
② 出口订单融资的比例最高不得超过订单金额（扣除预付款后）的70%。
③ 融资期限（自融资支取之日起到收到预计的外销货款日止）最长不超过90天，如需延期，延长期限不得超过30天

图4-6 筹备资金的途径

在寻找优质货源环节，外贸公司需懂得借助互联网完成任务。有许多外贸网站可以帮助我们采购，如图 4-7 所示。

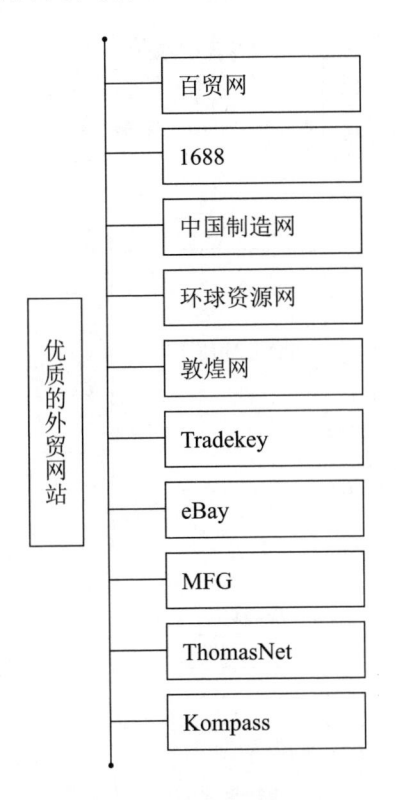

优质的外贸网站：
- 百贸网
- 1688
- 中国制造网
- 环球资源网
- 敦煌网
- Tradekey
- eBay
- MFG
- ThomasNet
- Kompass

图 4-7　寻找优质货源可用的外贸网站

除此之外，外贸人员还可利用各国黄页网站寻找产品和供货商，如欧洲黄页（europages）、意大利黄页（paginegiall）。

无论是自产自销模式，还是外部生产模式，备货期间都要做好质量跟进工作，防止产出的成品不合格而返工，进而降低备货效率。

❸ 来料加工与进料加工的区别

来料加工与进料加工都是加工贸易，但二者有明显区别，如图 4-8 所示。

```
来料加工 ─── 区别 ─── 进料加工
```

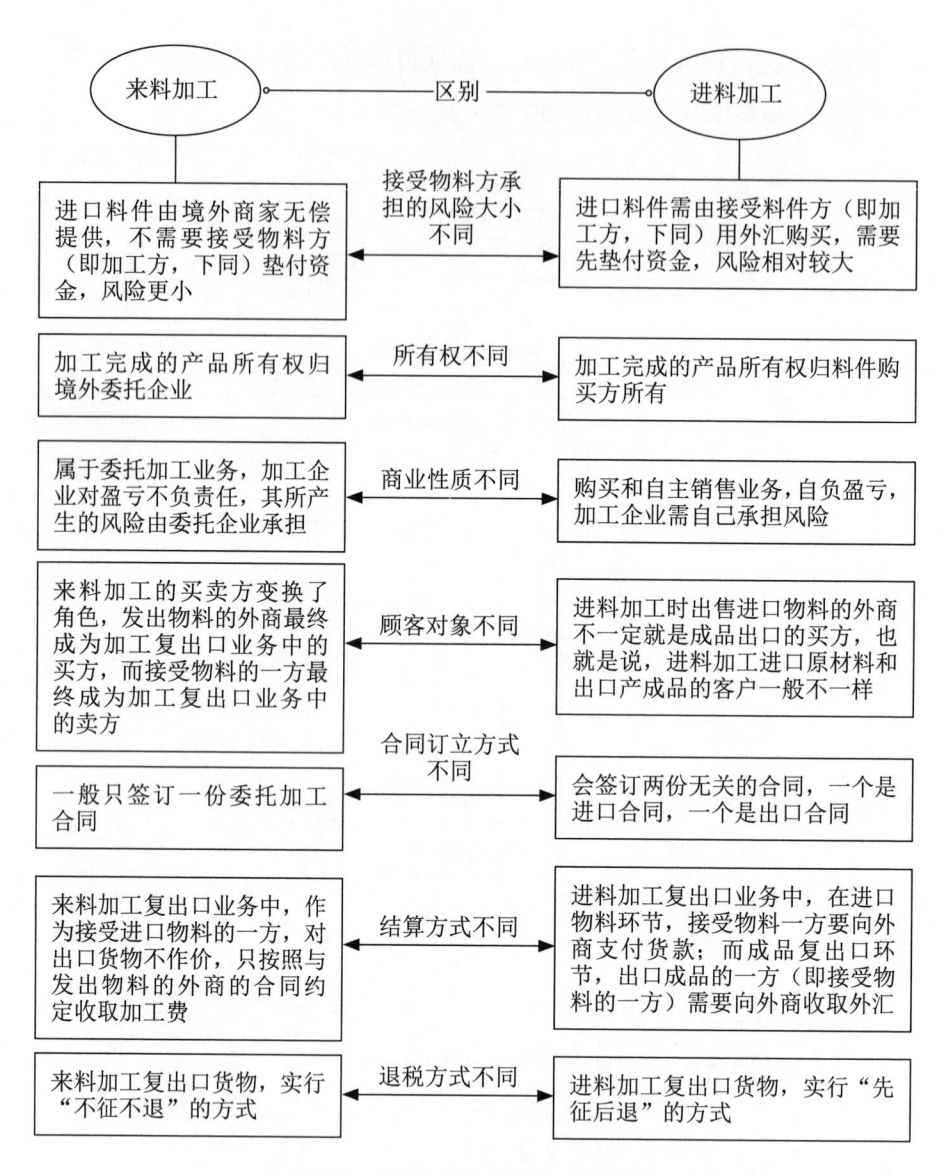

来料加工	区别	进料加工
进口料件由境外商家无偿提供，不需要接受物料方（即加工方，下同）垫付资金，风险更小	接受物料方承担的风险大小不同	进口料件需由接受料件方（即加工方，下同）用外汇购买，需要先垫付资金，风险相对较大
加工完成的产品所有权归境外委托企业	所有权不同	加工完成的产品所有权归料件购买方所有
属于委托加工业务，加工企业对盈亏不负责任，其所产生的风险由委托企业承担	商业性质不同	购买和自主销售业务，自负盈亏，加工企业需自己承担风险
来料加工的买卖方变换了角色，发出物料的外商最终成为加工复出口业务中的买方，而接受物料的一方最终成为加工复出口业务中的卖方	顾客对象不同	进料加工时出售进口物料的外商不一定就是成品出口的买方，也就是说，进料加工进口原材料和出口产成品的客户一般不一样
一般只签订一份委托加工合同	合同订立方式不同	会签订两份无关的合同，一个是进口合同，一个是出口合同
来料加工复出口业务中，作为接受进口物料的一方，对出口货物不作价，只按照与发出物料的外商的合同约定收取加工费	结算方式不同	进料加工复出口业务中，在进口物料环节，接受物料一方要向外商支付货款；而成品复出口环节，出口成品的一方（即接受物料的一方）需要向外商收取外汇
来料加工复出口货物，实行"不征不退"的方式	退税方式不同	进料加工复出口货物，实行"先征后退"的方式

图 4-8 来料加工与进料加工的区别

04 了解外贸产品的包装要点

在外贸业务中，商品包装绝对算得上一项技术工作，尤其是出口商品的包装，不仅销售包装有明确规定，运输包装的标准也非常严格。所以，外贸人员必须掌握不同包装的制作标准和包装的技能。

那么，外贸产品在包装环节有哪些要点要注意呢？

1. 给产品做标签

产品标签也称为销售包装标签，由生产者提供，用于标明产品名称、产地、质量状况、保存期限、使用说明和生产者名称及地址等信息。

没有制作标签或标签不合格的商品，会面临被进口地退回的风险和损失，进而增加出口企业的经营成本，严重时可能导致外贸交易失败。由此可见，出口商品的标签问题应该得到重视。

出口产品的标签要求通常是进口地提出的，所以实际内容会因进口地不同而不同，且不同商品的标签要求也会不同。即使如此，出口商品的标签也有一些统一要求，如图4-9所示。

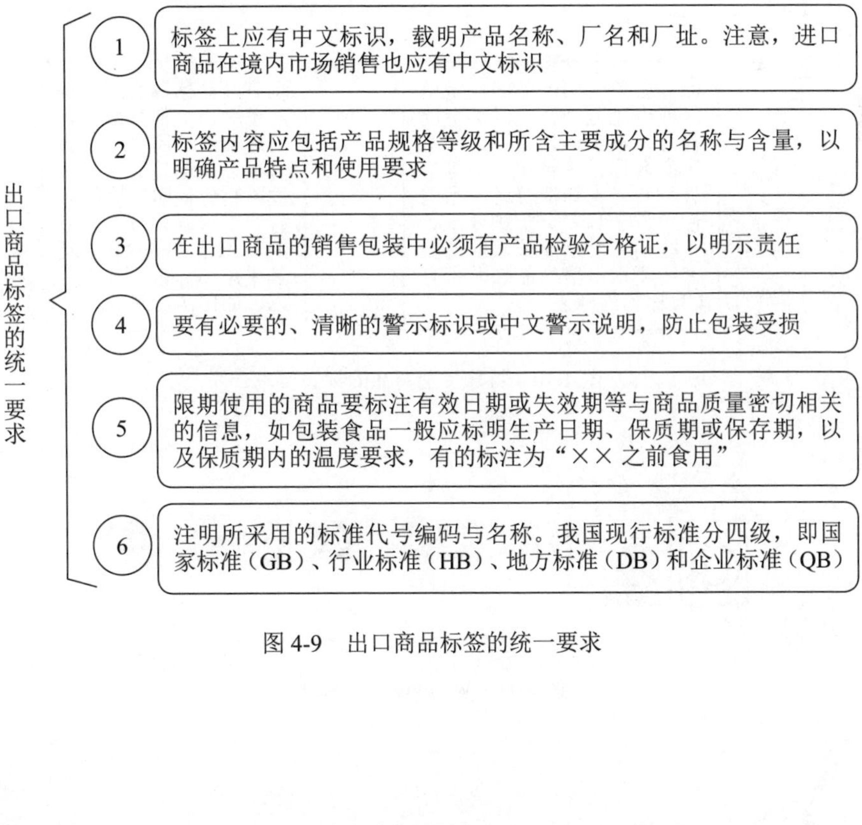

出口商品标签的统一要求：

1. 标签上应有中文标识，载明产品名称、厂名和厂址。注意，进口商品在境内市场销售也应有中文标识
2. 标签内容应包括产品规格等级和所含主要成分的名称与含量，以明确产品特点和使用要求
3. 在出口商品的销售包装中必须有产品检验合格证，以明示责任
4. 要有必要的、清晰的警示标识或中文警示说明，防止包装受损
5. 限期使用的商品要标注有效日期或失效期等与商品质量密切相关的信息，如包装食品一般应标明生产日期、保质期或保存期，以及保质期内的温度要求，有的标注为"××之前食用"
6. 注明所采用的标准代号编码与名称。我国现行标准分四级，即国家标准（GB）、行业标准（HB）、地方标准（DB）和企业标准（QB）

图4-9 出口商品标签的统一要求

除此以外，一些特殊类别商品的标签有特定的要求和规定，如图4-10所示。

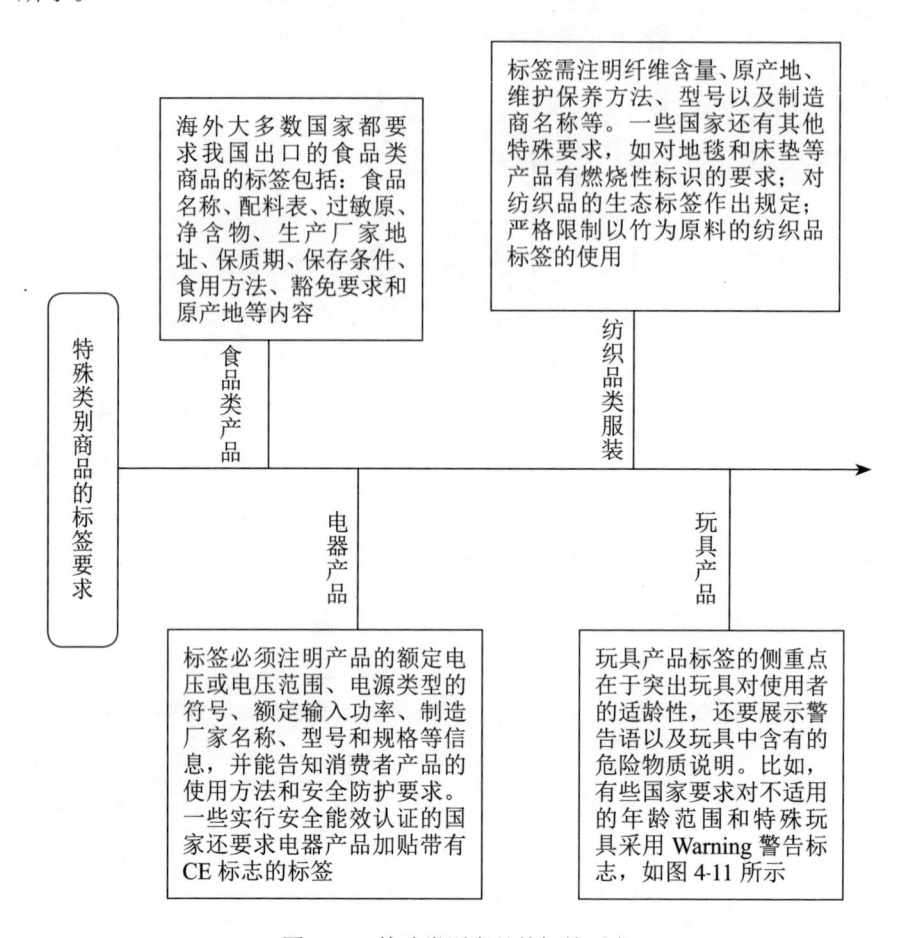

```
                        ┌─────────────────────┐
                        │ 海外大多数国家都要  │
                        │ 求我国出口的食品类  │
                        │ 商品的标签包括：食品│
                        │ 名称、配料表、过敏原、│
                        │ 净含物、生产厂家地  │
                        │ 址、保质期、保存条件、│
                        │ 食用方法、豁免要求和│
                        │ 原产地等内容        │
                        └─────────────────────┘
                                  │ 食品类产品
┌──────────┐                      │
│ 特殊类别 │                      │
│ 商品的   ├──────────────────────┤
│ 标签要求 │                      │
└──────────┘                      │
                                  │ 电器产品
                        ┌─────────────────────┐
                        │ 标签必须注明产品的额定电│
                        │ 压或电压范围、电源类型的│
                        │ 符号、额定输入功率、制造│
                        │ 厂家名称、型号和规格等信│
                        │ 息，并能告知消费者产品的│
                        │ 使用方法和安全防护要求。│
                        │ 一些实行安全能效认证的国│
                        │ 家还要求电器产品加贴带有│
                        │ CE 标志的标签       │
                        └─────────────────────┘
```

                        ┌─────────────────────┐
                        │ 标签需注明纤维含量、原产地、│
                        │ 维护保养方法、型号以及制造│
                        │ 商名称等。一些国家还有其他│
                        │ 特殊要求，如对地毯和床垫等│
                        │ 产品有燃烧性标识的要求；对│
                        │ 纺织品的生态标签作出规定； │
                        │ 严格限制以竹为原料的纺织品│
                        │ 标签的使用   │
                        └─────────────────────┘
                                 纺织品类服装

                        ┌─────────────────────┐
                        │ 玩具产品标签的侧重点│
                        │ 在于突出玩具对使用者│
                        │ 的适龄性，还要展示警│
                        │ 告语以及玩具中含有的│
                        │ 危险物质说明。比如， │
                        │ 有些国家要求对不适用│
                        │ 的年龄范围和特殊玩 │
                        │ 具采用 Warning 警告标│
                        │ 志，如图4-11所示   │
                        └─────────────────────┘
                                 玩具产品

图 4-10　特殊类别商品的标签要求

图 4-11　Warning 警告标志

信息拓展 关于 CE 标志的简单介绍

　　CE 标志是一种安全认证标志,是制造商打开并进入欧洲市场的"护照",贴有 CE 标志的产品可以在欧盟各成员国内销售,无须符合每个成员国的要求,从而实现了商品在欧盟各个成员国范围内的自由流通。CE 标志必须加贴在产品上的显著位置,应清晰可辨,不易涂抹,通常情况下加贴在产品或其参数标牌上;如果不能将 CE 标志直接贴在产品上,也可贴在产品的包装或产品附带文件上,但需要证明 CE 标志不能贴在产品上的原因。注意,CE 标志可以按照相关标准等比例缩放,但缩放时要保证其最小高度不小于 5mm。

2. 为产品做好运输包装

　　进出口贸易中涉及的运输包装又称为外包装,主要目的是保护商品,防止其在运输过程中发生损坏。由于外贸交易中运输条件比较复杂多变,为了保证进出口商品能安全、完整到达,就需要做好运输包装工作,即必须符合相应的包装要求,具体见表 4-4。

表 4-4　进出口业务中运输包装的要求

要求	简述
适应产品特性	运输包装适应产品特性,可有效防止货物发生破损、变质或被污染
适应不同运输方式	进出口商品的运输包装需尽可能满足海运、航运和铁路运输的要求,以避免因而产生的换包装成本
便于各环节相关人员操作	包装设计要合理,包装的规格、重量和体积要恰当,包装方法要科学,包装标识要清晰明了
必须符合有关国家法律法规的规定和客户要求	不同国家对不同进口商品的包装要求是不同的,还有一些客户会对运输包装提出特殊要求,出口企业应根据需要予以考虑和满足。符合国家法律法规的规定才能防止客户借机拒收货物
适度包装	进出口商品的运输包装不仅要考虑其安全性,还应尽可能节省包装费用。由于运输包装的重量和体积直接影响运输成本,因此,应尽量选择轻便、结实且合适的包装材料
包装上的标志要齐全	在运输包装上书写、印压或刷制必要的标志,如运输标志、指示性标志和警告性标志,作用是识别和提醒,让装卸、运输、仓储、校验和交接等工作顺利进行

信息拓展 运输包装上的标志类型

运输标志,又称唛头,一般由几何图形、字母、数字及简单的文字组成,主要包括目的地名称或代号、收货人代号及件号、批号等内容,有些还包括原产地、合同号、许可证号、体积与重量等。这些内容通常由进出口双方商定。

指示性标志也称安全标志或注意标志,是根据商品的特性提出应注意的事项,在商品外包装上用醒目的图形或文字表示。比如,易碎商品的外包装上标示"小心轻放";受潮后易变质的商品外包装上标示"防止受潮"。

警告性标志一般指危险品标志,是用来表示危险品的物理、化学性质以及危险程度的标志,它可以引起运输、储存、保管和搬运等活动中相关人员的注意。根据国家标准的相关规定,在水、陆、空运危险货物的外包装上拴挂、印刷或标打不同的标志,如爆炸品、遇水燃烧品、剧毒品、腐蚀性物品、放射性物品等。

3. 适度运用中性包装

中性包装是指出口企业按照进口商的要求,不在出口商品的包装上标明生产国别、地名和厂商名称,也不标明商标或牌号的一类包装方式。这种包装方式又可以细分为两种,如图 4-12 所示。

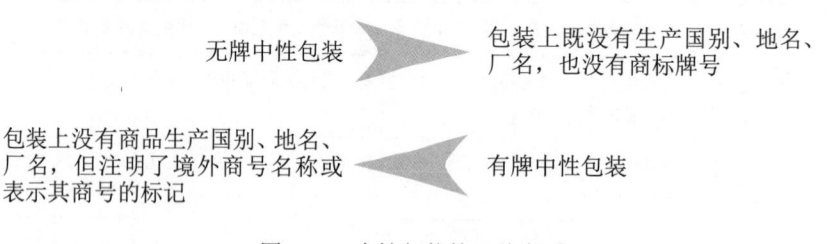

无牌中性包装	包装上既没有生产国别、地名、厂名,也没有商标牌号
包装上没有商品生产国别、地名、厂名,但注明了境外商号名称或表示其商号的标记	有牌中性包装

图 4-12 中性包装的两种类型

由于中性包装信息不全,因此查验时非常麻烦。有些国家虽然不反对中性包装,但要求必须在商品上印有 Made in China 字样,这样进口地才会放行,否则出口商品将被退回,这对出口企业来说非常不利。所以,我国出口企业要适度运用中性包装,事前要仔细了解进口方所在地对待中性包装的态度,不能一味地满足进口方的要求,以防止退货损失。

4. 包装要符合进口地的环保要求

境内外环保意识的不断增强对外贸产生了较大影响，很多国家对进口商品的包装材料有了越来越高的环保要求。为了顺利开展对外贸易，外贸企业和外贸人员有必要了解一些重要的禁止规定，如图4-13所示。

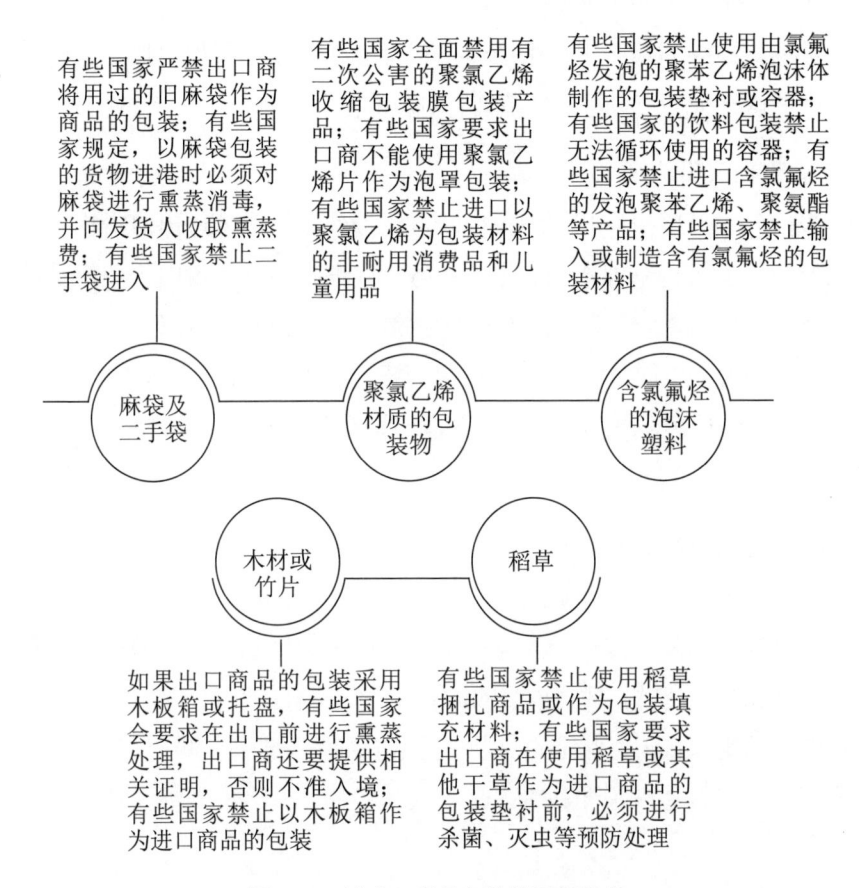

麻袋及二手袋：有些国家严禁出口商将用过的旧麻袋作为商品的包装；有些国家规定，以麻袋包装的货物进港时必须对麻袋进行熏蒸消毒，并向发货人收取熏蒸费；有些国家禁止二手袋进入

聚氯乙烯材质的包装物：有些国家全面禁用有二次公害的聚氯乙烯收缩包装膜包装产品；有些国家要求出口商不能使用聚氯乙烯片作为泡罩包装；有些国家禁止进口以聚氯乙烯为包装材料的非耐用消费品和儿童用品

含氯氟烃的泡沫塑料：有些国家禁止使用由氯氟烃发泡的聚苯乙烯泡沫体制作的包装垫衬或容器；有些国家的饮料包装禁止无法循环使用的容器；有些国家禁止进口含氯氟烃的发泡聚苯乙烯、聚氨酯等产品；有些国家禁止输入或制造含有氯氟烃的包装材料

木材或竹片：如果出口商品的包装采用木板箱或托盘，有些国家会要求在出口前进行熏蒸处理，出口商还要提供相关证明，否则不准入境；有些国家禁止以木板箱作为进口商品的包装

稻草：有些国家禁止使用稻草捆扎商品或作为包装填充材料；有些国家要求出口商在使用稻草或其他干草作为进口商品的包装垫衬前，必须进行杀菌、灭虫等预防处理

图4-13 进出口商品包装的环保要求

4.2 出关前需要做好检验工作

进出口商品检验是指货物在装运前、运抵目的港或卸货后由双方约定

的检验机构对货物的品质、规格、重量、数量、包装、安全性能和卫生等方面进行指标、装运技术和装运条件的检验。根据我国相关法律法规，商检机构或国家指定的监督检验机构对进出口商品执行强制检验。

⑤ 出关前办理商品检验手续需要注意的问题

进出口商品的检验工作主要包括报检资格认定、报检、抽样、检验和签发证书这五个环节，每个环节都有对应的注意事项。

1. 报检资格认定

报检分为自理报检和代理报检，自理报检是指对外进出口货物收发货人向检验检疫机构办理本企业报检业务；代理报检是指境内企业接受进出口货物收发货人委托，为委托人向检验检疫机构办理报检业务。

根据"海关总署公告2018年第28号"规定，自2018年4月20日起，企业在海关注册登记或者备案后，将同时取得报关报检资质。

2. 报检

进行进口商品报检和出口商品报检需要分别提交相关单证，而进口商品报检有下列一些注意事项。

①品质检验的应提供境外品质证书或质量保证书、产品使用说明书及有关标准和技术资料；凭样成交的，须加附成交样品。

②申请重（数）量鉴定的应提供重量明细单、理货清单。

③因科研等特殊需要，输入禁止入境物的，应当取得海关总署签发的特许审批证明。

④申请残损鉴定的应提供理货残损单、铁路商务记录、空运事故记录等单据或海事报告等证明货损情况的有关单证。

⑤报检入境废物原料时，还应当取得装运前检验证书。

出口商品报检环节也有一些注意事项，如图4-14所示。

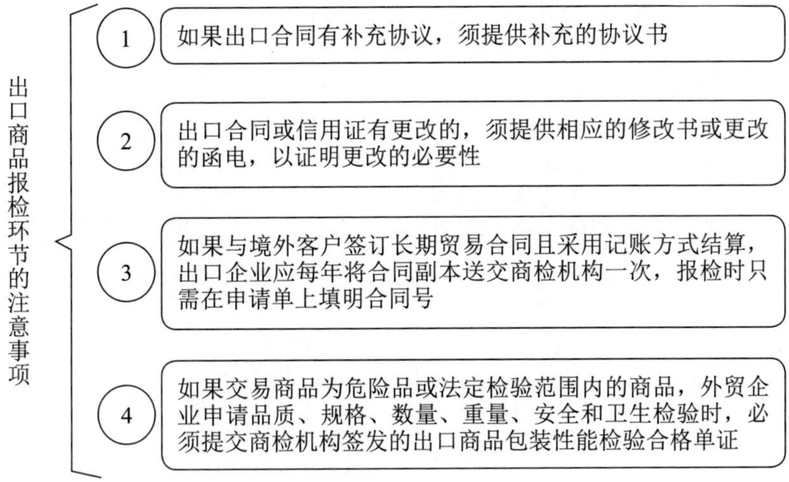

出口商品报检环节的注意事项

1. 如果出口合同有补充协议，须提供补充的协议书

2. 出口合同或信用证有更改的，须提供相应的修改书或更改的函电，以证明更改的必要性

3. 如果与境外客户签订长期贸易合同且采用记账方式结算，出口企业应每年将合同副本送交商检机构一次，报检时只需在申请单上填明合同号

4. 如果交易商品为危险品或法定检验范围内的商品，外贸企业申请品质、规格、数量、重量、安全和卫生检验时，必须提交商检机构签发的出口商品包装性能检验合格单证

图 4-14　出口商品报检环节的注意事项

3. 抽样

抽样是海关接受申请人报检后，安排工作人员赴货物堆存地点进行现场检验和鉴定的过程。这一过程中的注意事项主要是：抽样必须按照规定的方法和一定的比例进行，一般在货物的不同部位抽取一定数量的、能代表全批货物质量的样品。

4. 检验

在该环节，出口商需积极配合商检机构的工作，按照确定的检验标准和方法，完成检验工作。

5. 签发证书

如果外贸合同或信用证中规定由商检部门检验出证，或者合同另一方要求签发检验证书，应根据规定签发所需的封面证书。

06　填写出境货物报检信息容易出错的地方

申报涉检商品时，需要按照相应规则和规范填写有关报检信息，其中

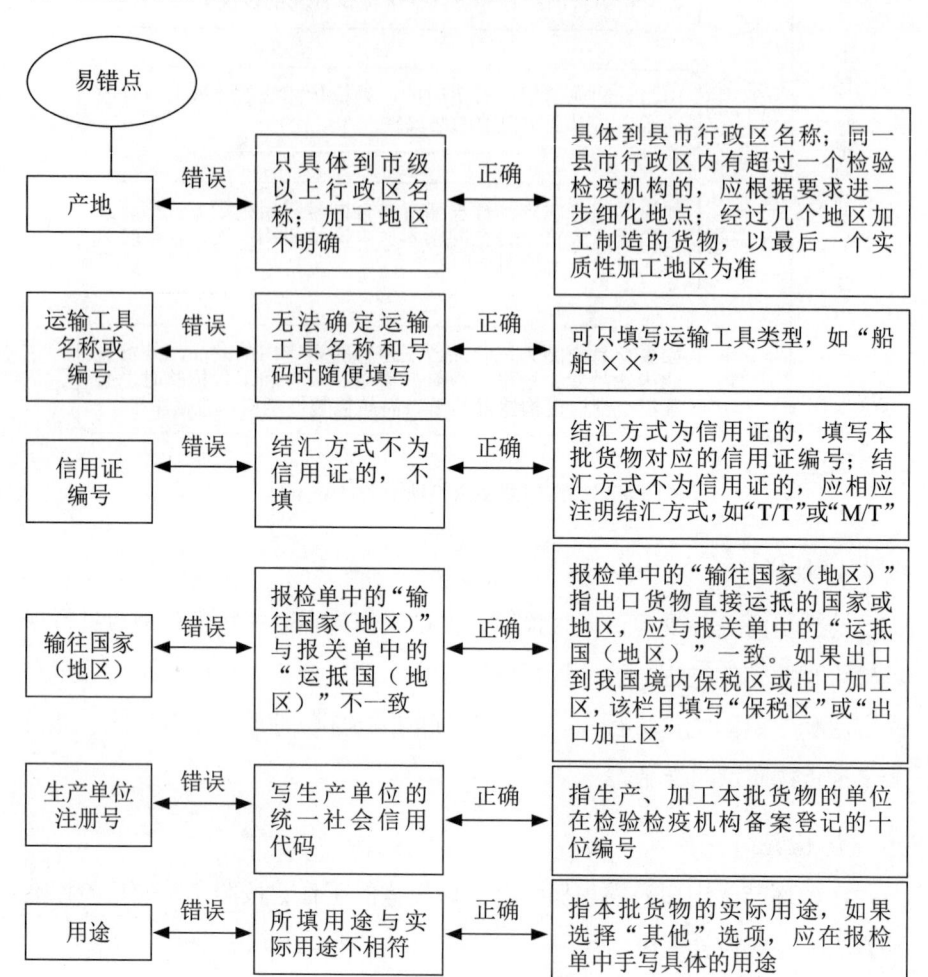

有一些易错点,需要外贸人员了解,如图4-15所示。

易错点		错误填写		正确填写
产地	←错误→	只具体到市级以上行政区名称;加工地区不明确	←正确→	具体到县市行政区名称;同一县市行政区内有超过一个检验检疫机构的,应根据要求进一步细化地点;经过几个地区加工制造的货物,以最后一个实质性加工地区为准
运输工具名称或编号	←错误→	无法确定运输工具名称和号码时随便填写	←正确→	可只填写运输工具类型,如"船舶××"
信用证编号	←错误→	结汇方式不为信用证的,不填	←正确→	结汇方式为信用证的,填写本批货物对应的信用证编号;结汇方式不为信用证的,应相应注明结汇方式,如"T/T"或"M/T"
输往国家(地区)	←错误→	报检单中的"输往国家(地区)"与报关单中的"运抵国(地区)"不一致	←正确→	报检单中的"输往国家(地区)"指出口货物直接运抵的国家或地区,应与报关单中的"运抵国(地区)"一致。如果出口到我国境内保税区或出口加工区,该栏目填写"保税区"或"出口加工区"
生产单位注册号	←错误→	写生产单位的统一社会信用代码	←正确→	指生产、加工本批货物的单位在检验检疫机构备案登记的十位编号
用途	←错误→	所填用途与实际用途不相符	←正确→	指本批货物的实际用途,如果选择"其他"选项,应在报检单中手写具体的用途

图4-15 出境货物报检信息的易错点

⑦ 入境货物报检单的填制要点

入境货物报检单是我国外贸企业进口商品并进行检验时必须填写的单据,只有正确、完整地填写各项内容,报检工作才能顺利完成。进口货物报检前,外贸人员或报检代理人需向检验检疫机构申领入境货物报检单,完整、准确且清晰地填写单据中的内容，注意中英文内容一致性，填写完毕后要在指定位置加盖单位印章。

在填写入境货物报检单时有哪些要点需要引起重视呢？见表4-5。

表4-5　填报入境货物报检单的要点

项目	填报要点
编号	该栏目由检验检疫机构报检受理人员填写
报检单位登记号	该栏目填写报检单位在检验检疫机构备案或注册登记的代码
报检日期	该栏目由受理报检的人员填写，即实际受理报检的日期
收/发货人	分别填写进口合同中的收货人和发货人名称
货物名称	填写本批货物的品名，注意中英文一致，且应与进口合同和发票上的名称一致。如果为废旧货物，需要注明
H.S.编码	该栏目填写当年海关公布的商品税则编码分类下该批货物的商品编码
原产国（地区）	填写本批货物生产或加工的国家或地区。如果进口业务涉及多个国家或地区，以最后一个作为原产国（地区）；如果是境外退运货物进境，该栏填写"中国××"
数量/重量	填写本批货物的数量和重量，应与进口合同、发票或报关单上所列货物的数量和重量一致，且应以商品编码分类中标准数/重量为准，同时注明数量或重量单位
货物总值	填写本批货物的实际成交价格，同时写明相应的币种，且应与进口合同、发票或报关单上所列的货物总值一致
提单/运单号	填写货物海运提单号或者空运单号，如果均有，应同时填写。该栏目所填数字、英文大小写、符号和空格等必须与运输部门的载货清单所列内容一致。如果发生转船，一般应填写最终航程的提单号
包装种类及数量	填写本批货物实际运输包装的种类和数量，且应注明包装的材质
到货日期	填写本批货物到达口岸的日期
许可证/审批号	一般是办理进境许可证或审批的货物需要填写
卸毕日期	填写本批货物在口岸卸货完毕的实际日期
起运口岸	填写装运本批货物的运输工具的起运口岸。如果货物从内陆国家陆运至他国港口装船出运，按照第一海港口岸填写；如果从我国境内保税区、出口加工区入境，填写"保税区"或"出口加工区"

续上表

项目	填报要点
入境口岸	填写装运本批货物的运输工具进境时首次停靠的口岸
索赔有效期至	按照进口合同约定索赔期间为准进行填写,尤其要注明截止日期;如果合同未约定,应在该栏目中注明"无索赔期"
经停口岸	填写本批货物起运后、到达目的地前,运输工具在运输过程中曾经停靠的外国口岸
目的地	填写本批货物预定到达的交货地
集装箱规格、数量及号码	货物已集装箱运输的情况下需要填写该栏目
随附单据	按照实际向检验检疫机构提供的单据,在对应的单据前划"√"或补填
标记及号码	填写本批货物的标记号码,即运输标志,注意应与进口合同、发票等有关单据保持一致;如果没有标记号码,该栏目需填写"N/M"
外商投资财产	该栏目由检验检疫机构受理人员填写
检验检疫费	由检验检疫机构计费人员核定费用后填写
领取证单	由报检人员在领取检验检疫机构出具的有关检验检疫证单时填写实际的领证日期,并由领取证单的人签字

08 准确把握报检时间和地点避免货物滞留和罚款

报检的时间和地点会因进出口商品的类型而异,在规定的报检时间之前或超过规定时间进行的商品报检都不会被受理。由此可见,报检时间对于报检工作至关重要。此外,报检地点的确定也关系到货物能否顺利完成相关手续。

1. 进口商品的报检时间与地点

进口商品的报检时间必须遵循图4-16所示的规定。

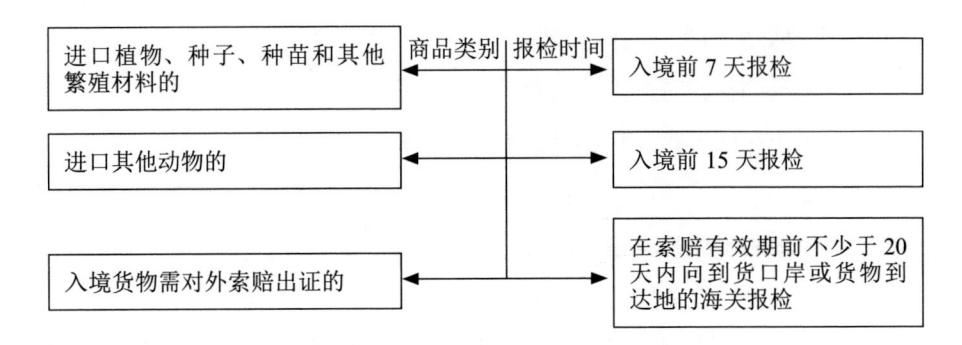

商品类别	报检时间
进口植物、种子、种苗和其他繁殖材料的	入境前 7 天报检
进口其他动物的	入境前 15 天报检
入境货物需对外索赔出证的	在索赔有效期前不少于 20 天内向到货口岸或货物到达地的海关报检

图 4-16 进口商品报检时间有关规定

进口贸易合同或运输合同对商品检验地点作出明确规定的，应严格按照约定地点报检，简单介绍如图 4-17 所示。

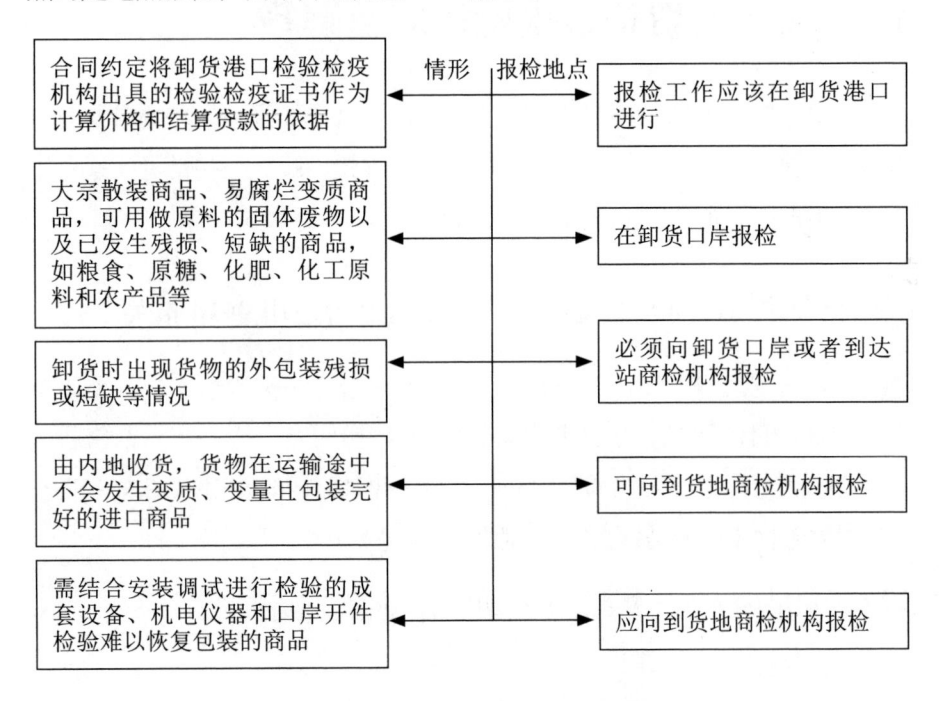

情形	报检地点
合同约定将卸货港口检验检疫机构出具的检验检疫证书作为计算价格和结算货款的依据	报检工作应该在卸货港口进行
大宗散装商品、易腐烂变质商品，可用做原料的固体废物以及已发生残损、短缺的商品，如粮食、原糖、化肥、化工原料和农产品等	在卸货口岸报检
卸货时出现货物的外包装残损或短缺等情况	必须向卸货口岸或者到达站商检机构报检
由内地收货，货物在运输途中不会发生变质、变量且包装完好的进口商品	可向到货地商检机构报检
需结合安装调试进行检验的成套设备、机电仪器和口岸开件检验难以恢复包装的商品	应向到货地商检机构报检

图 4-17 进口商品报检地点的具体要求

2. 出口商品的报检时间与地点

出口商品的报检时间大致有两种。

①一般应在出口报关货物装运前 7 天报检。

②需要隔离检疫的出境动物，需在出境前 60 天预报，隔离前 7 天报检。

出口商品的报检地点也有两种。

①一般为外贸企业所在地海关。

②如果商品不是外贸企业自行生产的，则报检地点为生产工厂所在地的海关。

4.3 关于外贸备货报检的问题解答

从前述内容可知，外贸企业并非只在出口时需要报检，在进口业务中也涉及报检工作。无论是进口报检还是出口报检，解决一些常见问题对于做好备货报检工作非常重要。

09 企业想通过速卖通境内备货仓发货是否适用 9610 报关模式

问 作为生产型出口企业，想通过跨境电商平台——速卖通，进行跨境电商销售公司自产商品，平台要求备货到 ×× 递四方仓库，实际销售后从 ×× 递四方仓库发国际快递至海外购买者。此时公司能使用 9610 报关吗？应该提供的物流单据是什么？该向哪个海关备案？

答 想要适用 9610 报关模式，生产型出口企业需要同时满足三个条件。

①企业有进出口权限。

②企业从事货物贸易出口活动，应在电子税务局上申请退免税备案。

③企业应在单一窗口申请跨境电子商务企业资质。

除此以外，适用 9610 报关模式的产品也需满足一定要求，即属于不涉检、不涉证、不涉税的产品。

也就是说，如果生产型出口企业符合上述规定和条件，通过跨境电商平台——速卖通进行跨境电商销售的，可使用9610报关模式。

信息拓展 什么是9610报关？

> 9610出口报关模式是一种针对小批量出口的管理策略，其名称来源于四位代码，其中前两位代表海关监管的分类代码，后两位是海关统计的代码。在这种模式下，跨境企业会按照"清单核放，汇总申报"的方式，向税务机关提交相关数据，以实现退税。在清单核放环节，跨境电商企业需将包含商品信息、物流信息和支付信息的"三单信息"推送到单一窗口，海关对提交的"清单"进行审核并办理货物放行手续；在汇总申报环节，跨境电商企业需定期汇总清单，形成报关单进行申报，海关为企业出具报关单退税证明。

⑩ 备货过程中产生的残次品怎么正确处理

问 公司备货过程中产生残次品，出口时，残次品是否能办理退运？适用的监管方式、征免性质是什么？内销残次品以什么标准折算料件？

答 根据《中华人民共和国海关关于加工贸易边角料、剩余料件、残次品、副产品和受灾保税货物的管理办法》（海关总署令第111号）有关规定，残次品可以申请退运。对于无法内销或退运的残次品，需进行销毁处置。

根据手册核销核算原理以及参照残次品内销时按料件折算的规定，对残次品退运时的监管方式、征免性质应按料件退运方式办理。

残次品折算料件标准应按单耗关系折算。

⑪ 加工贸易受灾保税货物灭失、短少、损毁等如何处理

问 加工贸易受灾保税货物，包括边角料、剩余料件、残次品、副产品等，

在运输、仓储、加工期间发生灭失、短少、损毁等情形的，加工贸易企业该对其进行怎样的处理呢？

答 加工贸易企业应及时向主管海关报告，海关可以视情派员核查取证，相关操作如图4-18所示。

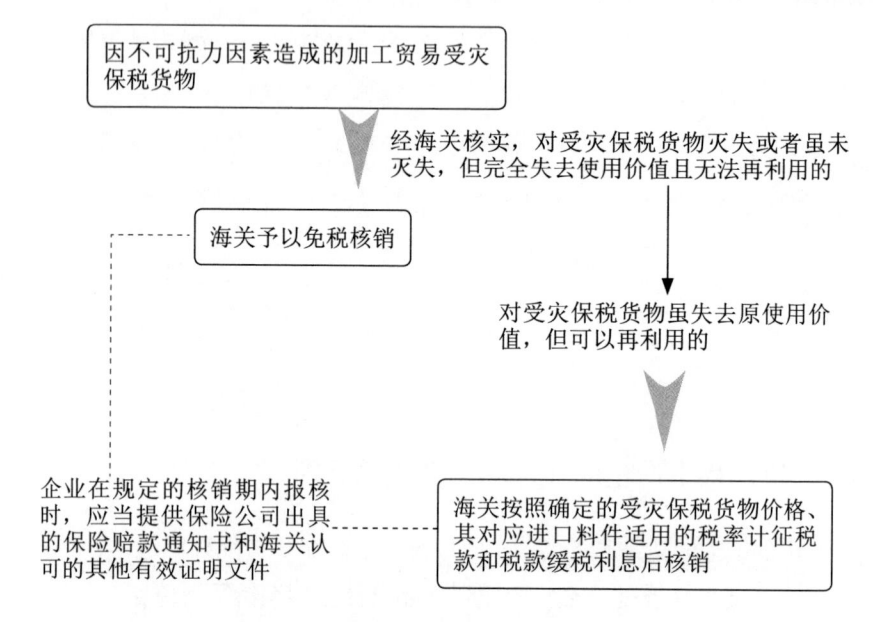

```
        ┌──────────────────────┐
        │ 因不可抗力因素造成的   │
        │ 加工贸易受灾保税货物   │
        └──────────┬───────────┘
                   ▼
          经海关核实，对受灾保税货物灭失或者虽未
          灭失，但完全失去使用价值且无法再利用的
   ┌──────────────────┐
   │  海关予以免税核销  │
   └──────────────────┘
                         对受灾保税货物虽失去原使用价
                         值，但可以再利用的
                                      ▼
 ┌──────────────────┐   ┌──────────────────────────┐
 │企业在规定的核销期内│   │海关按照确定的受灾保税货物价格、│
 │报核时，应当提供保险│...│其对应进口料件适用的税率计征税 │
 │公司出具的保险赔款通│   │款和税款缓税利息后核销         │
 │知书和海关认可的其他│   └──────────────────────────┘
 │有效证明文件       │
 └──────────────────┘
```

图4-18 加工贸易受灾保税货物的处理

除不可抗力因素外，加工贸易企业因其他经海关审核认可的正当理由导致加工贸易保税货物在运输、仓储、加工期间发生灭失、短少、损毁等情形的，海关凭有关主管部门出具的证明文件和保险公司出具的保险赔款通知书，按照规定予以计征税款和缓税利息后办理核销手续。

加工贸易企业因故申请将边角料、剩余料件、残次品、副产品或者受灾保税货物退运出境的，海关按照退运的有关规定办理，凭有关退运证明材料办理核销手续。

加工贸易企业因故无法内销或者退运的边角料、剩余料件、残次品、副产品或者受灾保税货物，由加工贸易企业委托具有法定资质的单位进行销毁处置，海关凭相关单证、处置单位出具的接收单据和处置证明等资料办理核销手续。加工贸易企业因处置获得的收入，应当向海关如实申报，海关比照边角料内销征税的管理规定办理征税手续。

⑫ 发现报检信息错误应该怎样更改和撤销

问 公司因为一些原因需要向海关申请报检信息更改或者撤销，该怎么处理？是不是所有情况下都可以更改或者撤销涉检信息？

答 如果报检信息需要修改，则向受理报检的海关提出修改申请，经审核后按规定进行更改。但是，并非尚未实施检验检疫的货物都可以进行信息更改，图4-19中的情况就不能更改报检信息。

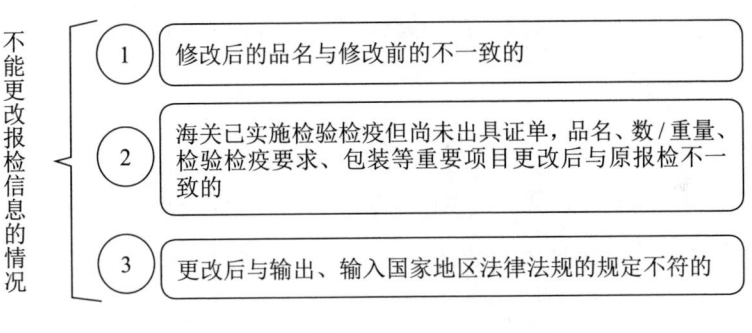

不能更改报检信息的情况：
1. 修改后的品名与修改前的不一致的
2. 海关已实施检验检疫但尚未出具证单，品名、数/重量、检验检疫要求、包装等重要项目更改后与原报检不一致的
3. 更改后与输出、输入国家地区法律法规的规定不符的

图4-19 不能更改报检信息的情况

需要办理报检信息更改的，在办理时需提供"更改申请单"、有关函电和原证单；变更合同或信用证的，需提供新的合同或信用证。

如果报检人向海关申请报检后，因故需要撤销报检的，可以提出申请，并书面说明理由，经海关批准后按规定办理撤销手续。办理时需要提供"撤检申请单"和有关证明资料。

当出现图4-20中的情况时，外贸企业只能重新报检，不能申请报检信息更改，也不能撤销报检。

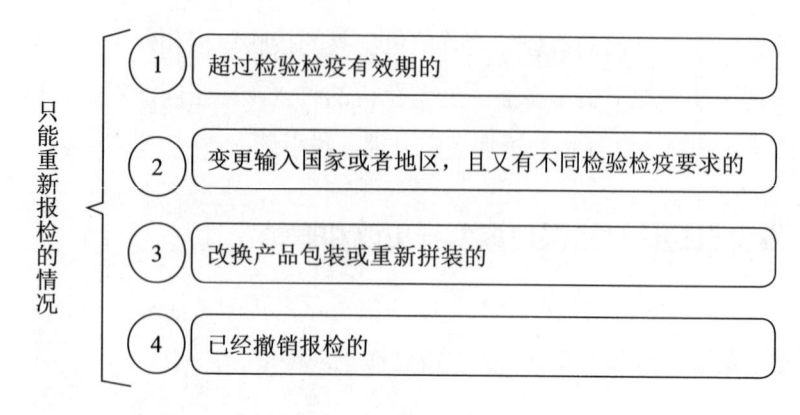

```
                ┌─────────────────────────────────────────────┐
         ┌──  1 │ 超过检验检疫有效期的                          │
         │      └─────────────────────────────────────────────┘
   只
   能    │      ┌─────────────────────────────────────────────┐
   重    ├──  2 │ 变更输入国家或者地区，且又有不同检验检疫要求的 │
   新    │      └─────────────────────────────────────────────┘
   报
   检    │      ┌─────────────────────────────────────────────┐
   的    ├──  3 │ 改换产品包装或重新拼装的                      │
   情    │      └─────────────────────────────────────────────┘
   况
         │      ┌─────────────────────────────────────────────┐
         └──  4 │ 已经撤销报检的                                │
                └─────────────────────────────────────────────┘
```

图 4-20　只能重新报检的情况

⑬ 报检环节需要计算确认哪些费用

问 在进出口商品检验检疫过程中会发生一系列费用，具体有哪些费用呢？如何计算确认？

答 进出口商品检验检疫过程中，会发生海关收取的检验检疫费、代理报检机构收取的代理费、计数/重量鉴定费、包装使用鉴定费等费用。

检验检疫费会根据不同的情形有不同的收费标准和规定，具体可参考相关文件和政策内容。

如果外贸企业找代理机构完成代理报检工作，则需要向代理机构支付代理费，具体金额由双方约定。

计数/重量鉴定费主要针对检验检疫类别含"M"或"N"的出入境货物，按照相应的计收标准确认金额。

包装使用鉴定费主要针对检验检疫类别含有"N"的出境货物，按照相应的计收标准确认金额。

注意，如果动物临床检疫、植物现场检疫等确定需要做实验室检疫的，除了计收货物检验检疫费外，还需按实际实验室检验项目数额另行收费。动植物产品的实验室项目不再另行收费。

如果是免于实施商品检验的样品、礼品、暂准进出境的货物以及其他非贸易性质的物品，不涉及其他检疫工作的，免收取货物检验检疫费；涉及其他检疫工作的，按照规定收取相应的货物检验检疫费。

有时，报检环节还会涉及商检费，该费用要根据做商检货物的单据或发票上的金额决定，每个做检的品名税号不同，商检费也会不同。

第 5 章

投保报关：办理出口手续不出错

进出口业务中货物面临的风险非常多，如海损风险、信用风险和汇兑风险等，所以外贸企业需要投保，以保证货物的完整性和自身财产安全。另外，进出口货物装船出运前还需要办理报关手续，这样才能顺利出货。

5.1 为外贸产品投保出关有保障

出口产品在运输过程中会面临各种各样的风险，比如自然灾害和运输工具损坏等不可抗力风险、发货以后出口人收不回货款或不能按时收回货款的风险等。因此需要为外贸产品选投合适的保险，以确保货物完整性和企业财产安全。

❶ 认识外贸业务中常用保险种类防止投错保

外贸业务中常用的保险主要是一些运输保险，以及货物保险、信用保险、政治风险保险和汇率风险保险。

1. 运输保险

运输保险可以为出口产品在运输过程中可能面临的损失和风险提供相应的赔偿和保障，根据运输方式的不同，分为四类保险，分别是海上运输保险、陆上运输保险、航空运输保险和邮包运输保险。

海上运输保险是业务量最大的运输保险，根据保险责任范围的大小，又可以分为三种险别，如图5-1所示。

海上运输保险的类别：

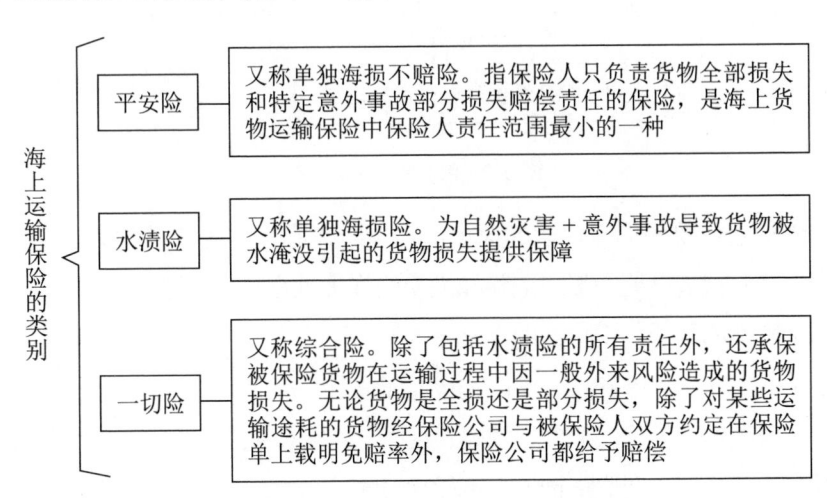

- **平安险**：又称单独海损不赔险。指保险人只负责货物全部损失和特定意外事故部分损失赔偿责任的保险，是海上货物运输保险中保险人责任范围最小的一种

- **水渍险**：又称单独海损险。为自然灾害＋意外事故导致货物被水淹没引起的货物损失提供保障

- **一切险**：又称综合险。除了包括水渍险的所有责任外，还承保被保险货物在运输过程中因一般外来风险造成的货物损失。无论货物是全损还是部分损失，除了对某些运输途耗的货物经保险公司与被保险人双方约定在保险单上载明免赔率外，保险公司都给予赔偿

图5-1 海上运输保险的三种险别

信息拓展 什么是海损

<u>海损是指进出口货物在海运过程中由于海上风险而造成的损失，它可以包括与海运相连的陆运和内河运输过程中的货物损失。实际业务中，海损的确认标准是重点也是难点</u>，如图5-2所示。

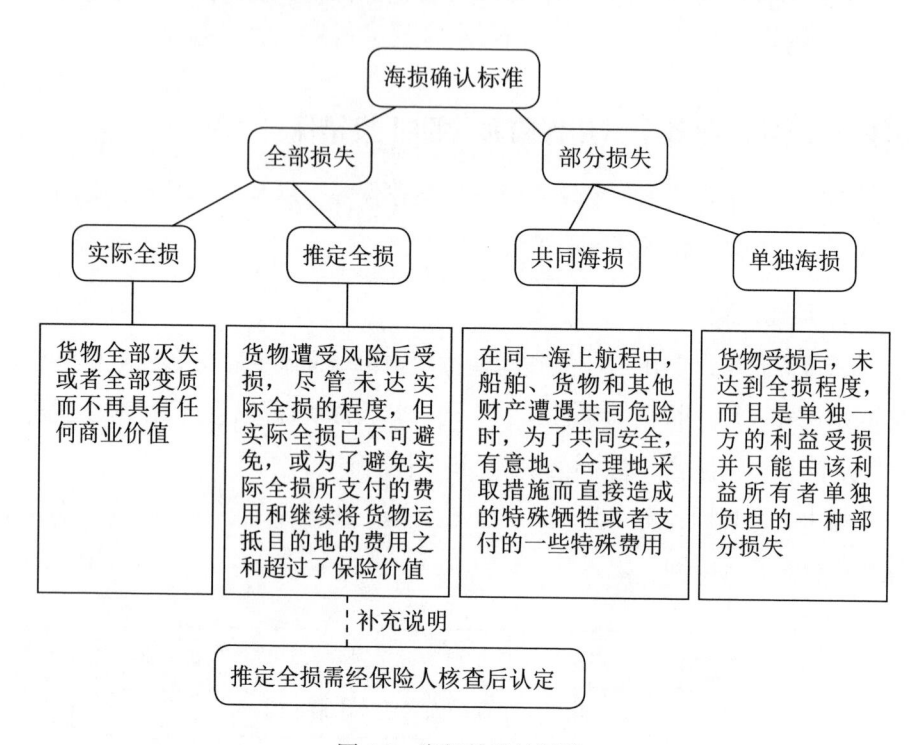

```
                        海损确认标准
                    ┌───────┴───────┐
                  全部损失         部分损失
                ┌───┴───┐       ┌───┴───┐
              实际全损  推定全损  共同海损  单独海损
```

- **实际全损**：货物全部灭失或者全部变质而不再具有任何商业价值
- **推定全损**：货物遭受风险后受损，尽管未达实际全损的程度，但实际全损已不可避免，或为了避免实际全损所支付的费用和继续将货物运抵目的地的费用之和超过了保险价值
  - 补充说明：推定全损需经保险人核查后认定
- **共同海损**：在同一海上航程中，船舶、货物和其他财产遭遇共同危险时，为了共同安全，有意地、合理地采取措施而直接造成的特殊牺牲或者支付的一些特殊费用
- **单独海损**：货物受损后，未达到全损程度，而且是单独一方的利益受损并只能由该利益所有者单独负担的一种部分损失

图5-2 海损的确认标准

外贸企业要想选择合适的海上运输保险，必然需要知道各保险的责任范围，然后预估可能面临的风险和遭受的损失进行险种的选择。

平安险的责任范围包括以下几方面：

①海上自然灾害和意外事故造成整批货物的全部损失或推定全损。

②因运输工具遭受搁浅、触礁、互撞、沉没、与浮冰或其他物体碰撞，以及失火、爆炸而造成货物的全部或部分损失。

③货物遭受保险责任内危险时，被保险人合理的施救费用支出。

④共同海损的牺牲、分摊和救助费用等支出。

⑤装卸、转运时整件货物的落海损失。

⑥避难港的卸货损失以及在避难港、中途港支付的特别费用。

换句话说，如果外贸企业预估货物海上运输过程中可能面临上述风险和损失，就可以投保平安险。

水渍险的责任范围如图5-3所示。

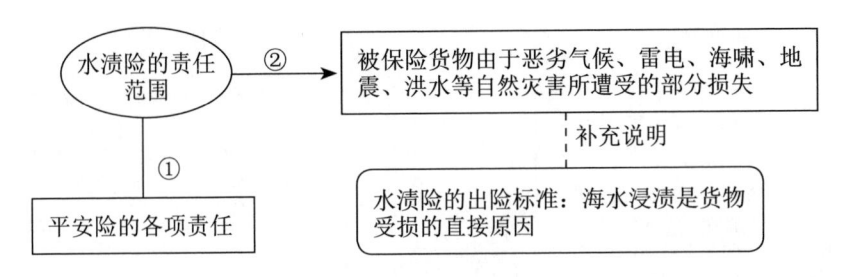

```
┌─────────────┐  ②  ┌──────────────────────────────────┐
│ 水渍险的责任 │────▶│ 被保险货物由于恶劣气候、雷电、海啸、地│
│    范围     │     │ 震、洪水等自然灾害所遭受的部分损失 │
└─────────────┘     └──────────────────────────────────┘
       │ ①                      ┊ 补充说明
       ▼                        ┌──────────────────────┐
┌─────────────┐                 │ 水渍险的出险标准：海水浸渍是货物│
│平安险的各项责任│                 │ 受损的直接原因         │
└─────────────┘                 └──────────────────────┘
```

图 5-3　水渍险的责任范围

与平安险相比，多了自然灾害造成的部分损失这一责任。也就是说，如果外贸企业预估出口货物在运输过程中还会遭遇自然灾害，且货物只会受到部分损失，则选择水渍险更妥当。

一切险的责任范围如图5-4所示。

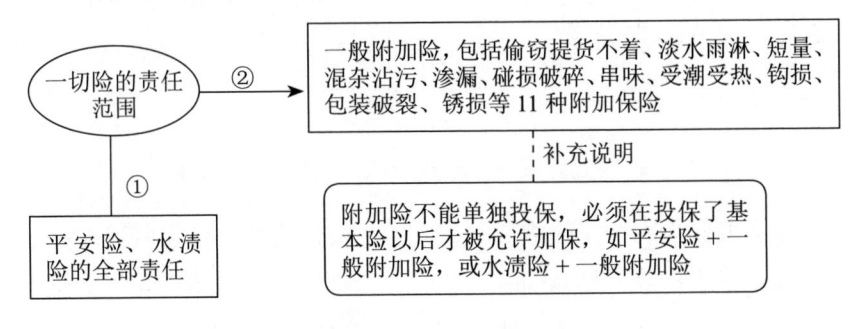

```
┌─────────────┐  ②  ┌──────────────────────────────────┐
│ 一切险的责任 │────▶│ 一般附加险，包括偷窃提货不着、淡水雨淋、短量、│
│    范围     │     │ 混杂沾污、渗漏、碰损破碎、串味、受潮受热、钩损、│
└─────────────┘     │ 包装破裂、锈损等11种附加保险      │
       │ ①         └──────────────────────────────────┘
       ▼                        ┊ 补充说明
┌─────────────┐                 ┌──────────────────────┐
│平安险、水渍 │                 │ 附加险不能单独投保，必须在投保了基│
│险的全部责任 │                 │ 本险以后才被允许加保，如平安险＋一│
│             │                 │ 般附加险，或水渍险＋一般附加险 │
└─────────────┘                 └──────────────────────┘
```

图 5-4　一切险的责任范围

与水渍险相比，多了一般附加险的保险责任。也就是说，如果外贸企业预估出口货物在运输过程中会发生偷窃提货不着、淡水雨淋、短量等一般附加险承保的损失，则选择一切险更妥当。

在这三种海上运输保险中，一般会明确规定除外责任，即保险公司明确规定不予承保的损失或承担的费用，具体参考保险合同内容。

陆上运输保险是指在陆上运输（汽车、火车运输）过程中因自然灾害或意外事故而受损失时，保险人负赔偿责任的保险。它主要分为陆运险和陆运综合险两种，而陆运综合险有时也被称为陆运一切险。

图5-5说明了陆运险和陆运综合险的责任起讫及责任范围。

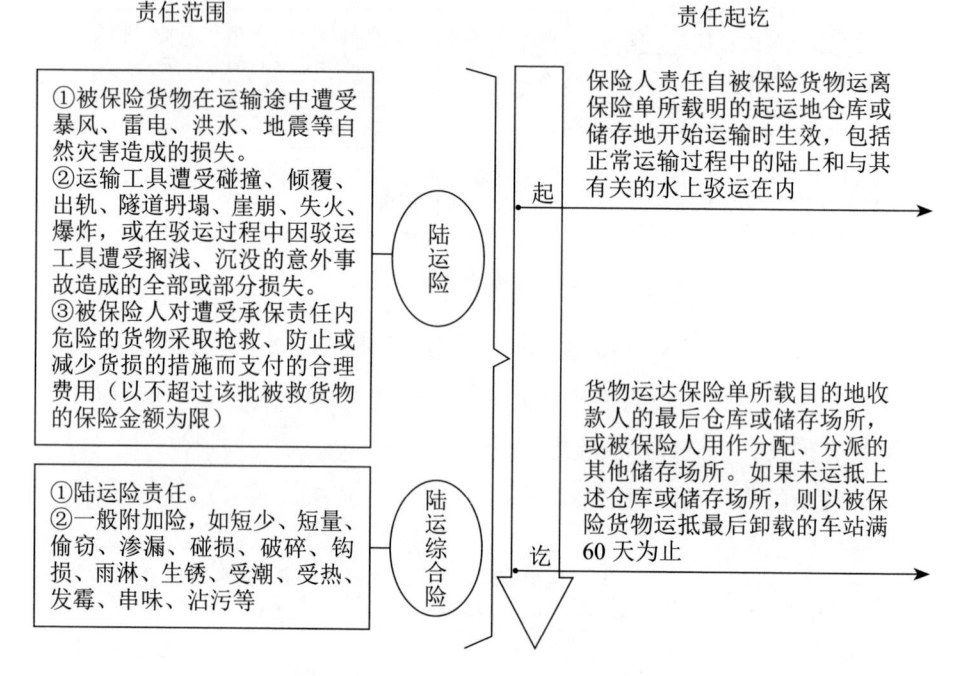

责任范围　　　　　　　　　　　　责任起讫

陆运险
①被保险货物在运输途中遭受暴风、雷电、洪水、地震等自然灾害造成的损失。
②运输工具遭受碰撞、倾覆、出轨、隧道坍塌、崖崩、失火、爆炸，或在驳运过程中因驳运工具遭受搁浅、沉没的意外事故造成的全部或部分损失。
③被保险人对遭受承保责任内危险的货物采取抢救、防止或减少货损的措施而支付的合理费用（以不超过该批被救货物的保险金额为限）

起：保险人责任自被保险货物运离保险单所载明的起运地仓库或储存地开始运输时生效，包括正常运输过程中的陆上和与其有关的水上驳运在内

陆运综合险
①陆运险责任。
②一般附加险，如短少、短量、偷窃、渗漏、碰损、破碎、钩损、雨淋、生锈、受潮、受热、发霉、串味、沾污等

讫：货物运达保险单所载目的地收款人的最后仓库或储存场所，或被保险人用作分配、分派的其他储存场所。如果未运抵上述仓库或储存场所，则以被保险货物运抵最后卸载的车站满60天为止

图5-5　陆运险和陆运综合险的责任起讫及责任范围

陆上运输保险有一定的索赔时效，且从被保险货物在最后目的地车站全部卸离车辆后起算，具体的时效参考保险合同内容。如果外贸企业采用陆上运输方式运送出口货物，则需要从陆上运输保险中选择合适的险种。

航空运输保险是指航空运输过程中因自然灾害或意外事故而受损失时，保险人负赔偿责任的保险。它主要分为航空运输险和航空运输一切险两种。

图5-6说明了航空运输险和航空运输一切险的责任起讫与责任范围。

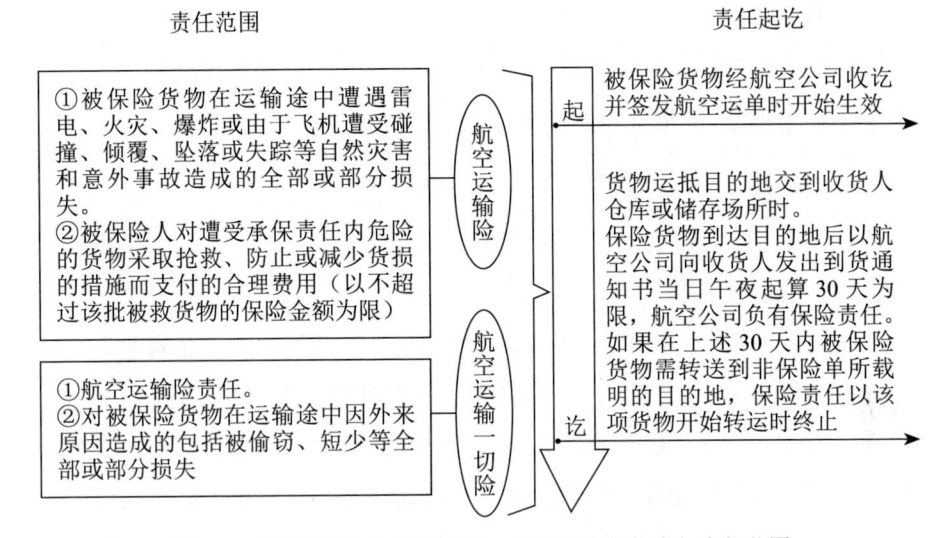

图 5-6 航空运输险和航空运输一切险的责任起讫与责任范围

责任范围

航空运输险
① 被保险货物在运输途中遭遇雷电、火灾、爆炸或由于飞机遭受碰撞、倾覆、坠落或失踪等自然灾害和意外事故造成的全部或部分损失。
② 被保险人对遭受承保责任内危险的货物采取抢救、防止或减少货损的措施而支付的合理费用（以不超过该批被救货物的保险金额为限）。

航空运输一切险
① 航空运输险责任。
② 对被保险货物在运输途中因外来原因造成的包括被偷窃、短少等全部或部分损失。

责任起讫

起：被保险货物经航空公司收讫并签发航空运单时开始生效

讫：货物运抵目的地交到收货人仓库或储存场所时。保险货物到达目的地后以航空公司向收货人发出到货通知书当日午夜起算 30 天为限，航空公司负有保险责任。如果在上述 30 天内被保险货物需转送到非保险单所载明的目的地，保险责任以该项货物开始转运时终止

图 5-6 航空运输险和航空运输一切险的责任起讫与责任范围

航空运输保险也有索赔时效，且从被保险货物在最后卸载地卸离飞机后起算，具体的时效参考保险合同内容。

邮包运输保险是指承保邮包在运输途中由于自然灾害、意外事故或外来原因造成包裹内物件损失的保险。它主要分为邮包险和邮包一切险两种，责任起讫与责任范围如图 5-7 所示。

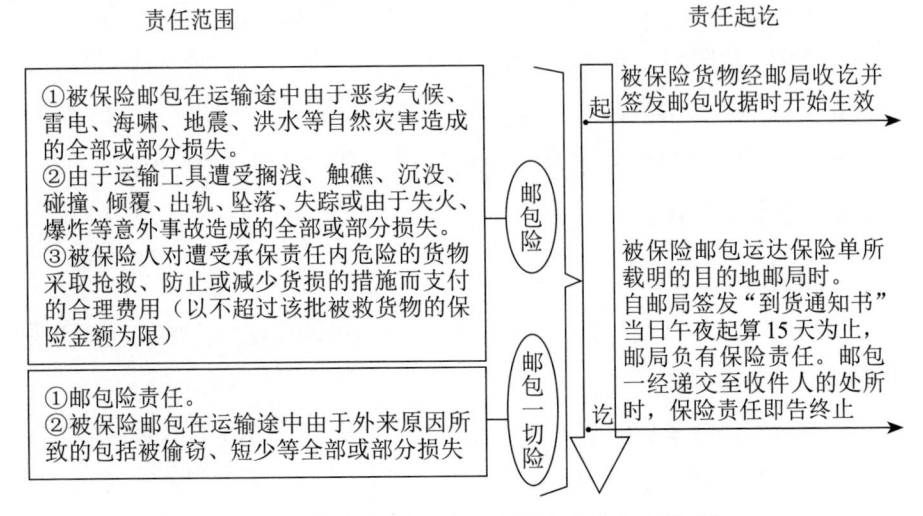

责任范围

邮包险
① 被保险邮包在运输途中由于恶劣气候、雷电、海啸、地震、洪水等自然灾害造成的全部或部分损失。
② 由于运输工具遭受搁浅、触礁、沉没、碰撞、倾覆、出轨、坠落、失踪或由于失火、爆炸等意外事故造成的全部或部分损失。
③ 被保险人对遭受承保责任内危险的货物采取抢救、防止或减少货损的措施而支付的合理费用（以不超过该批被救货物的保险金额为限）。

邮包一切险
① 邮包险责任。
② 被保险邮包在运输途中由于外来原因所致的包括被偷窃、短少等全部或部分损失。

责任起讫

起：被保险货物经邮局收讫并签发邮包收据时开始生效

讫：被保险邮包运达保险单所载明的目的地邮局时。自邮局签发"到货通知书"当日午夜起算 15 天为止，邮局负有保险责任。邮包一经递交至收件人的处所时，保险责任即告终止

图 5-7 邮包险和邮包一切险的责任起讫与责任范围

2. 货物保险

货物保险是指对出口产品在仓储和装卸过程中可能发生的损失和风险进行赔偿的保险。从概念可知，货物保险实际上是运输保险的补充。

3. 信用保险

出口商在与境外买家签订合同时，可能面临买方无法按时支付货款的风险，信用保险可以提供赔偿和保障。

信用保险实际上有出口信用保险和商业信用保险之分，而商业信用保险又有贷款信用保险、赊销信用保险和预付信用保险等类别。

这里的信用保险很显然是出口信用保险，也称出口信贷保险，是各国政府为提高本国产品的国际竞争力，推动本国的出口贸易，保障出口商的收汇安全和银行的信贷安全，促进经济发展，以国家财政为后盾，为企业在出口贸易、对外投资和对外工程承包等经济活动中提供风险保障的一项政策性支持措施，属于非营利性的保险业务。

4. 政治风险保险

政治风险保险又称投资保险，是指对出口商在国际贸易中可能面临的政治风险提供保障的保险。

所谓可能面临的政治风险，包括被保险人因政治原因如政府的没收、征用、外汇汇兑限制，或战争、叛乱、罢工、暴动等而受到的经济损失。

此类保险多由国家保险机构承保，一般与财产保险、工程保险共同投保，作为一个附加险种，并采取共同保险方式，使被保险人也承担部分损失，以促使其避免危险发生。

5. 汇率风险保险

汇率风险保险是指对出口商在国际贸易中可能面临的汇率波动风险提供赔偿和保障的风险。

汇率风险保险承保的汇率风险通常有一定限制，不同国家的限制是不同的，外贸企业可在投保时详细了解。

ⓛ 关于海上保险合同不得不知的易错点

海上保险合同是投保人与保险人签订的协议,保险人承诺在船舶、货物、运费和有关利益因海上自然灾害或意外事故造成损失时承担赔偿责任,投保人交纳保险费。根据保险标的不同可分为图5-8中的几类。

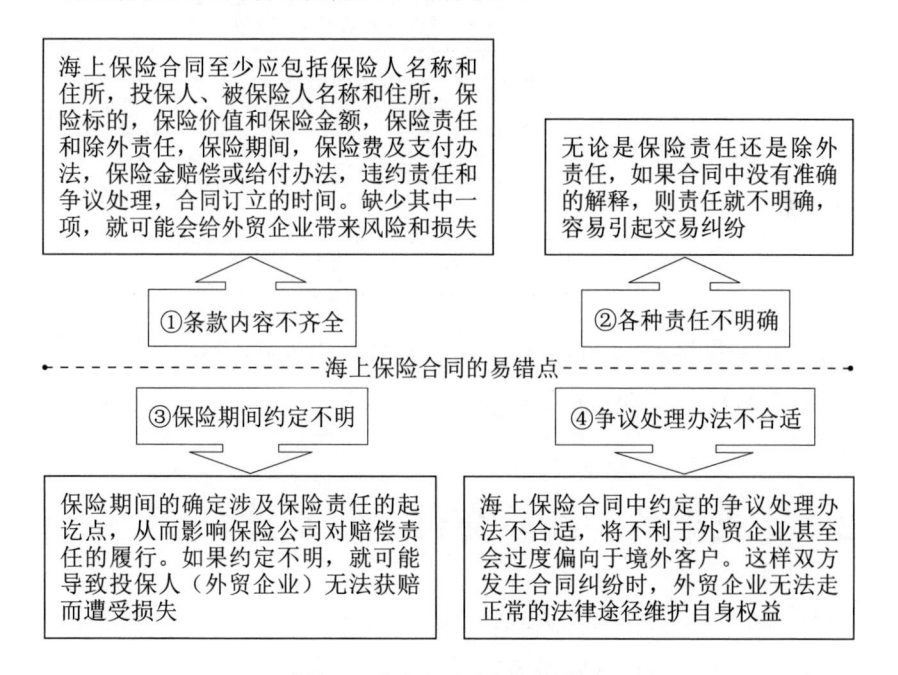

图 5-8　海上保险合同的类别

海上保险合同的易错点如图5-9所示。

①条款内容不齐全
海上保险合同至少应包括保险人名称和住所,投保人、被保险人名称和住所,保险标的,保险价值和保险金额,保险责任和除外责任,保险期间,保险费及支付办法,保险金赔偿或给付办法,违约责任和争议处理,合同订立的时间。缺少其中一项,就可能会给外贸企业带来风险和损失

②各种责任不明确
无论是保险责任还是除外责任,如果合同中没有准确的解释,则责任就不明确,容易引起交易纠纷

------ 海上保险合同的易错点 ------

③保险期间约定不明
保险期间的确定涉及保险责任的起讫点,从而影响保险公司对赔偿责任的履行。如果约定不明,就可能导致投保人(外贸企业)无法获赔而遭受损失

④争议处理办法不合适
海上保险合同中约定的争议处理办法不合适,将不利于外贸企业甚至会过度偏向于境外客户。这样双方发生合同纠纷时,外贸企业无法走正常的法律途径维护自身权益

图 5-9　海上保险合同的易错点

03 进出口货物运输保险是否要投

进出口货物在运输过程中存在很多风险,如货物丢失、损坏、交付时间延误等,这些风险都可能给外贸企业带来巨大经济损失。因此,为了保护自身利益,外贸企业非常有必要投保运输保险。

下面从投保运输保险的作用来强调其必要性,如图5-10所示。

投保运输保险的作用：

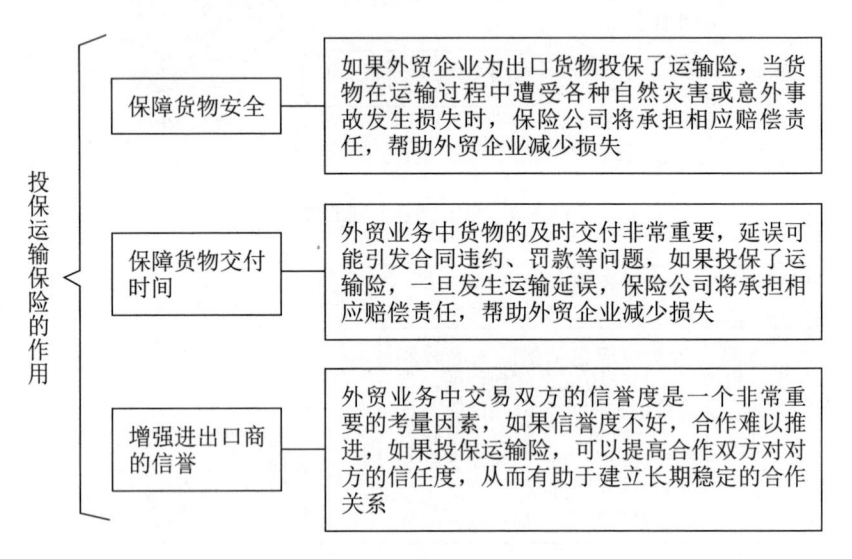

- **保障货物安全**：如果外贸企业为出口货物投保了运输险,当货物在运输过程中遭受各种自然灾害或意外事故发生损失时,保险公司将承担相应赔偿责任,帮助外贸企业减少损失

- **保障货物交付时间**：外贸业务中货物的及时交付非常重要,延误可能引发合同违约、罚款等问题,如果投保了运输险,一旦发生运输延误,保险公司将承担相应赔偿责任,帮助外贸企业减少损失

- **增强进出口商的信誉**：外贸业务中交易双方的信誉度是一个非常重要的考量因素,如果信誉度不好,合作难以推进,如果投保运输险,可以提高合作双方对对方的信任度,从而有助于建立长期稳定的合作关系

图 5-10 投保运输保险的作用

正是由于投保运输险可以给外贸企业带来这些不可忽视的作用,才使得进出口货物投保运输险非常有必要。

5.2 完成报关为商品交付奠定基础

报关是进出口货物收发货人、进出境运输工具负责人、进出境物品所有人或者这些人的代理人向海关办理货物、物品或运输工具进出境手续及相关海关事务的过程。企业办事人员只有按照流程处理好所有报关手续,才可能通关,外贸交易也才真正开始。

⓸ 报关前需进行报关注册登记

报关工作并不是简单地向海关申报及交验单据、证件，也不是所有企业在备好货品后就能立即开展报关工作。报关之前，无论是报关企业还是进出口货物收发货人，都必须进行报关注册登记。图5-11是注册登记的相关操作步骤。

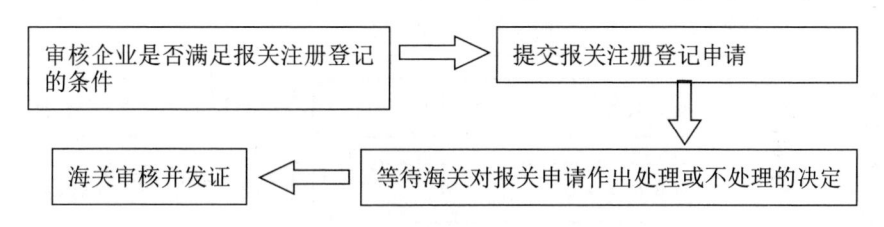

```
┌─────────────────────┐         ┌─────────────────────┐
│ 审核企业是否满足报关  │  ═══>  │ 提交报关注册登记申请  │
│ 注册登记的条件        │         │                      │
└─────────────────────┘         └──────────┬──────────┘
                                             │
                                             ▼
┌─────────────────────┐         ┌─────────────────────────────┐
│ 海关审核并发证        │  <═══  │ 等待海关对报关申请作出处理    │
│                      │         │ 或不处理的决定                │
└─────────────────────┘         └─────────────────────────────┘
```

图5-11　注册登记的操作步骤

报关企业是专门接受报关委托、进行报关服务的企业，必须经直属海关或者其授权的隶属海关注册登记后，才能办理报关手续。进出口货物收发货人是直接进行进出口业务的单位、组织和个人，两者需要满足的报关注册登记条件不同，如图5-12所示。

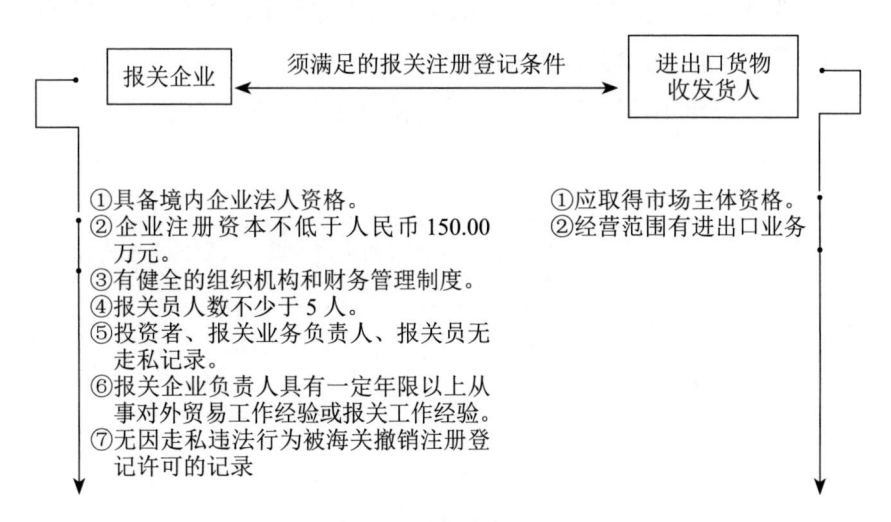

```
┌──────────┐   须满足的报关注册登记条件   ┌──────────────┐
│ 报关企业  │ <─────────────────────>  │ 进出口货物     │
│          │                            │ 收发货人       │
└────┬─────┘                            └──────┬───────┘
     │                                          │
     ▼                                          ▼
①具备境内企业法人资格。                  ①应取得市场主体资格。
②企业注册资本不低于人民币150.00          ②经营范围有进出口业务。
  万元。
③有健全的组织机构和财务管理制度。
④报关员人数不少于5人。
⑤投资者、报关业务负责人、报关员无
  走私记录。
⑥报关企业负责人具有一定年限以上从
  事对外贸易工作经验或报关工作经验。
⑦无因走私违法行为被海关撤销注册登
  记许可的记录。
```

图5-12　需满足的报关注册登记条件

符合前述条件的企业可以按照规定的程序去海关申请报关注册登记，

其间需要提供图5-13所示的各种资料。

申请报关需要提供的资料：

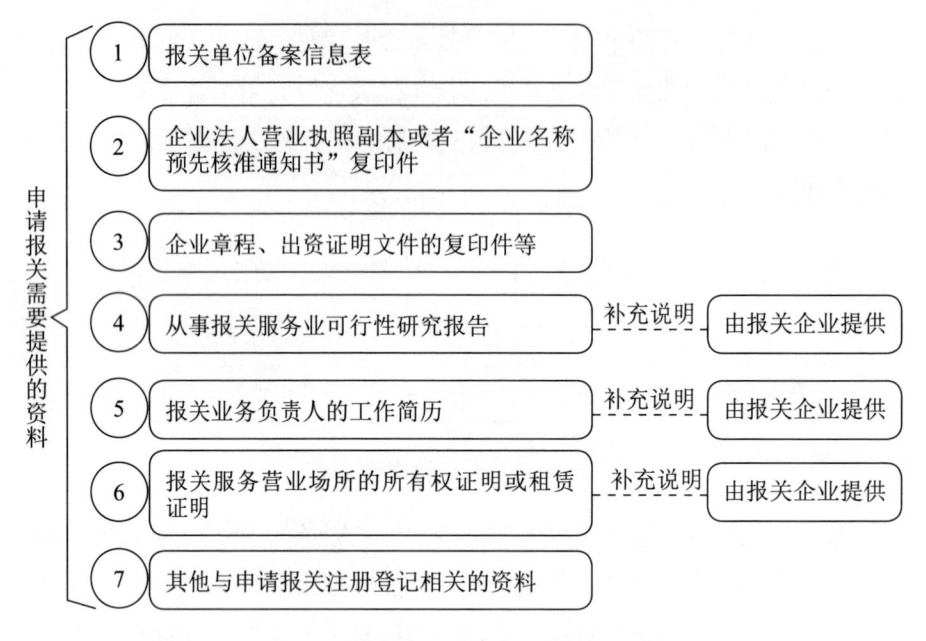

1. 报关单位备案信息表
2. 企业法人营业执照副本或者"企业名称预先核准通知书"复印件
3. 企业章程、出资证明文件的复印件等
4. 从事报关服务业可行性研究报告 —— 补充说明：由报关企业提供
5. 报关业务负责人的工作简历 —— 补充说明：由报关企业提供
6. 报关服务营业场所的所有权证明或租赁证明 —— 补充说明：由报关企业提供
7. 其他与申请报关注册登记相关的资料

图5-13 申请报关注册需要提供的资料

申请人提交相关资料后，等待海关审核，如果申请人符合申请条件，则海关依法受理注册申请；如果申请人不符合申请条件，海关将作出不予受理的决定。在该申请环节，主要有两种使海关作出不予受理决定的情形，如图5-14所示。

海关不予受理注册申请的两种情形：

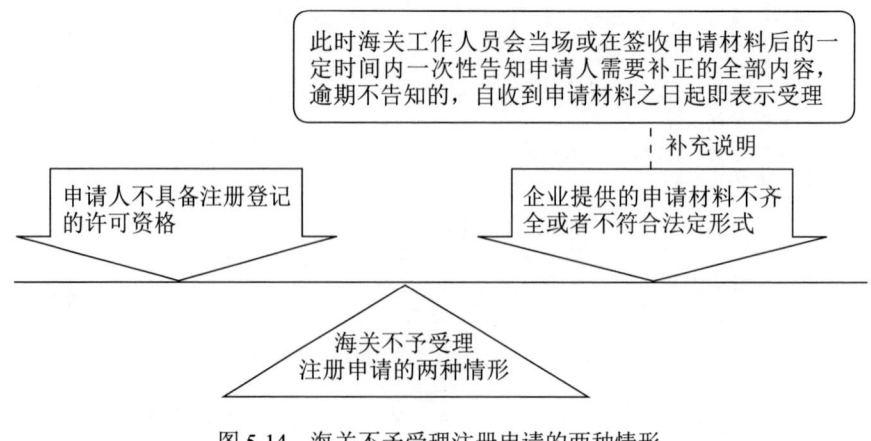

- 申请人不具备注册登记的许可资格
- 企业提供的申请材料不齐全或者不符合法定形式
  - 补充说明：此时海关工作人员会当场或在签收申请材料后的一定时间内一次性告知申请人需要补正的全部内容，逾期不告知的，自收到申请材料之日起即表示受理

图5-14 海关不予受理注册申请的两种情形

海关受理申请人的注册申请后,根据法定条件和程序对申请事项进行全面审查,主管海关应在规定的时间内审查完毕予以备案。备案材料齐全、符合备案要求的,海关予以备案;不符合备案要求的,海关应依法作出不予备案的决定,并告知申请人享有依法申请行政复议或提起行政诉讼的权利。

05 了解报关范围和期限避免"走弯路"

对外贸企业来说,如果不明确报关范围,报关时才被通知申请报关的货物、物品等有禁止进境的,则企业前期所做的工作就是在浪费时间;同理,如果不明确报关期限,超出时间报关,则肯定无法通过,不仅会让企业前期准备付之东流,还会影响货物交付,严重时导致合同违约。

因此,外贸企业和外贸人员了解报关范围和期限是非常有必要的,可以少走"弯路"。

1. 报关范围

报关范围比较广泛,大致包括进出境运输工具、进出境货物和进出境物品这三类,简单介绍如图5-15所示。

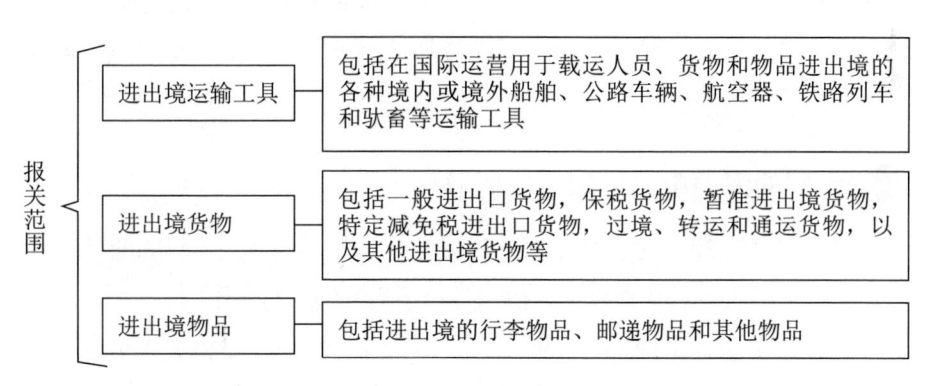

报关范围	说明
进出境运输工具	包括在国际运营用于载运人员、货物和物品进出境的各种境内或境外船舶、公路车辆、航空器、铁路列车和驮畜等运输工具
进出境货物	包括一般进出口货物,保税货物,暂准进出境货物,特定减免税进出口货物,过境、转运和通运货物,以及其他进出境货物等
进出境物品	包括进出境的行李物品、邮递物品和其他物品

图5-15 报关范围

要想更准确地知道申请报关的运输工具、货物和物品等是否能够报关成功,报关人员还需了解一些进出境运输工具、货物和物品的管制规定,如"中华人民共和国禁止进出境物品表"和"中华人民共和国限制进出境物品表"等的相关内容。

2. 报关期限

不同类型的对外贸易活动，其报关期限是不同的。报关企业和报关人员需要在规定时间内完成报关手续。

《中华人民共和国海关法》对报关的期限作了规定。

①进口货物的收货人应当自运输工具申报进境之日起十四日内，向海关申报。进口货物的收货人超过前款规定期限向海关申报的，由海关征收滞报金。

②出口货物的发货人除海关特准的外，应当在货物运抵海关监管区后、装货的二十四小时以前，向海关申报。

③进口货物的收货人自运输工具申报进境之日起超过三个月未向海关申报的，其进口货物由海关提取依法变卖处理，所得价款在扣除运输、装卸、储存等费用和税款后，尚有余款的，自货物依法变卖之日起一年内，经收货人申请，予以发还；其中属于国家对进口有限制性规定，应当提交许可证件而不能提供的，不予发还。逾期无人申请或者不予发还的，上缴国库。

④确属误卸或者溢卸的进境货物，经海关审定，由原运输工具负责人或者货物的收发货人自该运输工具卸货之日起三个月内，办理退运或者进口手续；必要时，经海关批准，可以延期三个月。逾期未办手续的，由海关按前款规定处理。

06 不同的海关申报方法适用情形

通过对前面知识的学习，相信外贸人员已经知道海关申报的两种常见方法，即自行报关和代理报关，他们各自适用的情形有所不同。

自行报关也称自理报关，在该方式下，外贸企业安排报关人员自行完成一系列报关手续。企业内部有报关单录入权的操作员持"操作员"卡进入中国电子口岸官网，找到报关单录入端口，进入信息录入页面完成企业报关信息的录入和提交工作。

外贸企业可安排专门的报关单审核申报人员持卡进入中国电子口岸官网自行审核报关单的准确性和规范性，确保所填报的报关单能直接提交给海关进行申报。如果在审核过程中发现报关单需要修改，可以进行修改进行二次审核，审核通过后提交给海关。

对从事进出口贸易的企业来说，自行报关可以节省一部分费用，但需要企业自己承担报关手续带来的风险和工作量。如果企业没有足够的经验和专业知识，可能会导致报关失败或延误，进而带来不必要的损失和影响。

没有进出口经营权的外贸企业需要委托报关企业代理报关，此时，双方需要签订"代理报关委托书"，明确双方的责任和义务。

在实际外贸业务中，有些进出口货物会从一个设关地运至另一个设关地办理海关手续，这就是转关。转关实际上不属于一种申报方法，而是一种报关情形，它又细分为三种情形：一是提前报关转关，二是直转，三是中转，图5-16将简单介绍转关的各种情形。

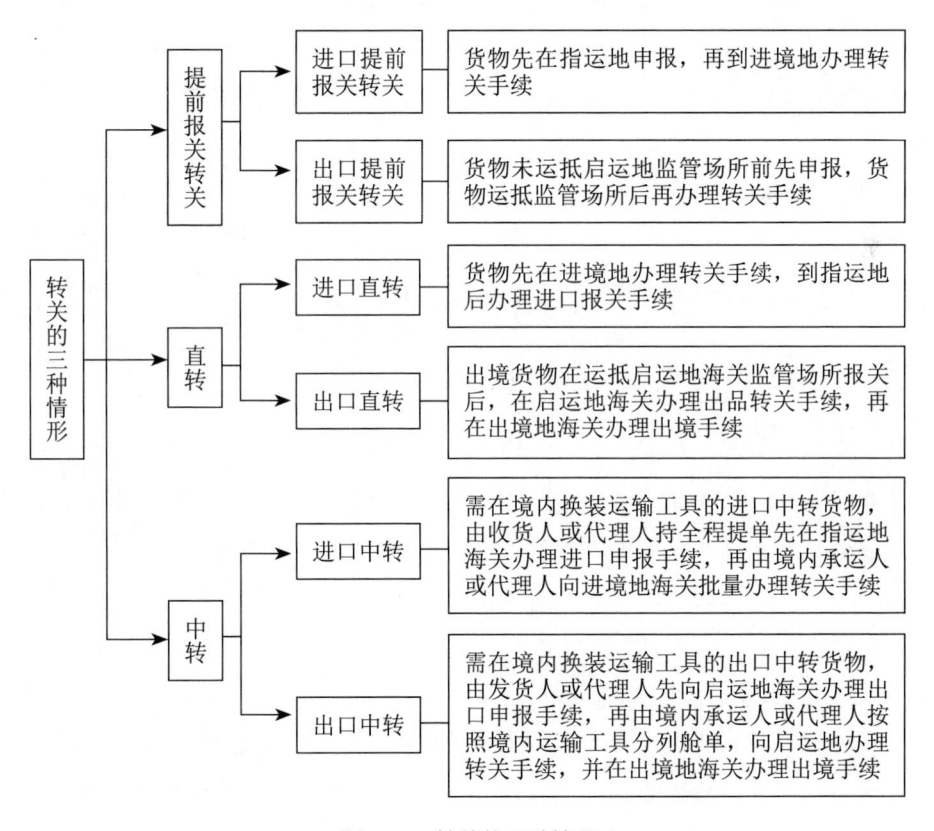

```
                    ┌─ 进口提前报关转关：货物先在指运地申报，再到进境地办理转关手续
         提前报关转关┤
                    └─ 出口提前报关转关：货物未运抵启运地监管场所前先申报，货物运抵监管场所后再办理转关手续

                    ┌─ 进口直转：货物先在进境地办理转关手续，到指运地后办理进口报关手续
转关的三种情形 ─ 直转┤
                    └─ 出口直转：出境货物在运抵启运地海关监管场所报关后，在启运地海关办理出品转关手续，再在出境地海关办理出境手续

                    ┌─ 进口中转：需在境内换装运输工具的进口中转货物，由收货人或代理人持全程提单先在指运地海关办理进口申报手续，再由境内承运人或代理人向进境地海关批量办理转关手续
                 中转┤
                    └─ 出口中转：需在境内换装运输工具的出口中转货物，由发货人或代理人先向启运地海关办理出口申报手续，再由境内承运人或代理人按照境内运输工具分列舱单，向启运地办理转关手续，并在出境地海关办理出境手续
```

图 5-16 转关的三种情形

07 进出口报关的流程解析

外贸企业从事进出口经营活动，报关工作尤为重要，不仅要了解具体的报关事宜，还应熟悉报关流程。下面分别从出口和进口两个方向介绍。

1. 出口报关流程

出口报关流程有四个环节，即向海关申请报关、申请查验货物、缴纳税费、通关装运。在各环节外贸企业或者外贸人员需要做什么呢？需要配合海关完成怎样的手续呢？

图 5-17 是外贸企业出口报关的一般流程。

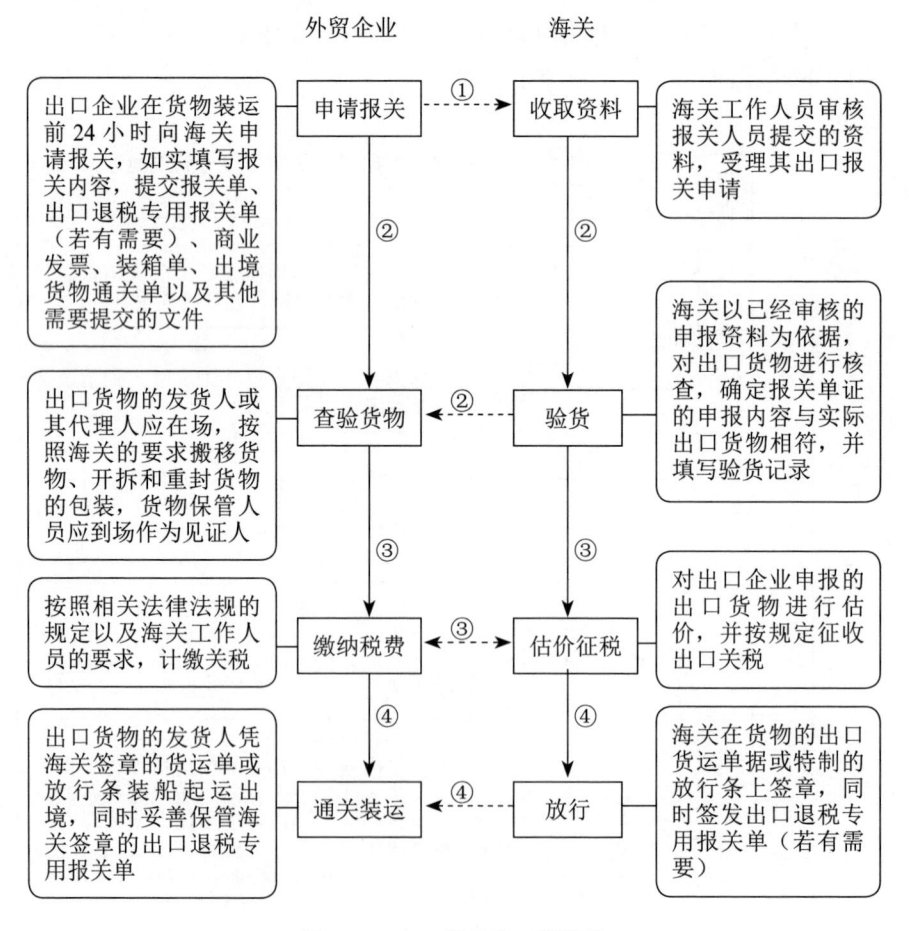

外贸企业		海关	
出口企业在货物装运前 24 小时向海关申请报关，如实填写报关内容，提交报关单、出口退税专用报关单（若有需要）、商业发票、装箱单、出境货物通关单以及其他需要提交的文件	申请报关 ①→	收取资料	海关工作人员审核报关人员提交的资料，受理其出口报关申请
	②	②	
出口货物的发货人或其代理人应在场，按照海关的要求搬移货物、开拆和重封货物的包装，货物保管人员应到场作为见证人	查验货物 ②→	验货	海关以已经审核的申报资料为依据，对出口货物进行核查，确定报关单证的申报内容与实际出口货物相符，并填写验货记录
	③	③	
按照相关法律法规的规定以及海关工作人员的要求，计缴关税	缴纳税费 ③→	估价征税	对出口企业申报的出口货物进行估价，并按规定征收出口关税
	④	④	
出口货物的发货人凭海关签章的货运单或放行条装船起运出境，同时妥善保管海关签章的出口退税专用报关单	通关装运 ④→	放行	海关在货物的出口货运单据或特制的放行条上签章，同时签发出口退税专用报关单（若有需要）

图 5-17 出口报关的一般流程

注意，在办理出口报关手续时，如果因海关查验出口货物而造成损坏，出口货物发货人或其代理人有权要求海关予以赔偿。

2. 进口报关流程

实际上，进口报关的流程与出口报关的流程大同小异，也大致包含四个环节，如图5-18所示。

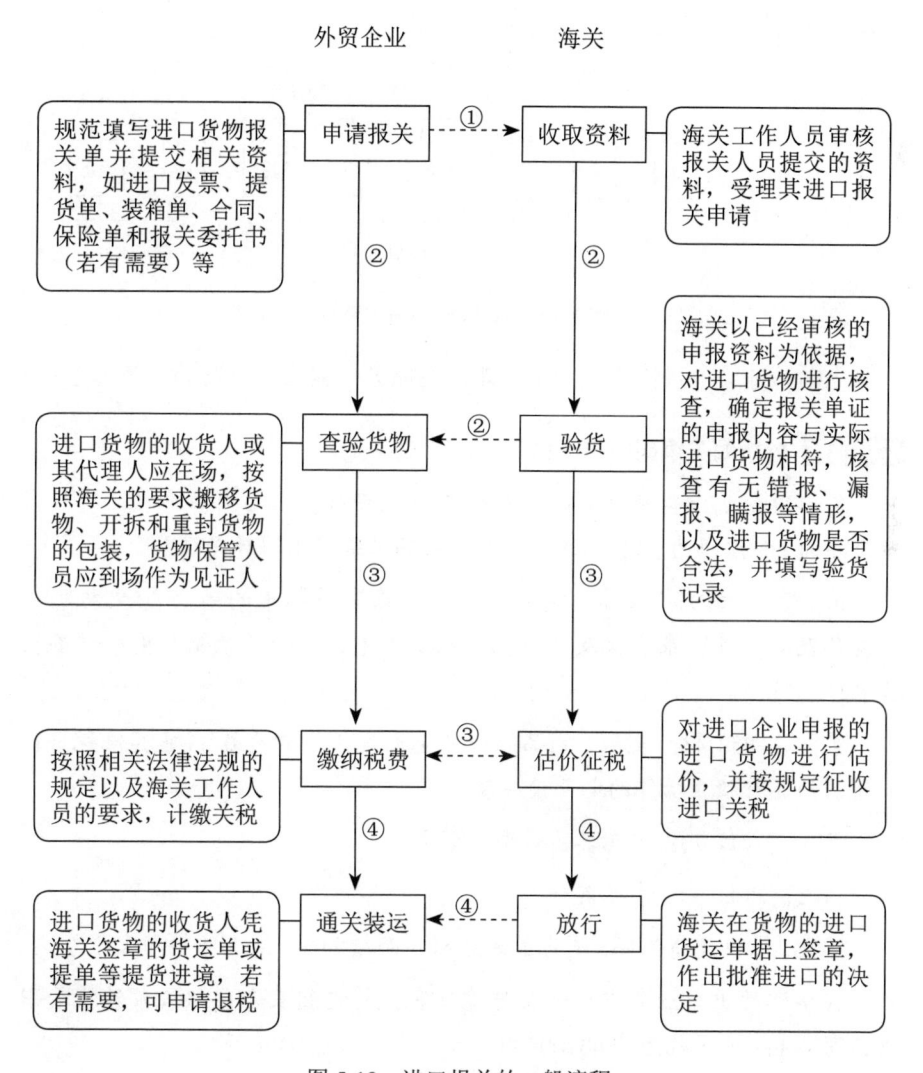

外贸企业		海关	
规范填写进口货物报关单并提交相关资料，如进口发票、提货单、装箱单、合同、保险单和报关委托书（若有需要）等	申请报关 —①→	收取资料	海关工作人员审核报关人员提交的资料，受理其进口报关申请
	↓②	↓②	
进口货物的收货人或其代理人应在场，按照海关的要求搬移货物、开拆和重封货物的包装，货物保管人员应到场作为见证人	查验货物 ←②--	验货	海关以已经审核的申报资料为依据，对进口货物进行核查，确定报关单证的申报内容与实际进口货物相符，核查有无错报、漏报、瞒报等情形，以及进口货物是否合法，并填写验货记录
	↓③	↓③	
按照相关法律法规的规定以及海关工作人员的要求，计缴关税	缴纳税费 --③→	估价征税	对进口企业申报的进口货物进行估价，并按规定征收进口关税
	↓④	↓④	
进口货物的收货人凭海关签章的货运单或提单等提货进境，若有需要，可申请退税	通关装运 ←④--	放行	海关在货物的进口货运单据上签章，作出批准进口的决定

图5-18　进口报关的一般流程

08 看懂海关编码信息快速定位商品名称

海关编码即 H.S. 编码，用于对国际贸易的商品进行规范分类，是一种标准语言。不同的海关编码代表不同的商品，是商品的身份证号，包含了商品的基本信息，看懂海关编码就能快速定位商品名称。

我国海关编码采用十位数字，前八位是主码，后两位是附加码，各自代表的含义是不同的，如图 5-19 所示。

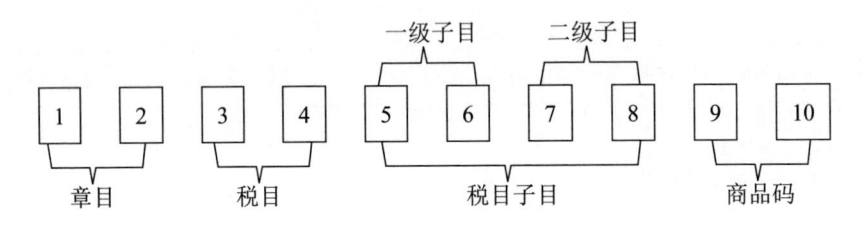

图 5-19 HS 编码的信息解读

下面通过一个具体的实例学习如何看懂海关编码定位商品。

实用范例 分析海关编码找准商品

某出口企业出口一批商品，在报关时需要准确填写商品名称，已知这批商品的 HS 编码为 8543709990，那么商品名称应填写什么呢？

第一、二位 85：表示"商品综合分类表目录"中的第 85 章电机、电气设备及其零件；录音机及放声机、电视图像、声音的录制和重放设备及其零件、附件。

第三、四位 43：表示"商品综合分类表目录"中的第 85 章其他税目：未列明的具有独立功能的电气设备及装置。

第五、六位 70：表示其他设备及装置。

第七、八位 99：表示其他。

第九、十位是商品码，是为了细分商品而增加的，没有明确的表示意义。

在实际的出口业务中，企业与境外客户签订组装合同组装紫外线美甲机，商品 HS 编码就为 8543709990。

通过案例分析，外贸人员可能仍会觉得借助海关编码来确定商品名称很费事，那么可以直接使用海关编码查询网站进行查询。

进入海关编码查询网站首页，在搜索框中输入海关编码，单击"查询"按钮，如图 5-20 所示。

图 5-20　进入海关编码查询官网搜索 HS 编码

在打开的页面中即可看到 HS 编码对应的商品名称，如图 5-21 所示。

图 5-21　查看 HS 编码对应的商品名称

如果还想了解关于该商品的详情信息，可单击"详情"超链接，在打开的新页面中即可看到编码的解析，如图 5-22 所示。

在该页面不仅可以查看 HS 编码解析内容，还能查看到该商品对应的税率信息，如图 5-23 所示。

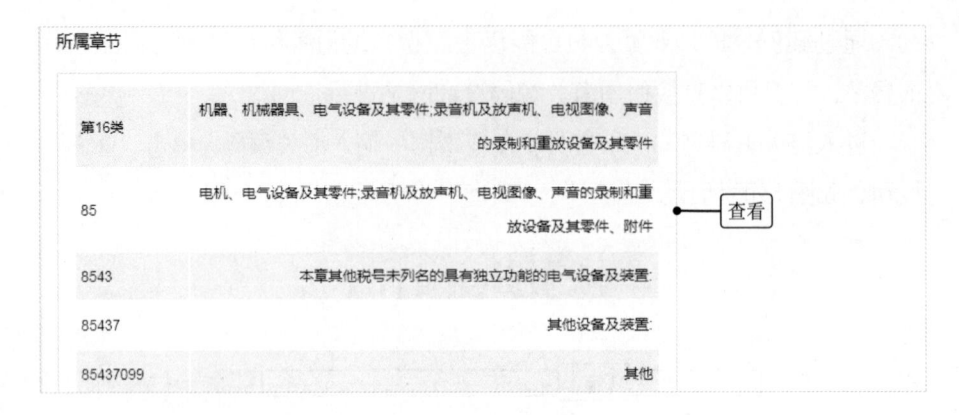

图 5-22 查看 HS 编码解析

图 5-23 通过 HS 编码查询商品的税率信息

如果外贸人员只知道商品名称，不知道商品的海关编码，也可以在查询页面输入商品名称，单击"查询"按钮后即可知道某商品的海关编码是多少。

09 学习截关、截港和截单的区别

截关，即截止报关放行的时间，也称截放行条时间，是指船公司接受海关放行条的最晚时间。出口货物必须要在这个时间之前做好报关放行工作,递交海关放行条给船公司。

截港,即截重时间,有时也称为截重柜时间,是指货物可以进入码头的最晚时间,如果超过这个时间,货物将不能进入码头。一般来说是船开日前一至两天,如果是散货,一般是船开日前五天至七天。

截单,指船公司最后更改提单格式的时间,一般在开船日前四天至五天。在最后更改提单格式的时间之前,提单格式和资料可以多次修改,在此之后,提单修改将会产生改单费用。这个时间没有标准,各船公司规定不同。

因此,可以总结出三者的区别,见表5-1。

表5-1 截关、截港和截单的区别

区别项	截关	截港	截单
时间	一般为开船日前一天至两天(散货提前五天至七天),且通常在截港时间后半个工作日	一般为开船日前一天至两天(散货提前五天至七天)	由船公司自行决定,有些为开船日,有些为开船后一周内
需要完成的事项	必须在此时间之前完成报关放行	必须在此时间之前让货物回到场站或进入码头	必须在此之前确认提单

信息拓展 关于几截几开的理解

外贸业务中的几截几开,"截"指"截关","开"指"开船"。比如三截五开,表示周五开船,周三截关,即必须在周三前装箱进港,完成报关放行。

5.3 关于外贸投保报关的问题解答

外贸业务中,公司如何正确投保?单证遗失该怎么办?货物需要退关该怎么处理?很多疑难问题让外贸人员无从入手,导致业务无法正常开展。本节就针对投保报关环节的诸多问题进行详细解答。

⑩ 一般贸易进口货物没有购买保险应该怎样填写保费

问 公司有一批一般贸易进口货物，成交方式为FOB，但货物没有购买保险，海关复审单证时告知，按照规定，"保费"栏应填写费率0.3。公司如实申报0元保费不行吗？

答 根据我国海关《进出口货物报关单填制规范》的规定，"保费"栏填报进口货物运抵我国境内输入地点起卸前的保险费用，出口货物运至我国境内输出地点装载后的保险费用。保费可按保险费总价或保险费率两种方式之一填报。

另外，根据我国海关《审定进出口货物完税价格办法》的规定，进口货物的保险费，应按照实际支付的费用计算。如果进口货物的保险费无法确定或者未实际发生，海关应按照"货价加运费"两者总额的3‰计算保险费，计算公式为：保险费=（货价+运费）×3‰。

由此可见，如果公司进口货物没有购买保险，且采用保险费率方式填报"保费"栏，则需填写0.3，表示0.3‰。

⑪ 进出口关税应该如何计算

问 公司是一家从事进出口贸易的企业，为了准确计算进出口的成本，想要知道关税如何计算？

答 进口货物的关税计算公式：进口货物应纳关税=进口货物完税价格×进口关税税率。不同计价方式成交的进口货物，其完税价格的确定是不同的，如图5-24所示。

出口货物的关税计算方式：出口货物应纳关税=FOB价÷（1+出口关税税率）×出口关税税率。

注意，进口关税在确定完税价格时要考虑汇率因素。

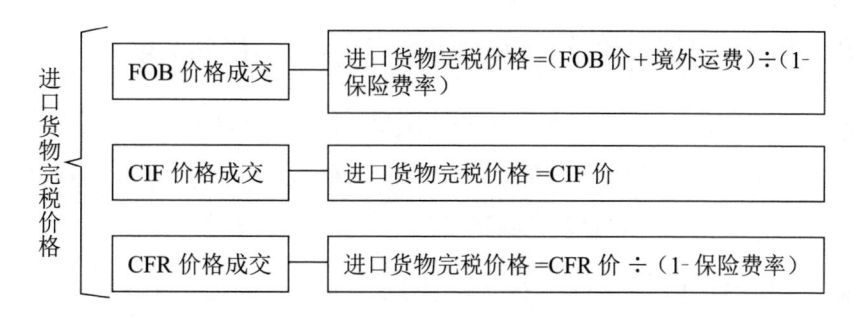

进口货物完税价格
- FOB 价格成交 → 进口货物完税价格=(FOB价+境外运费)÷(1-保险费率)
- CIF 价格成交 → 进口货物完税价格=CIF价
- CFR 价格成交 → 进口货物完税价格=CFR价÷(1-保险费率)

图 5-24　不同计价方式成交的进口货物的完税价格

⑫ 出口货物运抵海关时需要退关应该怎么办

问 公司出口的货物已经运抵海关，但在报关过程中由于一些突发事件需要取消货物出口，涉及退关该怎么处理？

答 出口货物运抵海关时需要退关的企业可按照图 5-25 中的步骤操作。

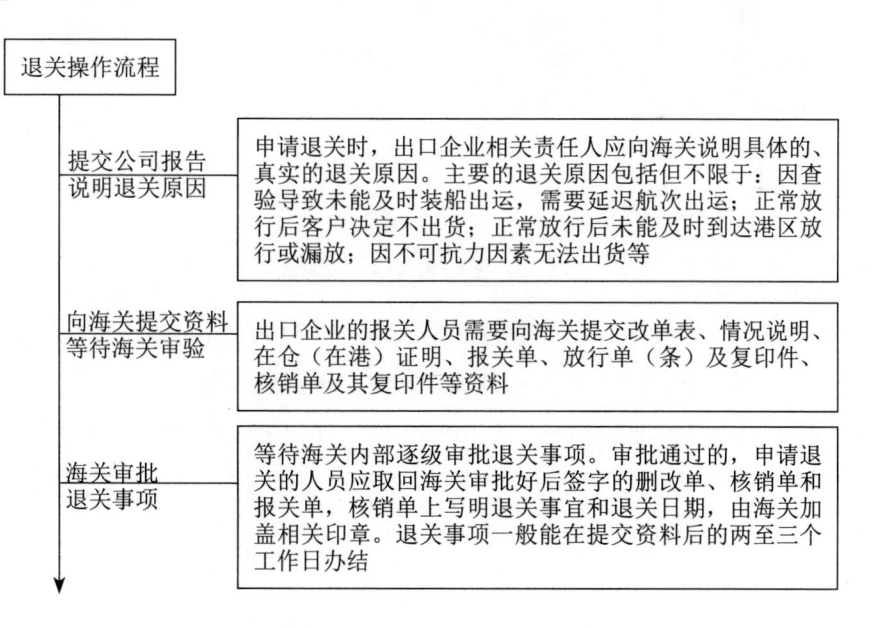

退关操作流程

提交公司报告说明退关原因：申请退关时，出口企业相关责任人应向海关说明具体的、真实的退关原因。主要的退关原因包括但不限于：因查验导致未能及时装船出运，需要延迟航次出运；正常放行后客户决定不出货；正常放行后未能及时到达港区放行或漏放；因不可抗力因素无法出货等

向海关提交资料等待海关审验：出口企业的报关人员需要向海关提交改单表、情况说明、在仓（在港）证明、报关单、放行单（条）及复印件、核销单及其复印件等资料

海关审批退关事项：等待海关内部逐级审批退关事项。审批通过的，申请退关的人员应取回海关审批好后签字的删改单、核销单和报关单，核销单上写明退关事宜和退关日期，由海关加盖相关印章。退关事项一般能在提交资料后的两至三个工作日办结

图 5-25　出口货物运抵海关时退关的操作

⑬ 特殊情况下报关单"贸易国别（地区）"栏怎么填

问 "贸易国别（地区）"栏为原报关项目的"贸易国（地区）"和原报检项目的"贸易国别"合并而成，填报要求没有发生改变。那么，如果发生三方贸易或者中转时，该怎么填报呢？

答 由于填报要求没有改变，依然以"商业性交易"为基准进行判断。下面举例说明，分别如图5-26~图5-33所示。

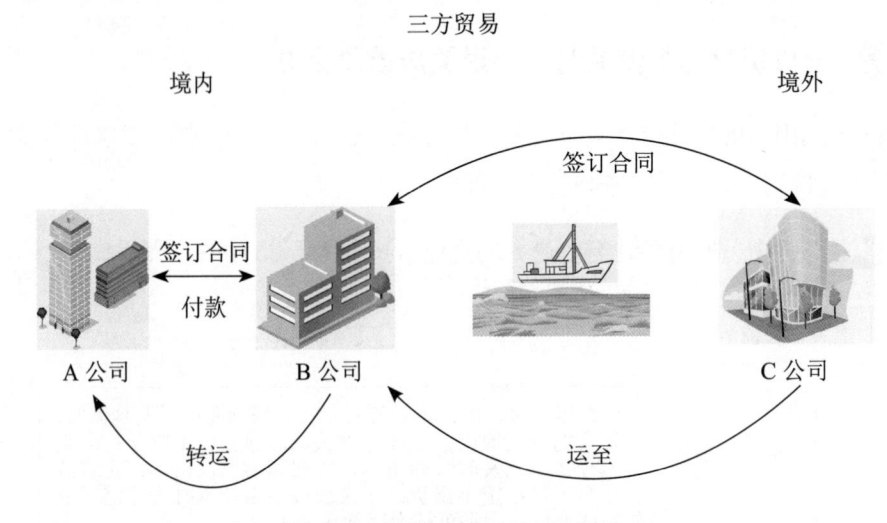

三方贸易

图 5-26　途经 B 公司所在地转船

此时，B 公司与 A 公司签订的销售合同才能作为我国海关进口申报时的依据，且 A 公司需要向 B 公司支付货款，即产生商业性交易。所以"贸易国别（地区）"栏应填写 B 公司所在地，如"中国青岛"。

三方交易

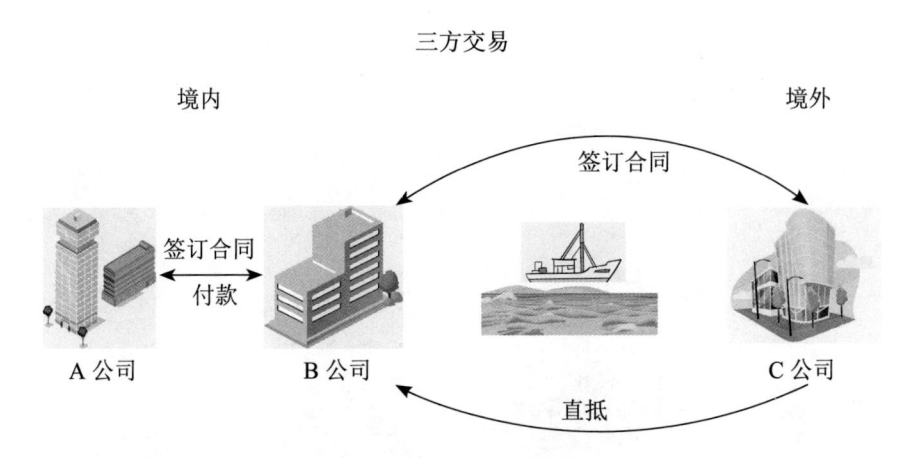

图 5-27　进口货物直接运抵我国境内（境内公司之间签订合同）

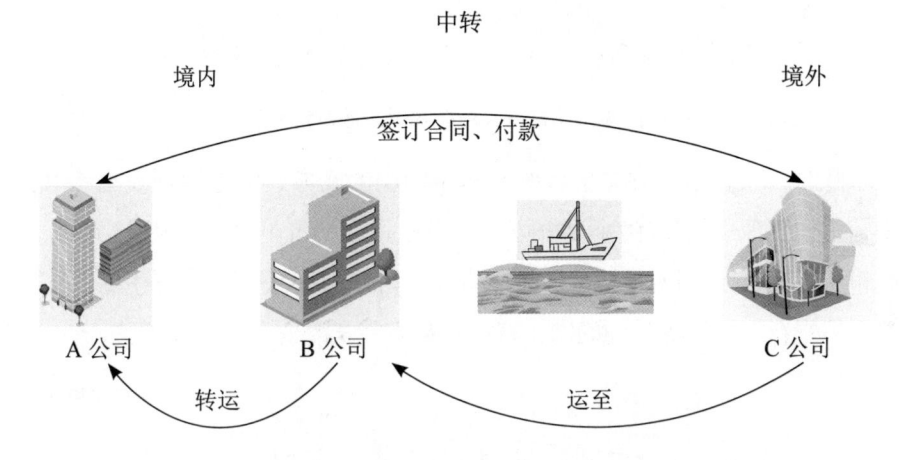

中转

图 5-28　进口货物直接运抵我国境内（境内公司之间没有商业性交易）

此时，进口货物虽然在我国某个港口发生转运，但是转运过程仅是基于物流需要进行的，A 公司与 B 公司没有发生商业性交易。所以"贸易国别（地区）"栏应填写 C 公司所在地或所属国别，如"英国"。

境内　　　　　　　　　　中转　　　　　　　　　境外

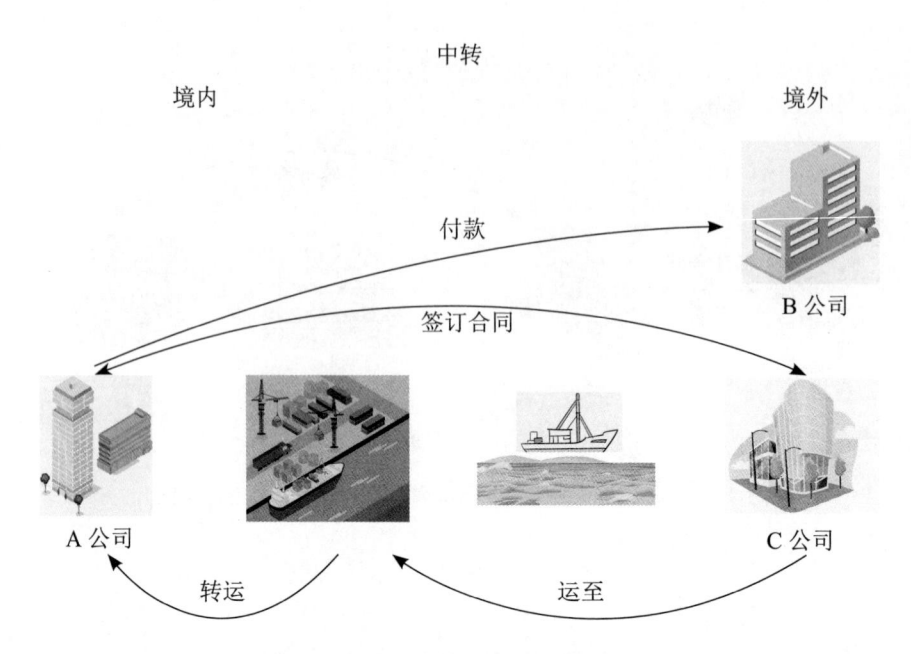

图 5-29　进口货物在我国某港口转运

此时，虽然货款并未支付给贸易合同中的卖方，但是根据我国《海关统计工作管理规定》有关问题的公告可知，这种情况下"贸易国别（地区）"栏也应填写 C 公司所在地或所属国别。A 公司与 B 公司没有发生商业性交易，只是存在间接支付的问题，直接交易方并未改变。

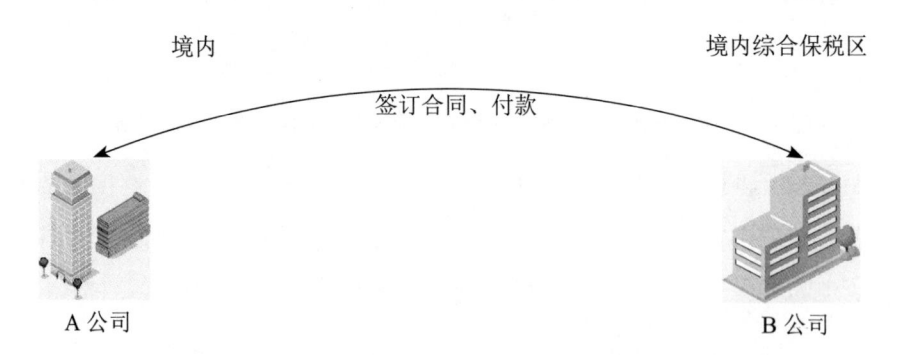

图 5-30　境内运至综合保税区内某公司

这种情况属于境内 A 公司销售给综合保税区内某工厂或公司的二线入

区货物，交易方都是境内企业，所以"贸易国别（地区）"栏应填"中国"。

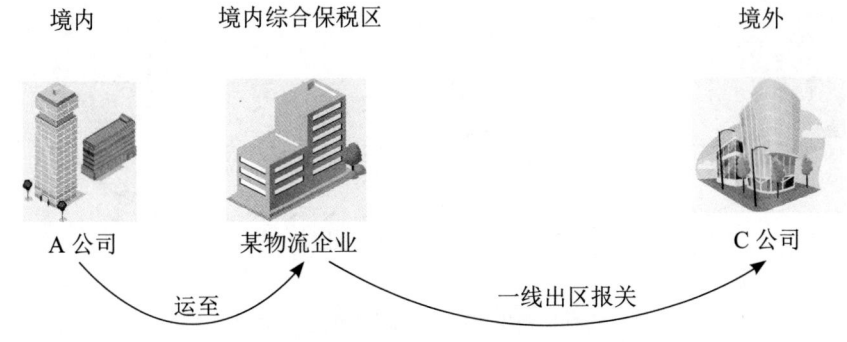

图 5-31 境内运至综合保税区内某物流企业

这种情况属于境内 A 公司运至综合保税区内某物流企业的二线入区货物，A 公司运至综合保税区仅是为了物流作业，申报二线入区报关单时物权还未转移，所以"贸易国别（地区）"栏应填"中国"；区内物流企业申报的一线出区报关单才应填报实际的境外相关方所在国（地区）。

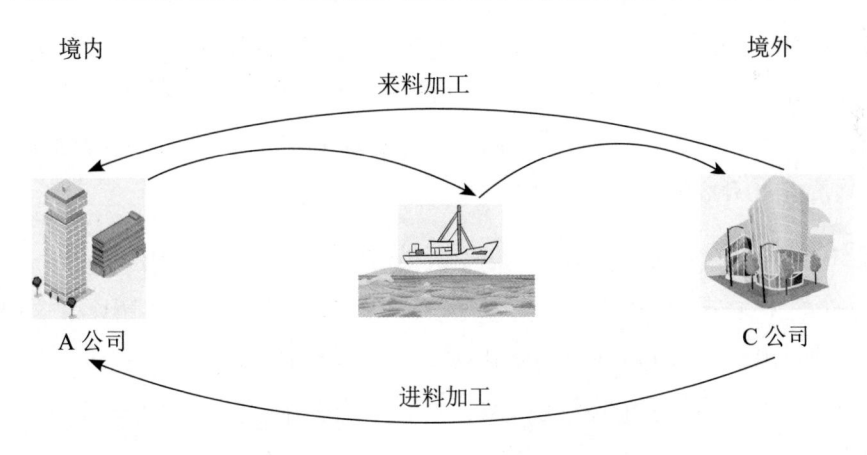

图 5-32 境内企业的来料加工贸易

如果境内 A 公司与境外 C 公司开展来料加工贸易业务，因为境外 C 公司掌握料件的物权，所以此时"贸易国别（地区）"栏应填写境外相关方，即"C 公司所在国（地区）"。如果 A 公司发生进料加工贸易业务，则料件进口报关单和成品出口报关单上的贸易国别（地区）各不相同。

图 5-33　境内企业生产的产品以展览品方式暂时出境

这种情况属于我国境内企业生产的产品,以展览品方式暂时出境。因为物权在展览期间自始至终归属于我国,所以无论是出口报关单还是复运进境的报关单,"贸易国别(地区)"栏均应填写"中国"。

⑭ 折合单价小数点导致报关单总价与合同总价不符怎么处理

问 客户按 40 000.00 美元的产品总价制作合同,除以产品数量 330(件),得到产品单价 121.212 121……(美元)。折合单价小数点后得出单价为 121.21 美元,乘以出口数量后得出的总价款为 39 999.30 美元,此时可以按合同价格 40 000.00 美元申报吗?

答 可以。根据《中华人民共和国海关进出口货物报关单填制规范》的规定:"总价"栏填报同一项号下进口货物实际成交的商品总价格。所以,这种情况填报出口货物实际成交的商品总价格,即合同价 40 000.00 美元。进出口公司需要详细查看海关法规文件,结合货物实际情况,如实规范地向海关申报。

⑮ 出口的不同组件装入一个包装盒中该怎么填写海关编码

问 公司是一家生产企业,有客户要求我司为其组装一个套装设备,这个套装设备由三个组件组成，且分别对应有 HS 编码。根据客户的要求，三个组件原有的独立包装要去掉，全部装入一个新的纸盒中，那么这个套装设备应该用哪个 HS 编码进行申报呢？

答 由于套装设备由三项独立商品装入一个纸质包装盒内组成，因此需要将这三项组件分别归类，分开申报 HS 编码。

⓰ 发现报关单出错怎么处理

问 外贸业务员发现货物已经出口单报关单出错，该怎么处理？

答 首先确认报关单错误类型与原因，信息核查报关单上的各项信息，分析错误是否由于报关人员操作失误、书写错误或是由于装运、配载等后续厄变更。其次，报关单存在错误且满足海关规定的修改或撤销条件，进出口货物收发货人或其代理人可以向原接受申报的海关提出申请，同时需附上详细的错误说明及更正后的报关单信息，还要提供相关证明材料。后续应密切关注海关的反馈和指示，确保按照海关的要求进行后续操作。

第6章

运输结算：掌控物流进度不懈怠

进出口货物按照贸易方向流动需借助运输这一手段完成，没有运输，进出口贸易无法实现。在外贸实务中，通常在运输开始时就要完成相关结算工作，然后凭借相关单证收款或者提货。

6.1 进出口货物的运输安排

外贸运输不是单纯地将进出口货物从一个地点运至另一地点,其间还涉及国与国之间或者地区与地区之间政策的运用、人文环境的转变、海上风险的防控等。因此,进出口货物的运输安排工作非常重要。

❶ 航线与港口知识

海运航线是指船舶在两个或多个港口之间从事海上旅客和货物运输的线路,是连接各港口的纽带,在海运空间系统中起着承上启下的作用。

海上运输的航线分布在各大洋之间,在系统中受其他要素的制约,选择航线时要考虑到货物、船舶和港口等要素的状况,对海运系统作出全面的评估后再选择合理的方案。

港口是位于海、江、河、湖、水岸沿岸,具有水陆联运设备和条件以供船舶安全进出和停泊的运输枢纽。它是水陆交通的集结点,是工农业产品与外贸进出口物资的集散地。

1. 航线

根据不同的分类标准,海运航线可以分为不同类型,简单介绍见表6-1。

表6-1 不同类型的航线及其优缺点

分类依据	类型	简述	优缺点
根据组织形式划分	直达航线	在水运范围内,船舶从起运港直接到终点港,不在中途挂靠港口、装卸货物或者增减驳船的运输航线	优点:运输速度快,船舶周期短,节省费用。 缺点:两个港口之间需有比较稳定的货流
	中转航线	在水运范围内,船舶从起运港到终点港,在中途挂靠港口、装卸货物或者使用驳船的运输航线	优点:对港口之间的货流是否稳定没有太严格要求。 缺点:运输速度慢,船舶周期长,费用更高

续上表

分类依据	类型	简述	优缺点
根据发船时间划分	定期航线	也称班轮航线，指在水运范围内，船舶定线、定点、定期的航线。多为集装箱班轮航线，也因"定时间、定航线、定船舶、定货种、定港口"而得名"五定"航线	优点：货流稳定，安全性较高。 缺点：需要考虑的参数较多，如货物情况、航线情况以及自然条件、腹地状况、装卸能力、仓储能力、装卸效率等港口综合条件，运输环境比较复杂
根据发船时间划分	不定期航线	相对于定期航线而言的另一种航线，没有预订的船期表，没有固定的航线和停靠港口，只追随货源，依据船舶所有人和承租人双方签订的租船合同安排航线。这类航线主要从事大宗货物的运输，如谷物、石油、矿石、煤炭、木材、砂糖、化肥和磷矿石等，通常是整船装运	优点：运输比较灵活。 缺点：安全性较低，且容易重复航线
根据气候气象条件划分	气候航线	在最短航程航线的基础上考虑了航行季节的气候条件和可能遭遇的其他因素而设计的航线，如航路设计图和"世界大洋航线"中推荐的航线	优点：航线比较成熟，风险较小，货流稳定。 缺点：可能抬高运输成本
根据气候气象条件划分	气象航线	气象定线公司在航线的基础上根据中短期天气预报，考虑气象条件和船舶本身条件后，向航行船舶推荐的航线	优点：风险较小，遭遇恶劣天气的可能性也小。 缺点：航线不确定，可能抬高运输成本
根据运力、运程和运量划分	主干航线	世界主要的集装箱班轮航线，是连接枢纽港口或中心港口的海上航线，如远东/北美、远东/欧洲、欧洲/北美航线，是全球集装箱运输的三大主干航线	优点：世界主要集装箱枢纽港大多坐落在主干航线上，货流稳定，运输快捷。 缺点：船舶多，容易拥堵，造成船舶无法按期到港；航线长
根据运力、运程和运量划分	分支航线	连接分流港口（交流港口）的海上航线，为主干航线提供服务，连接的港口多为地方枢纽港或分流港口，航线上运行的多为小型船舶	优点：船舶较少，不易拥堵；航线较短，不易发生延迟到港。 缺点：运输范围较小，从事的多为地方之间的运输活动

续上表

分类依据	类型	简述	优缺点
根据航线有效时间划分	季节性航线	随季节改变而改变的航线	优点：可借助风力和洋流方向加快运输速度，节省运力。 缺点：运输时间不灵活
根据航线有效时间划分	常年航线	不随季节改变而改变的航线	优点：运输时间比较灵活，运量较大，可以摊低运输成本。 缺点：运输速度有时会很慢，需要投入较大的运力，成本较高
根据行径水域划分	远洋航线	又称大洋航线，指国与国之间或地区之间经过一个或数个大洋的国际海上航线	优点：货流稳定，航线成熟。天然航道，运量大、运费低。 缺点：受气候和天气影响较大，航速较慢
根据行径水域划分	近洋航线	一国各海港至邻国海港间的海上航线	优点：航线短，受气候和天气影响较小，航速较快。 缺点：运量小、运费较高
根据行径水域划分	沿海航线	一国沿海区域各港口之间的运输航线，如上海港至大连港的海上运输航线	优点：航线短，受气候和天气影响较小。 缺点：运量小、运输成本较高
根据行径水域划分	环球航线	指将太平洋、大西洋和印度洋连接起来完成航行的航线	优点：运量大、运费低 缺点：航线长，受气候和天气影响较大，航速较慢
根据航海技术划分	大圆航线	是地图圆体上两点之间最短的航线	优点：航程短，节约时间，减少运力，节约成本。 缺点：必须时刻改变航向，航海技术要求较高
根据航海技术划分	恒向线航线	是地球面上两点之间与经线处处保持角度相等的航线，通常比大圆航线要长，但在低纬度或航向接近南北时，与大圆航线航程相近	优点：航海技术要求较低，操作方便。 缺点：航程较长，在高纬度或航向接近东西时非常容易造成航行时间的延长，延误靠港时间
根据航海技术划分	等纬圈航线	航线的起止位置在同一纬度，即沿纬度圈航行	优点：航线角度始终不变，操作方便。 缺点：不适合远程航运
根据航海技术划分	混合航线	为避开高纬度的航行危险区，限制纬度，采用大圆航线和等纬圈航线相结合的最短航程航线	优点：航程短，节约时间，减少运力，节约成本。 缺点：航向不固定，易延误

无论外贸企业选择哪种航线，能达到航行时间少、船舶周转快、营运效率高的航线，就是最佳航线。

2. 港口

港口也可以根据不同的分类标准划分为不同的类型，见表6-2。

表6-2 认识不同类型的港口

分类依据	类型	简述	主要停靠船舶/优缺点
根据用途划分	商港	提供国际贸易、境内贸易等货物运输服务的港口	主要停靠一些货轮和货柜船等商船
	客运港	为运送车辆、旅客的船舶提供服务的港口，一般附属于商港之内，如邮轮码头	主要停靠邮轮、渡轮等客运船
	军港	由海军使用、专供军事用途的港口	主要停靠军舰、航空母舰等
	渔港	为水产品等提供运输服务的港口	主要停靠渔船
	工业港	与工业区相邻，运输原物料和工业制品的港口	主要停靠油轮、原料输送船等工业船舶
	避风港	为各式小型船舶提供暂时停靠服务的港口	主要停靠小型船舶
	娱乐港	为从事娱乐观光的船舶提供停泊、出航服务的港口	主要停靠游艇、观光船等
根据港口基本性质划分	基本港	班轮运价表中载明的班轮定期或经常靠泊的港口，大多数位于中心的较大口岸	优点：港口设备条件较好，货载多且稳定，不限制货量，一般为直达运输，无须中途转船。缺点：货量少时也会转运，比较麻烦
	非基本港	基本港以外的港口都是非基本港口	优点：货量没有限制，运输较灵活。缺点：有转船附加费，运输成本较高
根据位置划分	河口港	位于河流入海口或受潮汐影响的河口段的港口	优点：可兼营海船和河船服务，货流量大。缺点：岸线长度不够

续上表

分类依据	类型	简述	主要停靠船舶/优缺点
根据位置划分	海港	指位于海岸、海湾内的港口,也有离开海岸建在深水海面上的港口	优点:口岸大,装卸、运输比较方便。 缺点:货流复杂,提货速度慢,风浪较大,货损可能性较大
	河港	指位于天然河流或人工运河上的港口,包括湖泊港和水库港	优点:口岸宽阔,停靠方便。 缺点:风浪较大,货损可能性较大
根据受潮汐的影响划分	开敞港	指港口内水位潮汐变化与港外相同的港口	优点:船只出港时较方便。 缺点:容易受潮汐影响,港口货物面临损坏的风险较大
	闭合港	指在港口入口处设闸,将港内水域与外海隔开,使港内水位不随潮汐变化而升降的港口	优点:低潮时港内仍有足够水深,不易影响运输时间。 缺点:船只出港比较麻烦
	混合港	指兼有开敞港和闭合港的港口	优点:船只出港比较方便,受潮汐影响的程度可控。 缺点:船舶调度比较复杂
根据港口地位划分	国际性港口	指供来自世界各国港口的船舶靠泊的港口	优点:货量大,口岸宽,船只调度方便,运输便捷,安全性高。 缺点:货流复杂,提货时容易出错
	国家性港口	指供来自境内港口的船舶靠泊的港口	优点:口岸宽,船只调度方便,运输便捷,安全性高。 缺点:货量复杂,提货时容易出错,国际贸易的货物较少
	地区性港口	指供来自境内某一地区的船舶靠泊的港口	优点:货量小,提货比较精准。 缺点:口岸较小,船只调度比较麻烦

实际外贸业务中,外贸企业要与客户协商好航线及港口情况,选择利于双方的航线和港口开始运输。

❷ 运输环节可能涉及的单据及其用处

国际贸易运输单据是提取货物和收付货款、明确承运人与托运人的权利与义务的重要文件，外贸人员有必要知道这些单据及其具体用处。

1. 海运提单

海运提单是承运人对托运人开出的货物收据，是运输协议证明。它并没有统一的格式，但基本内容大致包括托运人、收货人、通知人、起运港或装货港、目的港或卸货港、船名及航次、唛头及件号、重量及体积、货名及件数、运费支付地点、正本提单张数、船公司签章、签发地点和日期。图6-1为海运提单。

BILL OF LADING 海运提单					
1.SHIPPER（托运人）		B/L NO.			
2.CONSIGNEE（收货人）					COSCO
3.NOTIFY PARTY（通知人）		中国远洋运输（集团）总公司			
4.PRE-CARRIAGE BY（前程运输）	5.PLACE OF RECEIPT（收货地）	CHINA OCEAN SHIPPING(GROUP)CO.			
6.OCEAN VESSEL/VOY. NO.（船名及航次）	7.PORT OF LOADING（装货港）	ORIGINAL Combined Transport Bill of Lading			
8.PORT OF DISCHARGE（卸货港）	9.PLACE OF DELIVERY（交货地）	10.FINAL DESTINATION FOR THE MERCHANT'S REFERENCE（目的地）			
11.MARKS（唛头）	12.NOS. & KINDS OF PKGS（包装种类和数量）	13.DESCRIPTION OF GOODS（货物名称）	14.G.W.(KG)（毛重）		15.MEAS.(M³)（体积）
16.TOTAL NUMBER OF CONTAINERS OR PACKAGES(IN WORDS)（总件数）					
17.FREIGHT & CHARGES（运费）	REVENUE TONS（运费吨）	RATE（运费率）	PER（计费单位）	PREPAID（运费预付）	COLLECT（运费到付）
PREPAID AT（预付地点）	PAYABLE AT（到付地点）	18.PLACE AND DATE OF ISSUE（出单地点和时间）			
TOTAL PREPAID（预付总金额）	19.NUMBER OF ORIGINAL B(S)L（正本提单的份数）	22.SIGNED FOR THE CARRIER（承运人签章）			
20.DATE（装船日期）	21.LOADING ON BOARD THE VESSEL（船名）BY（签名）	中国远洋运输（集团）总公司 CHINA OCEAN SHIPPING(GROUP) CO. ×××			

图6-1 海运提单

注意，空白提单需要专门的部门和人员负责发放和管理，未经授权，任何单位或个人不得使用、仿制、印刷提单。

2. 装箱单

装箱单是进出口商业发票的补充单据,列明了信用证或合同中买卖双方约定的有关包装事宜的细节,包括但不限于合同买方名称和地址、品名和货物描述、包装和数量、毛重及净重、唛头等内容,如图6-2所示。境外买方在货物到达目的港时可凭借装箱单向海关申请检查核对货物。其内容可以加列在商业发票上,但信用证有明确要求时需要单独制作。

NANTONG BLANKET TRADING COMPANY

PACKING LIST

Address:
To:
　　　　　　　　　　　　　　　Invoice No.:
　　　　　　　　　　　　　　　Invoice Date:
　　　　　　　　　　　　　　　S/C No.:
　　　　　　　　　　　　　　　S/C Date:
FROM:　　　　　　　　　　　　To:

Marks and Numbers	Number and kind of package	Description of goods	Quantity	Package	G.W.	N.W.	Meas.

TOTAL:
SAY TOTAL:
　　　　　　　　　　　　　　　　　　　　　××COMPANY
　　　　　　　　　　　　　　　　　　　　　　　×××

图 6-2　装箱单

装箱单又称包装单、码单，用以说明货物包装细节，便于进口商或海关等有关部门核准货物。装箱单所列各项数据和内容必须与海运提单等单据的内容一致，还要与货物实际情况相符。

3. 装货单

装货单是船公司接受托运人提出的装运申请后签发给托运人的，用以命令船长将承运货物装船的单据，如图 6-3 所示。它不仅是装船的依据，也是货主向海关申报出口货物的主要单据之一，所以又叫关单。对托运人来说，装货单是办妥货物托运的证明。

中国外轮代理公司
CHINA OCEAN SHIPPING AGENCY
装货单
SHIPPING ORDER

S/O NO.

船名 S/S: 目的港 For:

托运人 Shipper:

收货人 Consignee:

通知人 Notify:

兹将下列完好状况之货物装船并签署收货单据。
Received on board the under mentioned goods apparent in good order and condition and sign the accompanying receipt for the same.

标记及号码 Marks & Nos.	件数 Quantity	货名 Description of Goods	毛/净重量（公斤）Weight In Kilos		尺码 Measurement 立方公尺 CBM
			Net	Gross	
共计件数（大写）Total Number of Packages in Writing					

日期 Date: 时间 Time:

装入何舱 Stowed:

实收 Received:

理货员签名 Tallied By: 经办员 Approved By:

图 6-3 装货单

4. 托运单

托运单是托运人根据贸易合同和信用证条款内容填制的，向承运人或其代理人办理货物托运的单证，承运人根据托运单内容，并结合船舶航线、挂靠港、船期和舱位等条件考虑是否接受托运。它是承运人和托运人之间针对托运货物的合约，记载了有关托运人与承运人之间的权利和义务。承运人签收后，其中一份给托运人作为收据。

托运单的联次较多，不同联次的作用是不同的，外贸人员需根据实际情况选用。托运单主要内容包括经营单位或发货人、收货人、通知人、分批装运和转运、运费、装运日期、货物描述及包装、总毛重和总净重、总体积等，图6-4为出口货物托运单。

出口货物托运单					
				填制日期：　年　月　日	
托运人：		合同号			
		发票号			
收货人：		信用证号			
		运输方式			
通知人：		运输条款：□CY/CY　□CY/HK　□CY/FO □CY/DR　□DR/DR　□DR/CY			
装船期：		提单：□需正本提单　　□电放			
装船港：		海运费：□FREIGHT PREPAID □FREIGHT COLLECT			
转船/分批：□转船　　□分批：					
目的港：					
标记唛码	件数	货物品名及规格	箱量	毛重	尺码
拖车行名称：		电话：		联系人：	
如委托我司拖车、报关，请填写： 电话： 装货时间：　年　月　日		联系人： 装货地点：			
特别事项： 请订于　月　日的船期 备注/Note：美国货物限重		其他地区限重			
托运人签名和签章： 电话：		传真：			

图6-4　出口货物托运单

5. 舱单

舱单是指进出境船舶、航空器、铁路列车、公路车辆等运输工具的负责人或其代理人向海关递交或传输的，真实准确反映运输工具所载货物、物品情况的载货清单或电子数据。舱单主要包括原始舱单、预配舱单和装（乘）载舱单，图6-5为舱单的常见模板。

船舶载运货物舱单

船舶名称（英文）：		IMO号码：			航次号：							
征收站点标识：		内外贸货物标识：内贸□ 外贸□			舱单标识：进口舱单□ 出口预配舱单□ 出口舱单□							
抵港时间：		预计驶离时间：			上一港：				下一港：			
（提）运单号	托运人（代理人）全称	收货人（代理人）全称	货物名称	重量	体积	集装箱箱号	集装箱箱型	集装箱状态	中转状态	起运港	中转港	到达港	港建费缴讫情况

兹声明上述信息与本船实际载运货物情况一致。

船长签字（船章）：　　　　　　　船舶代理人签字（印章）：
日期：　　　　　　　　　　　　　日期：

图6-5　舱单模板

在对外贸易中舱单是相关责任人向海关报关时必须交验的单据之一。

6. 货物积载图

货物积载图又称船舶积载图，是指按规定格式详细表示船舶航次积载意图或实际积载状况的一种简化船图，通常可分为计划积载图和实际积载图两种，前者在装货前编制，用作指导装货工作；后者在装货结束时根据执行积载计划中的变动情况，按照货物实际配舱货位进行绘制，作为指导卸货工作的依据。

其中，对于杂货船，积载图中应完整地表示装货清单所列的每一票货物的装货单号码、货物名称、件数、重量、堆放位置、装卸港名称以及装卸中的注意事项等内容，如图6-6所示。

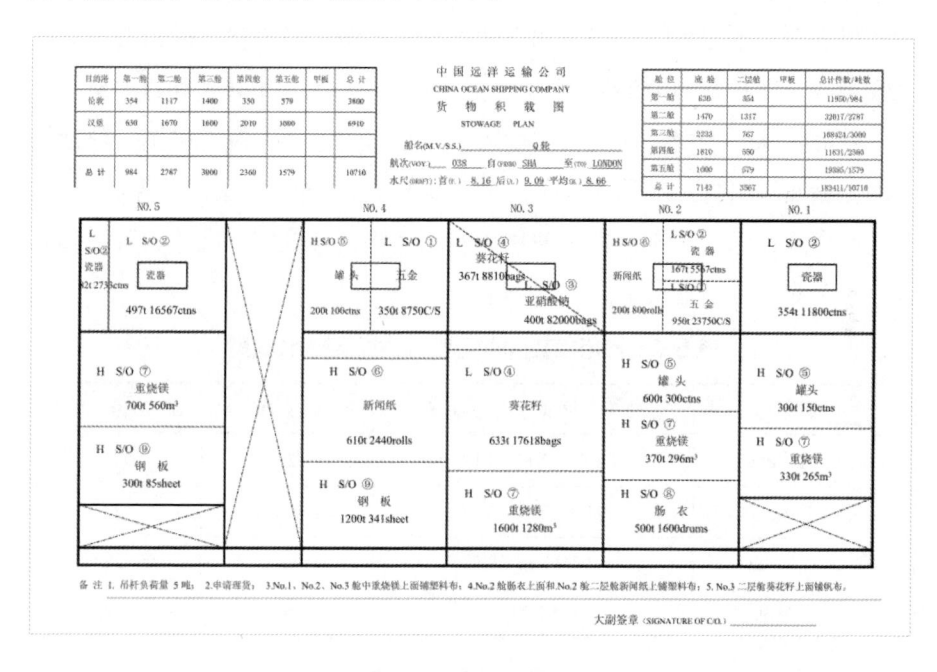

图6-6 货物积载图

⓸ 学会计算出口运输费用了解易错之处

出口运输费用主要包括出口航空运输费和出口海洋运输费，由于海洋运输占对外贸易运输量的大部分，因此，外贸人员需着重学习海洋运输费用的计算，并牢记易错点。

海洋运输费用主要由三个部分构成，如图6-7所示。

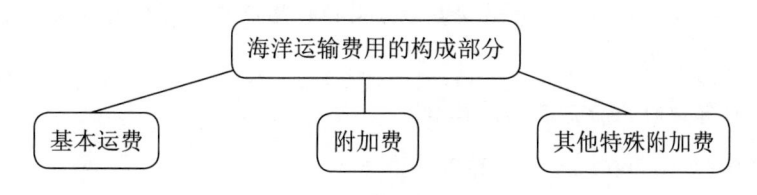

图6-7 海洋运输费用的构成部分

基本运费：也称基本海运费，是指一个计费单位（如一立方米）货物收取的基本运费。采用集装箱运输时，基本运费就与运输货物的大小和使用集装箱大小、数量等有关。

附加费：主要指附件费，如文件费、码头费、提单费、拼箱费、原产地收货费、改单费、电放费、装货港接货费、舱单费、中转费和打单费等。

其他特殊附加费：这类费用视船公司和目的港相关规定确定，包括但不限于燃油附加费、超重附加费、港口拥挤附加费和旺季附加费等。

在海上运输业务中，常常使用集装箱运输，其框型、尺寸、容积和载重有一定的标准，见表6-3。

表6-3 常用集装箱的柜型、尺寸、容积和载重

柜型	尺寸（长×宽×高）（米）	容积（立方米）	配货毛重（吨）
20尺（20GP）	5.69×2.13×2.18	26	17.5
40尺（40GP）	11.8×2.13×2.18	54	22
40尺高（40HQ）	11.8×2.13×2.72	68	22
45尺高（45HQ）	13.58×2.34×2.71	86	29

集装箱的大小及规格在海上运输业务中关系到运费的核算，外贸人员一定要与船公司及进口商确定好集装箱大小。

下面通过具体的案例学习海洋运输费的计算。

实用范例 计算集装箱运输的海洋运输基本运费

某企业将自产的产品出口到境外，该产品的体积为每包装箱0.10立方米，每包装箱25件产品。已知每个20尺集装箱价格为394.00美元，每个40尺集装箱价格为590.00美元，拼箱价格为每立方米19.00美元。当日汇率为USD1=CNY7.102，当运输数量为6 000件产品时，基本运费（集装箱费用）是多少呢？

①计算该批出口产品的总体积。

总体积=6 000÷25×0.10=24（立方米）

②计算不同装箱方式的集装箱费用。

由于该批出口产品的总体积只有 24 立方米,出于节约目的,只需要用 20 尺集装箱整箱装运,用不到 40 尺的集装箱。

20 尺集装箱整箱费用 =394.00(美元)

如果采用拼箱装运,则:

拼箱费用 =24×19.00=456.00(美元)

由此可知,外贸企业采用拼箱装运的费用更多。

③将基本费用换算为人民币金额。

20 尺集装箱整箱费用 =394.00×7.102=2 798.19(元)

当然,外贸业务中也会遇到不使用集装箱装运出口货物的情况,此时外贸人员也要知道该如何计算总的海运费。下面来看一个案例。

实用范例 不用集装箱装运的海运费的计算

某外贸企业将一批商品出口到境外,已知该批商品的重量为 12 吨,体积为 15 立方米,基本费用为每吨 135.00 元,直航的附加费为每吨 15.00 元,燃油附加费率为 25%,那么此次出口的海运费总共多少呢?

总运费 =(基本费用 + 直航附加费 + 燃油附加费)× 货物总吨数

=(135.00+15.00+135.00×25%)×12

=2 205.00(元)

外贸人员在核算出口运输费用时存在一些易错点,需要特别留意和关注,以保证出口运输费用的核算是正确的。

①不能准确测量和记录货物的实际重量和体积,从而导致重量估算不准确,费用计算出错。

②对船公司的计费规则了解不清楚,如有些货物需要采用特殊计费而不自知,使运费计算出错。

③不完全了解运输过程中的附加费用,导致漏算或估算不准确,使运输费用计算出错。

④不与船公司或物流公司签订明确的费用协议，计费方式、费率和附加费用等含糊不清，导致公司被收取额外的费用。

⑤没有随时跟踪运输信息，导致运输过程发生异常情况而不知，最终被船公司或物流公司收取了更多的运费。

⑭ 重视外贸工作中"货代"的重要性

货代，即货运代理，可以指一种行为，也可以指从事货代工作的人群。当外贸企业需要节约处理出口运输工作的时间和精力，提高货物运输效率时，就会采取委托运输的方式，将运输事务全权交由货代负责。

而货代的工作内容就是接受客户（外贸企业）的委托，完成客户交代的货物运输的部分或全部流程工作，以及与运输事宜有关的事项。实际对外贸易中，货代有指定货代和普通货代，简单介绍如图 6-8 所示。

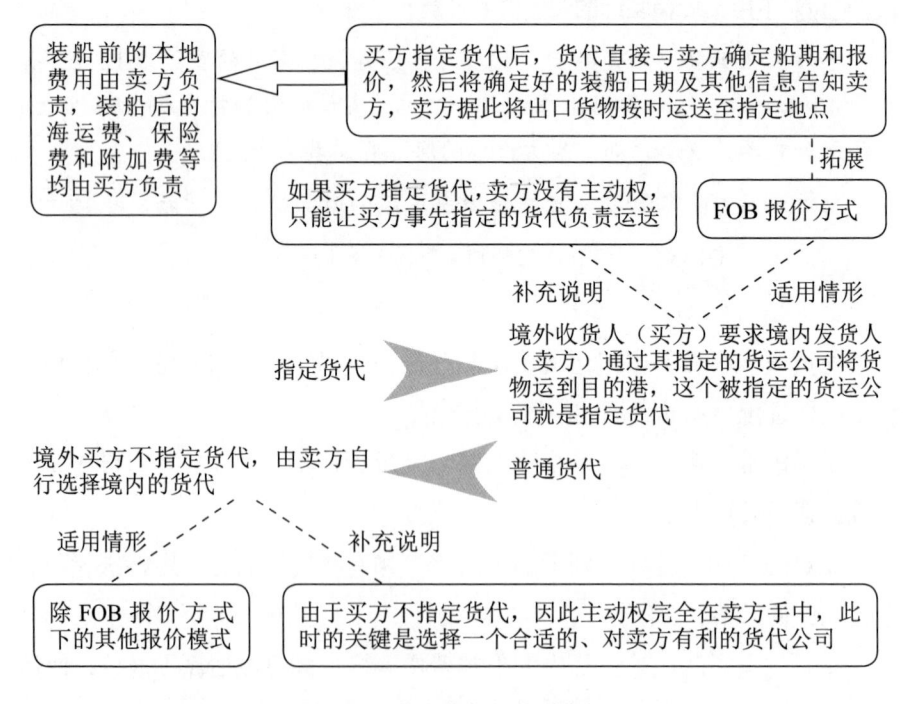

指定货代

- 装船前的本地费用由卖方负责，装船后的海运费、保险费和附加费等均由买方负责
- 如果买方指定货代，卖方没有主动权，只能让买方事先指定的货代负责运送
- 买方指定货代后，货代直接与卖方确定船期和报价，然后将确定好的装船日期及其他信息告知卖方，卖方据此将出口货物按时运送至指定地点
- 拓展：FOB 报价方式
- 补充说明：境外收货人（买方）要求境内发货人（卖方）通过其指定的货运公司将货物运到目的港，这个被指定的货运公司就是指定货代

普通货代

- 境外买方不指定货代，由卖方自行选择境内的货代
- 适用情形：除 FOB 报价方式下的其他报价模式
- 补充说明：由于买方不指定货代，因此主动权完全在卖方手中，此时的关键是选择一个合适的、对卖方有利的货代公司

图 6-8　指定货代与普通货代

在采用普通货代的情形下，出口企业选择货代公司时可以从四个方面进行考量，如图 6-9 所示。

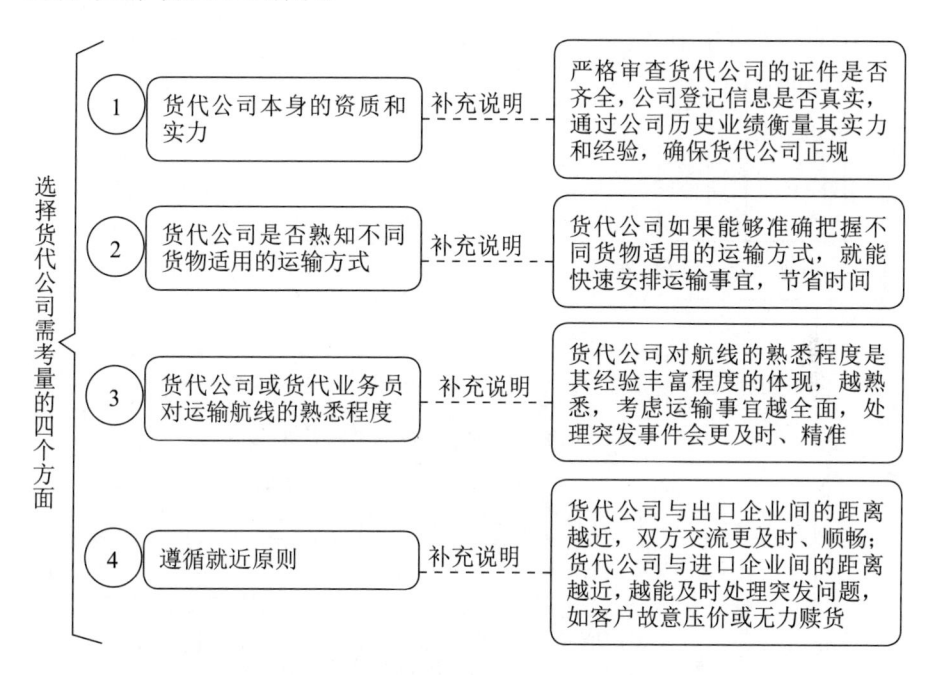

```
选择货代公司需考量的四个方面
├─ 1  货代公司本身的资质和实力 ──补充说明── 严格审查货代公司的证件是否齐全，公司登记信息是否真实，通过公司历史业绩衡量其实力和经验，确保货代公司正规
├─ 2  货代公司是否熟知不同货物适用的运输方式 ──补充说明── 货代公司如果能够准确把握不同货物适用的运输方式，就能快速安排运输事宜，节省时间
├─ 3  货代公司或货代业务员对运输航线的熟悉程度 ──补充说明── 货代公司对航线的熟悉程度是其经验丰富程度的体现，越熟悉，考虑运输事宜越全面，处理突发事件会更及时、精准
└─ 4  遵循就近原则 ──补充说明── 货代公司与出口企业间的距离越近，双方交流更及时、顺畅；货代公司与进口企业间的距离越近，越能及时处理突发问题，如客户故意压价或无力赎货
```

图 6-9　出口企业选择货代公司需考量的内容

⑤ 出口商品需要申请原产地证

有些外贸业务中，进口方要求出口方提供货物或商品的原产地证，它是货物身份的有效证明，可以让进口方明确知道货物或商品的原产国家或地区。

原产地证是出口国的特定机构出具的证明所出口货物为本国或本地区原产的一种证明文件。当境外进口方要求境内出口方提供原产地证时，出口企业就需要按照相关程序向主管单位申请开具原产地证，并交给进口方，以促进对外贸易的顺利进行。

根据我国相关规定，在我国境内依法设立的享有进出口权的企业，从事来料加工、来样加工、来件装配以及补偿贸易业务的企业，外商投资企业等，都可以申请办理原产地证。申请办理时，需要提供的资料包括但不限于以下几方面：

①原产地证申请书。

②商业发票。

③装箱单。

出口企业的相关责任人可以按照图 6-10 的步骤申请办理原产地证。

申请办理原产地证的流程	
注册登记	先在所在地海关备案，填写企业基本信息，并提交营业执照以及证明货物符合出口货物原产地标准的有关资料，登记企业的印章、证书申领人员姓名等
证书录入	进入中国国际贸易促进委员会原产地申报系统或"互联网＋海关"，根据系统提示填写各项货物信息。提交一般原产地证书申请
申请签发"后发证书"	原产地证一般在货物出运前签发，如果遇到特殊情况导致未能及时申请证书，可向签发机构申请签发"后发证书"，签发机构会酌情办理
申请签发"重发证书"	如果签发的原产地证在签发之日起半年内被盗、遗失或发生损毁，出口企业可以申请重新签发证书。但在申请签发前，出口企业应在《中国国门时报》上发表遗失声明，并提交新的证书重发申请以及商业发票副本
申请签发"更改证书"	如果出口企业需要更改或补充已签发原产地证的内容，需填写更改申请书，并向签发机构说明实际更改理由和依据，同时向签发机构退回原签发的原产地证，签发机构经审核无误后签发新证
取得其他证书	如果出口货物因在我国境内的制造工序不满足条件而未能取得原产地证，出口企业可以申领"加工装配证明书"；经我国转口的外国货物不能取得我国的原产地证的，可以申领"转口证明书"

图 6-10 申请办理原产地证的流程

6.2 外贸结算工作不能马虎

外贸结算工作比内销结算工作复杂得多,并不是简单地付款、收款就行,这主要因为外贸结算方式的多样化,买卖双方有时间和空间上的信息不对称。结算工作稍有差错,就可能给双方造成不必要的损失,所以不能马虎。

06 了解不同的外贸结算方式

外贸结算方式的选择对外贸报关、运输等工作的开展至关重要,常见的方式如图 6-11 所示。

常见的外贸结算方式:

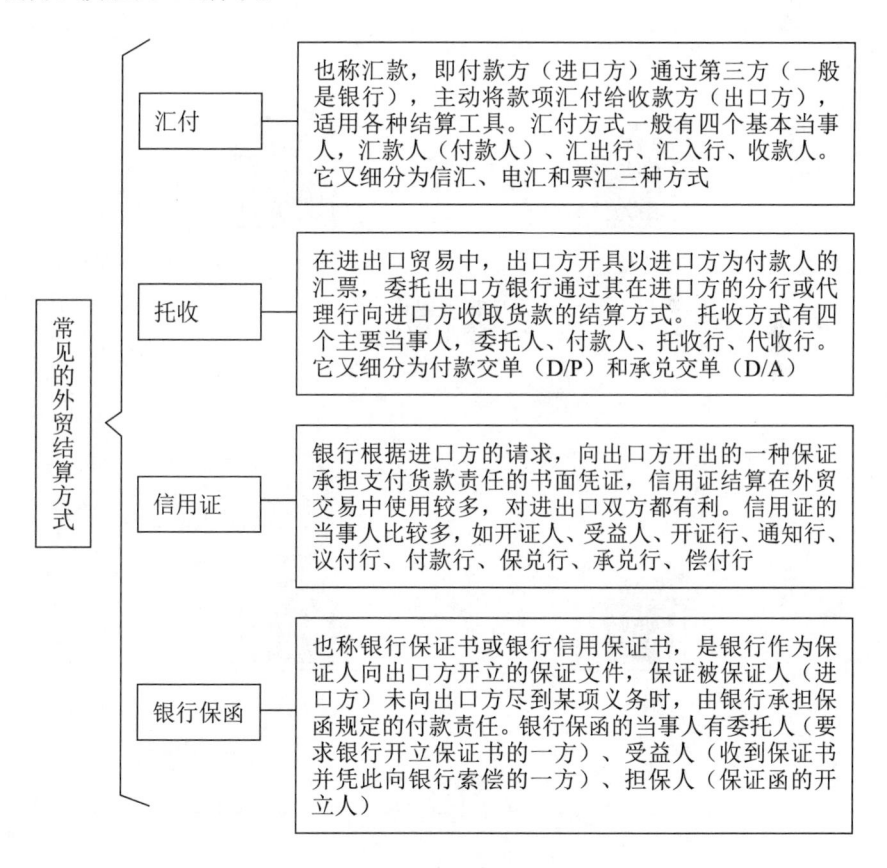

- **汇付**:也称汇款,即付款方(进口方)通过第三方(一般是银行),主动将款项汇付给收款方(出口方),适用各种结算工具。汇付方式一般有四个基本当事人,汇款人(付款人)、汇出行、汇入行、收款人。它又细分为信汇、电汇和票汇三种方式

- **托收**:在进出口贸易中,出口方开具以进口方为付款人的汇票,委托出口方银行通过其在进口方的分行或代理行向进口方收取货款的结算方式。托收方式有四个主要当事人,委托人、付款人、托收行、代收行。它又细分为付款交单(D/P)和承兑交单(D/A)

- **信用证**:银行根据进口方的请求,向出口方开出的一种保证承担支付货款责任的书面凭证,信用证结算在外贸交易中使用较多,对进出口双方都有利。信用证的当事人比较多,如开证人、受益人、开证行、通知行、议付行、付款行、保兑行、承兑行、偿付行

- **银行保函**:也称银行保证书或银行信用保证书,是银行作为保证人向出口方开立的保证文件,保证被保证人(进口方)未向出口方尽到某项义务时,由银行承担保函规定的付款责任。银行保函的当事人有委托人(要求银行开立保证书的一方)、受益人(收到保证书并凭此向银行索偿的一方)、担保人(保证函的开立人)

图 6-11 常见的外贸结算方式

1. 汇付

汇付结算下的三种方式之间有什么不同呢？如图 6-12 所示。

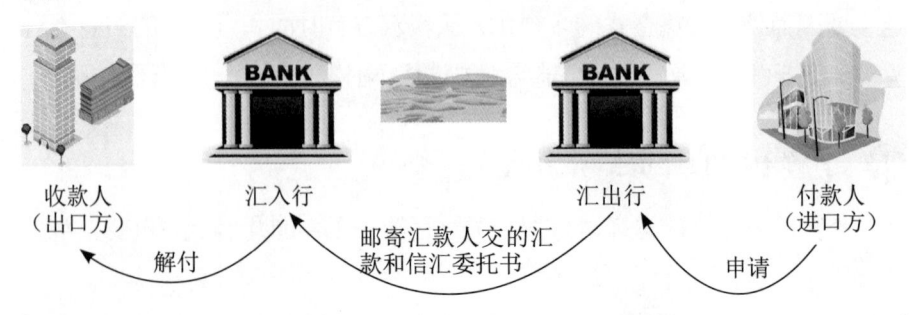

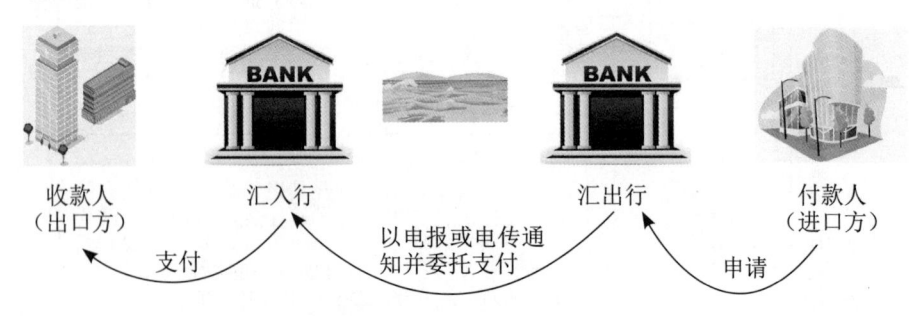

信汇

收款人（出口方） ← 解付 ← 汇入行 ← 邮寄汇款人交的汇款和信汇委托书 ← 汇出行 ← 申请 ← 付款人（进口方）

电汇

收款人（出口方） ← 支付 ← 汇入行 ← 以电报或电传通知并委托支付 ← 汇出行 ← 申请 ← 付款人（进口方）

票汇

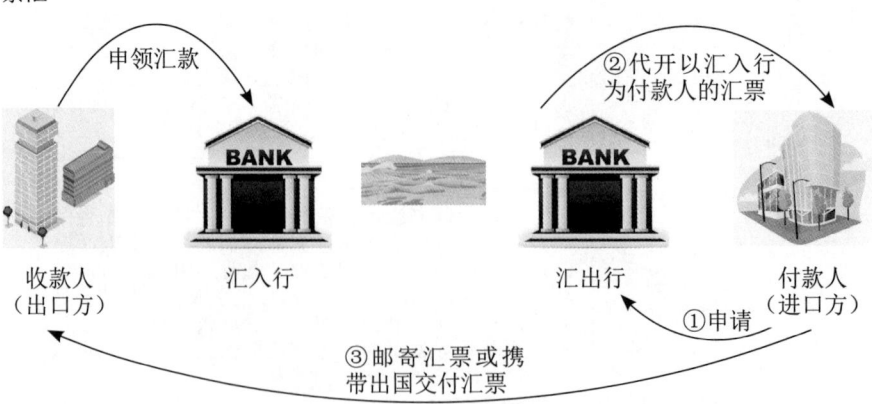

收款人（出口方） → 申领汇款 → 汇入行　　汇出行 ← ②代开以汇入行为付款人的汇票 → 付款人（进口方）
①申请：付款人 → 汇出行
③邮寄汇票或携带出国交付汇票：付款人 → 收款人

图 6-12　信汇、电汇和票汇

采用汇付结算方式，汇款人只要准确知道收款人姓名就能汇款，收款人无须将本人账号或卡号告知汇款人，可保证账户信息安全。但柜面汇款费用较高，外贸企业需谨慎选择。

2. 托收

托收结算方式下的付款交单和承兑交单又是怎么回事呢？如图6-13所示。

付款交单

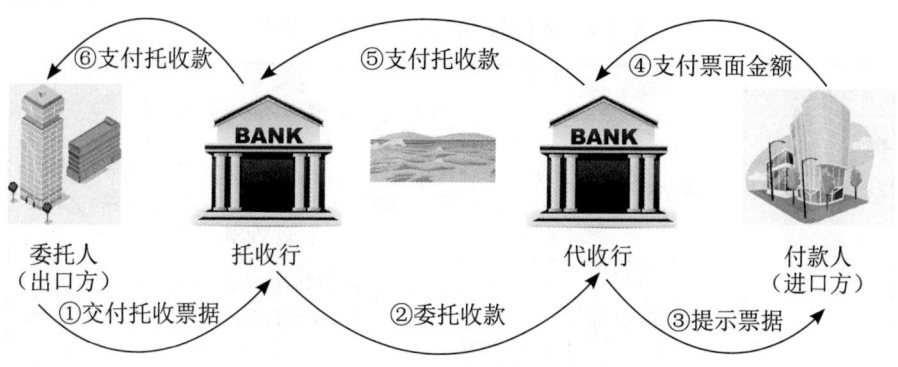

①交付托收票据　②委托收款　③提示票据　④支付票面金额　⑤支付托收款　⑥支付托收款

委托人（出口方）→托收行→代收行→付款人（进口方）

承兑交单

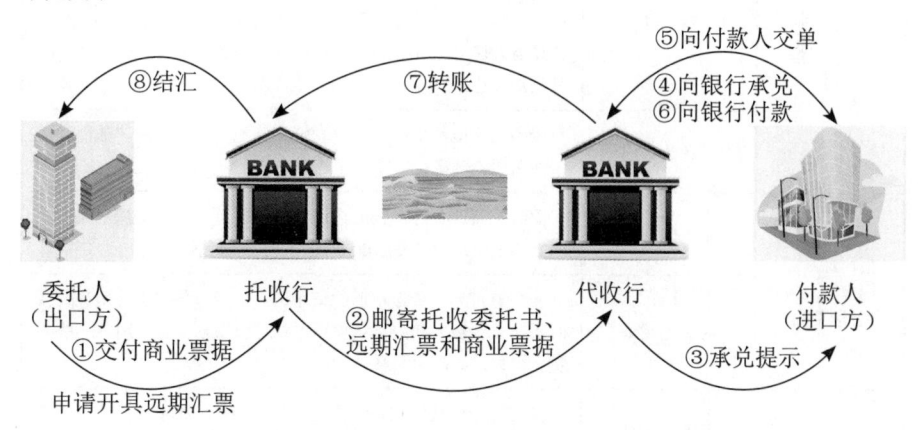

①交付商业票据　②邮寄托收委托书、远期汇票和商业票据　③承兑提示　④向银行承兑　⑤向付款人交单　⑥向银行付款　⑦转账　⑧结汇

委托人（出口方）／申请开具远期汇票→托收行→代收行→付款人（进口方）

图 6-13　付款交单和承兑交单

注意，如果采取付款交单结算方式，代收行必须在进口商付清货款后才能将商业（货运）单据交给进口方。承兑交单结算方式下，当代收行将

商业货运单据交给进口方后,至汇票付款到期日,进口方才履行付款责任,即 6-13 下图中的步骤⑤和步骤⑥之间有一段时间间隔。

3. 信用证

信用证以银行信用代替商业信用,保证外贸交易顺利进行。外贸企业对其使用的规范性和熟练程度直接决定了外贸结算效率。根据不同的分类标准,可以将信用证分为表 6-4 中的几类。

表 6-4 不同分类依据下的信用证类型

分类依据	类型	概述
是否可以撤销	可撤销信用证	开证行可以随时撤销且不需要征得受益人或有关当事人同意的信用证。这类信用证上会注明"可撤销"字样。如果受益人已经得到信用证条款规定的议付、承兑或延期付款保证的,此时即使注明为"可撤销"信用证,也不可撤销
	不可撤销信用证	一经开出,在有效期内如果未获得受益人或有关当事人同意,开证行不能单方面修改和撤销的信用证。这类信用证上没有"可撤销"字样
权利是否可以转让	可转让信用证	信用证的第一受益人可以要求授权付款,承担延期付款责任,承兑行、议付行或者当信用证是自由议付时要求信用证中特别授权的转让银行,将信用证全部或部分转让给一个或者多个第二受益人使用的信用证。信用证中要明确注明"可转让"字样,且只能转让一次
	不可转让信用证	受益人不能将信用证的权利转让给他人的信用证。信用证中未注明"可转让"字样的都是不可转让信用证
信用证是否附有汇票或货运单据	跟单信用证	附有汇票或货运单据的信用证,单据可以是海运提单或者证明货物已交运的铁路运单、航空运单和邮包收据
	光票信用证	未附有汇票或货运单据的信用证。银行凭借这类信用证付款时不需要受益人随附货运单据,但可以要求受益人附交一些非货运单据,如商业发票
付款时间	即期信用证	开证行或付款行收到与信用证条款相符的跟单汇票或货运单据立即付款的信用证
	远期信用证	开证行或付款行收到信用证规定的单据后,在规定期限内履行付款义务即可的信用证

续上表

分类依据	类型	概述
第三方银行是否保证兑付	保兑信用证	由第三方保兑银行对开证行开出的信用证进行保兑，保证在提交符合信用证条款规定的单据时履行付款义务
	不保兑信用证	没有第三方保兑银行对开证行开出的信用证进行保兑，即在提交符合信用证条件规定的单据时，没有第三方银行保证履行付款义务

不同类型的信用证，其主要当事人有所不同，但都在图6-14中的这些当事人范围内。

信用证的当事人：

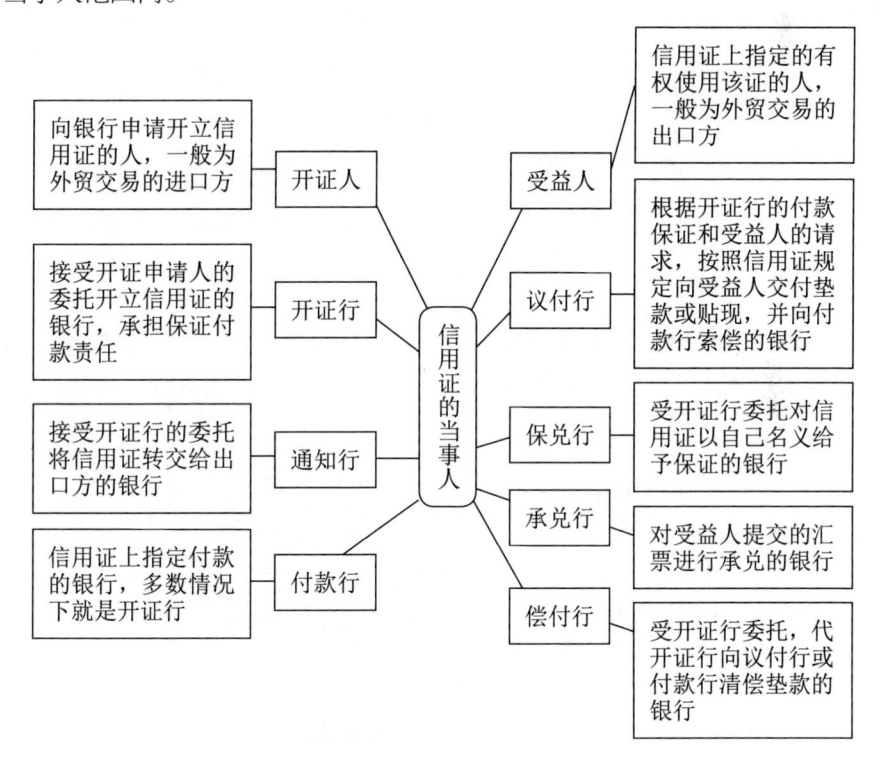

- 开证人：向银行申请开立信用证的人，一般为外贸交易的进口方
- 开证行：接受开证申请人的委托开立信用证的银行，承担保证付款责任
- 通知行：接受开证行的委托将信用证转交给出口方的银行
- 付款行：信用证上指定付款的银行，多数情况下就是开证行
- 受益人：信用证上指定的有权使用该证的人，一般为外贸交易的出口方
- 议付行：根据开证行的付款保证和受益人的请求，按照信用证规定向受益人交付垫款或贴现，并向付款行索偿的银行
- 保兑行：受开证行委托对信用证以自己名义给予保证的银行
- 承兑行：对受益人提交的汇票进行承兑的银行
- 偿付行：受开证行委托，代开证行向议付行或付款行清偿垫款的银行

图6-14 信用证的当事人

上述当事人在履行自己的义务和享受权利时，有以下注意事项：

①受益人发现收到的信用证内容与合同内容不符的，应要求开证行修改，开证行不修改的，可与进口方沟通，让其向开证行申请修改，否则受

益人可以拒绝接受信用证。

②开证行在信用证交单后倒闭或无理由拒付的，受益人可直接要求开证人付款；开证行在信用证被使用前倒闭的，受益人可要求开证人另开信用证；收款前开证人破产的，受益人可停止货物装运并自行处理。

③开证行有权拒收受益人或议付行提交的不符单据；付款人/开证人无力付款赎单的，开证行可处理单、货，货不足款时，可向开证人追索余额。

④通知行只需证明信用证的真实性，不承担其他义务。

⑤议付行有拒绝议付的权利，如果决定议付，则议付后可以自行处理单据；如果议付后开证行倒闭或借口拒付，议付行可以向受益人追回垫款。

⑥付款行有权付款或不付款，但付款后就无权向受益人或汇票持有人追索。

⑦保兑行不可以撤销确定的承诺；独立对信用证负责，即付款后只能向开证行索偿，开证行拒付或倒闭的，无权向受益人和议付行追索。

4. 银行保函

银行保函与信用证之间虽有相似之处，但差异更多。银行保函不只有进出口贸易适用的类型，也有其他类型，常见的如图 6-15 所示。

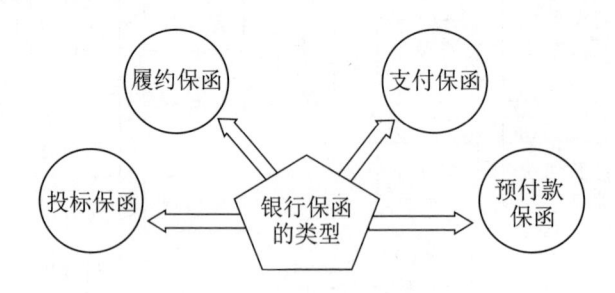

图 6-15 常见的银行保函类型

而进出口贸易中的银行保函属于履约保函，可细分为进口履约保函和出口履约保函。进口履约保函是指担保人根据进口方的申请，开给出口方的保证承诺，保函通常约定：在出口方按期交货后，如果进口方未按合同约定付款，由担保人负责偿还货款。

出口履约保函是指担保人根据出口方的申请，开给进口方的保证承诺，保函通常约定：如果出口方未能按合同约定交货，由担保人赔偿进口方的损失。

银行保函的当事人，其各自承担的责任如图6-16所示。

①申请人	②受益人	③担保人
向银行申请开立保函的人。履行合同有关义务，并在担保人履行付款义务后对其进行货款清偿	收到银行保函且有权根据保函规定向银行索偿的人。需要履行合同有关义务	也称保证人，一般为开立保函的银行。当受益人提出索赔时，对受益人提交的索赔书、保函及其他资料与保函条件审核一致，然后向受益人支付保函规定的金额

银行保函的当事人及其承担的责任

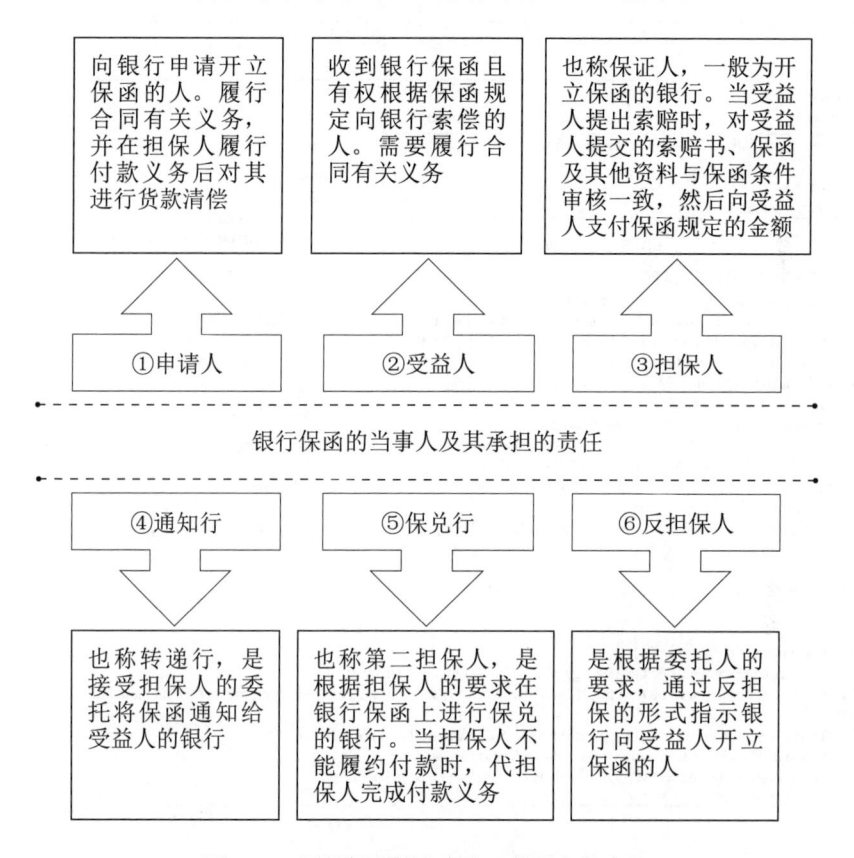

④通知行	⑤保兑行	⑥反担保人
也称转递行，是接受担保人的委托将保函通知给受益人的银行	也称第二担保人，是根据担保人的要求在银行保函上进行保兑的银行。当担保人不能履约付款时，代担保人完成付款义务	是根据委托人的要求，通过反担保的形式指示银行向受益人开立保函的人

图6-16　银行保函的当事人及其承担的责任

⑰ 关于信用证开证申请书与信用证的标准格式

外贸企业向银行申请开立信用证时，需要填写信用证开证申请书，主要由银行工作人员提供给申请人填写。图6-17是某银行提供给信用证开立申请人使用的开证申请书，可参考使用。

```
IRREVOCABLE DOCUMENTARY CREDIT APPLICATION
TO:BANK OF CHINA ×× BRANCH                              Date:
□Issue by airmail    □With brief advice by teletransmission    Credit No.
□Issue by express delivery
□Issue by teletransmission(which shall be the operative instrument)
Applicant:                                              Beneficiary(Full name and address)



Advising Bank                                           Amount


Partial shipments          Transhipment                 Credit available with:
□allowed  □not allowed     □allowed   □not allowed      By
Loading on board/dispatch/taking in charge at/from      □sight payment    □acceptance
                                                        □negotiation
not later than                                          □deferred payment at
For transportation to:                                  against the documents detailed herein
                                                        □and beneficiary's draft(s) for     % of invoice value
□FOB      □CFR       □CIF       □or other terms         at      sight

Documents required:(marked with ×)
1.( )Signed commercial invoice in__copies indicating L/C No. and Contract No.
2.( ) Full set of clean on board Bills of Lading made out to order and blank endorsed, marked "freight [X]to collect [ ]prepaid[ ] showing freight amount" notifying THE APPLICANT WITH NAME AND ADDRESS.
( )Airway bills/cargo receipt/copy of railway bills issued by_____showing freight[ ]to collect/[ ]prepaid[ ]indicating freight amount" and consigned to_____.
3.( )Insurance Policy/Certificate in____copies for___% of the Invoice value showing claims payable in____in currency of the draft, blank endorsed, covering All Risks, War Risks and_____.
4.( )Packing List/Weight Memo in__copies indicating quantity,gross and weights of each package.
5.( )Certificate of Quantity/Weight in____copies issued by_____.
6.( )Ceritificate of Quality in____copies issued by[ ]manufacturer/[ ]pubic recognized surveyor____.
7.( )Certificate of Origin in___copies.
8.( )Beneficiary's certified copy of fax/ telex dispatched to the applicant within___days afer shipment advising L/C No.,name of
Other documents,if any

Description of goods.


Additional instructions:
1.( )All banking charges outside the opening bank are for beneficiary's account.
2.( )Documents must be presented within 10 days after date of issuance of the transport documents but within the validity of this credit.
3.( )Third party as shipper is not acceptable,Short Form/Blank back B/L is not acceptable.
4.( )Both quantity and credit amount____% more or less are allowed.
5.( )All documents must be sent to issuing bank by courier/speed post in one lot.
6.( )Other terms, if any
```

图 6-17　信用证开证申请书

从上图中可以知道信用证开证申请书的大致内容，外贸人员根据公司实际情况如实填写即可。

当银行审核申请人提交的资料，确认齐全且无误后，就会按照申请人的要求开立信用证，然后交给申请人。图 6-18 是某银行向申请人开立的信用证样式。

```
LETTER OF CREDIT
27:SEQUENCEOF TOTAL              1/1
40A:FORM OF DOCUMENTARY CREDIT   IRREVOCABLE
20:DOCUMENTARY CREDIT NUMBER     HKH123123
31C:DATE OF ISSUE                100705
31D: DATE AND PLACE OF Expiry    31 AUGUST 2010 IN CHINA
50:APPLICANT                     PROSPERITY INDUSTRIAL CO. LTD.
                                 342-3 FLYING BUILDING KINGDOM STREET HONGKONG
59:BENEFICIARY                   XIAMEN TAIXIANG IMP. AND EXP. CO. LTD.
                                 NO. 88 YILA ROAD 13/F XIANG YE BLOOK RONG HUA
                                 BUILDING, XIAMEN, CHINA
32B:CURRENCY CODE,AMOUNT         USD8,440.00
41D:AVAILABLE WITH BY            ANY BANK
42C:DRAFT AT                     AT 30 DAYS AFTER SIGHT
                                 FOR FULL INVOICE VALUE
42A:DRAWEE                       HONGKONG AND SHANGHAI BANKING CORP.HONGKONG
43P: Partial Shipments           ALLOWED
43T: Transshipment               NOT ALLOWED
44E: Port of loading             XIAMEN, CHINA
44F: Port of discharge           HONGKONG
44C: Latest Date of Ship         31 AUGUST 2010
45A: Descript of Goods           COMMODITY        AND   QUANTITY      UNIT PRICE
                                 SPECIFICATIONS
                                 1625/3D GLASS MARBLE   2000BOXES     USD2.39/BOX
                                 1641/3D GLASS MARBLE   1000BOXES     USD1.81/BOX
                                 2506D GLASS MARBLE     1000BOXES     USD1.85/BOX
                                 PACKAGE:10BOXES/CARTON
                                 SHIPPING MARK:
                                 P.7.
                                 HONGKONG
                                 NO. 1-400
                                 TRADE TERM:CIF HONGKONG BY VESSLE
46A:Documents required           +SIGNED COMMERCIAL INVOICE IN 3 COPIES INDICATING L/C
                                 NO. AND CONTRACT NO.
                                 +PACKING LIST/WEIGHT MEMO IN 3 COPIES INDICATING
                                 QUANTITY, GROSS AND WEIGHTS OF EACH PACKAGE
                                 +MANUALLY SIGNED CERTIFICATE OF ORIGIN IN 3 COPIES
                                 INDICATING THE NAME OF THE MANUFACTURER
                                 +FULL SET OF CLEAN ON BOARD BILLS OF LADING MADE OUT
```

图 6-18 信用证

信用证的内容会涉及多个时间期限，如信用证有效期、交单期、最迟装运期和双到期，外贸人员需准确理解这些时间期限的含义，简单介绍如图 6-19 所示。

理论上来说，信用证有效期（到期日）≥交单期＞最迟装船期。

实际工作中如果知道最迟装运期、信用证有效期和提单上的日期，外贸人员就可以推算出最迟交单日期。下面来看一个简单的例子。

```
                    信用证的各个时间期限

         最迟装船期                    到期日（信用
                                      证有效期）

                    交单期                        双到期
```

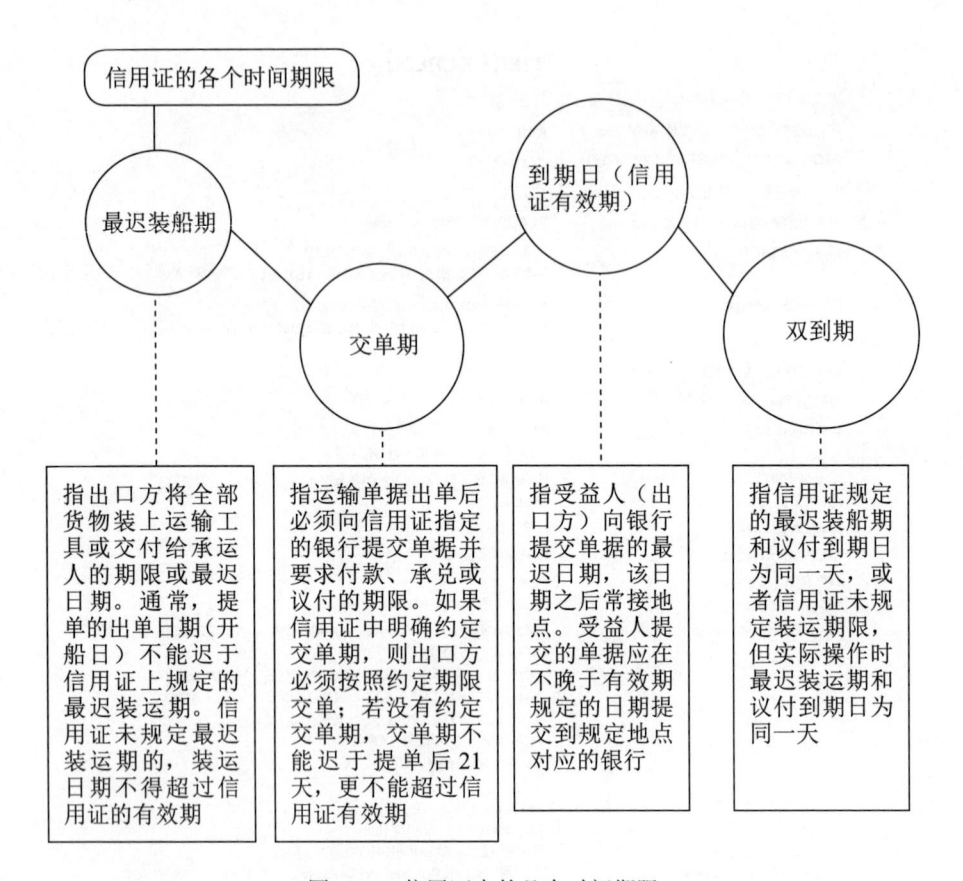

| 指出口方将全部货物装上运输工具或交付给承运人的期限或最迟日期。通常，提单的出单日期（开船日）不能迟于信用证上规定的最迟装运期。信用证未规定最迟装运期的，装运日期不得超过信用证的有效期 | 指运输单据出单后必须向信用证指定的银行提交单据并要求付款、承兑或议付的期限。如果信用证中明确约定交单期，则出口方必须按照约定期限交单；若没有约定交单期，交单期不能迟于提单后21天，更不能超过信用证有效期 | 指受益人（出口方）向银行提交单据的最迟日期，该日期之后常接地点。受益人提交的单据应在不晚于有效期规定的日期提交到规定地点对应的银行 | 指信用证规定的最迟装船期和议付到期日为同一天，或者信用证未规定装运期限，但实际操作时最迟装运和议付到期日为同一天 |

图 6-19 信用证中的几个时间期限

实用范例 通过已知的日期计算最迟交单日期

某外贸企业对外出售一批商品，收到的信用证注明最迟装运日期为2024年5月24日，且信用证的有效期至2024年5月31日。收到的海运提单写明日期为2024年5月15日，那么出口企业向银行交单的最晚日期是多久呢？

①信用证没有规定最晚交单日期，那么最晚交单日期不能迟于提单后21天。将提单日往后推算21天，即为2024年6月5日。

②但是，出口企业的最晚交单日不能超过信用证有效期，而信用证到期日为2024年5月31日，所以，该出口企业向银行交单的最晚日期为2024年5月31日。

如果该案例中的信用证规定了最晚交单期，则这个最晚交单日期不能超过信用证有效期。

08 认识银行保函的样式

不同类型的银行保函，其格式有些许差异，具体根据银行实际开出的保函为准。图 6-20 为某银行对外提供的履约保函格式。

Bank Guarantee
FOR CONTRACT PERFORMANCE GUARANTEE BOND
合同履约担保
银行保函

PROFORMA FOR PERFORMANCE BANK GUARANTEE 银行履约保函格式
(TO BE ISSUED ON STAMP PAPER OF REQUIRED VALUE)
（将按照要求值将保函在印花纸上开出）

This Guarantee ("Guarantee") made on this ___day of ______, 2011, by ______ registered under the laws of ______ having its head office at ______ and a branch office at ______ ______, hereinafter referred to as the "BANK" (which expression shall unless it be contradict to the context or meaning thereof mean and include its successors and assigns)

本保函（“保函”）由______银行制于2011年______月___日，该银行依照印度尼西亚法律注册成立，银行总部位于______及其______ ______分行，以下称作“银行”（除非与其语境和含义矛盾，否则该表述亦包括其继承者和指定人）。

IN FAVOUR OF:

受益人：

______ ______a company registered under the law of ______ with its registered office at ______ ______ ______ ______, hereinafter referred to as the "BUYER" (which expression shall unless it be contradicted to the context or meaning thereof mean and include its successors and assigns).

______ ______ 该公司根依照______法律注册，注册办公地点______ ______ ______，以下称为“买方”（除非与其语境和含义矛盾，否则该表述亦包括其继承者和指定人）

WHEREAS the BUYER has entered into a contract ref: ______ ______ ______ dated ______ ______, 2011 for supply and purchase of imported ______________________ on the terms and conditions mentioned therein, (the "Contract") with ______ ______ ______, a company registered under the laws of ______ and having its Registered Office at ________________ (hereinafter referred to as the "SELLER" which expression shall unless it be contradict to the context or meaning thereof, include its successors and assigns); AND WHEREAS it is a condition of the Contract that the SELLER shall provide a guarantee of a bank for a sum of ***US$*** ______ ***(US Dollar*** ______ ______ Only) to the BUYER on or before ________ to ensure the BUYER of the due and faithful performance of the entire Contract by the SELLER;

鉴于买方与依照______法律注册的注册办公地点位于________________的______ ______ ______**公司**（以下简称“卖方”，除非与其语境和含义矛盾，否则该表述亦包括其继承者和指定人），于2011年______月______日，签订了有关进口________________的采购与供应合同_____（以下称作“合同”），合同编号______，遵照相关条款：并且合同中有规定，卖方应当在在2011年______月______日或之前向买方提供金额为**US$** ______（______**美元整**）的银行担保，以向买方确保卖方可以适当的并且忠实的履行整个合同：并且

AND WHEREAS the Bank under instructions from the SELLER has agreed to give in favor of the BUYER this Guarantee for payment of the said Guaranteed Amount on demand, without demur, as hereinafter appearing.

图 6-20　银行保函

外贸企业在向银行申请办理保函时，需要提供的资料包括但不限于以下一些：

①"保函及贷款承诺申请书"。
②营业执照和法定代表人的证明文件。
③外贸合同、对外担保合同、标书及交易背景相关资料。
④经会计或审计师事务所审计的近期财务报表。
⑤反担保措施证明文件。
⑥银行要求提供的其他文件。

银行审查申请人提交的所有资料无误后，就会按规定向申请人开立银行保函。

09 要对外贸客户进行信用风险防范

外贸客户与出口企业之间存在着时间和空间上的双重信息不对称，对出口企业来说有着无法消除的客户信用风险。要想有效防范外贸客户信用风险，首先要知道风险类别，如图 6-21 所示。

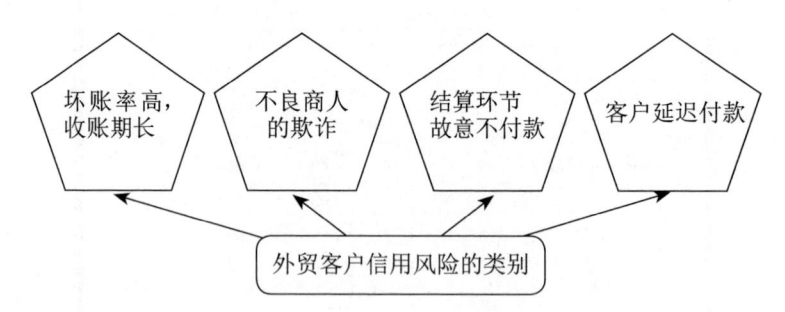

```
┌─────────┐  ┌─────────┐  ┌─────────┐  ┌─────────┐
│ 坏账率高，│  │ 不良商人 │  │ 结算环节 │  │ 客户延迟 │
│ 收账期长 │  │ 的欺诈  │  │ 故意不付款│  │ 付款    │
└────┬────┘  └────┬────┘  └────┬────┘  └────┬────┘
     └───────────┴──────┬─────┴───────────┘
                  ┌─────┴──────────┐
                  │ 外贸客户信用风险的类别 │
                  └────────────────┘
```

图 6-21　外贸客户信用风险的类别

那么外贸企业要如何防范客户信用风险呢？最根本的办法就是要时刻关注对方的动态，以及双方确定合适的支付方式。

1. 签约之前做好客户资信调查

对客户进行资信调查的范围可参考表 6-5 的内容。

表 6-5 客户资信调查的范围

调查方向	调查内容
客户公司的组织机构	包括企业性质、创建历史、主要负责人及其职务、分支机构、客户中英文名称和详细地址等
资信情况	包括企业的注册资本、资产负债率等资金情况,以及企业的经营作风、履约信誉等信用状况
经营范围	包括客户经营的商品种类、行业性质等
经营能力	包括客户每年营业额、常用销售渠道、经营方式以及客户在当地和国际市场上的贸易关系好坏等

了解客户资信调查范围还不够,外贸企业还需及时建立客户资信管理档案,以便业务部门开发和筛选客户。

2. 在了解过程中建立客户授信制度

外贸企业需要建立外贸客户授信制度,以此规范外贸人员对客户信用的分析、评价和判断,从而准确确定外贸客户的信用额度。

客户授信制度中必然包括信用政策,信用政策由信用标准、信用条件组成。

3. 签约后进行必要的信用控制

外贸企业与境外客户签订外贸合同后,对客户进行的信用控制包括履约能力控制、应收账款跟踪管理和账龄分析,简单说明如图 6-22 所示。

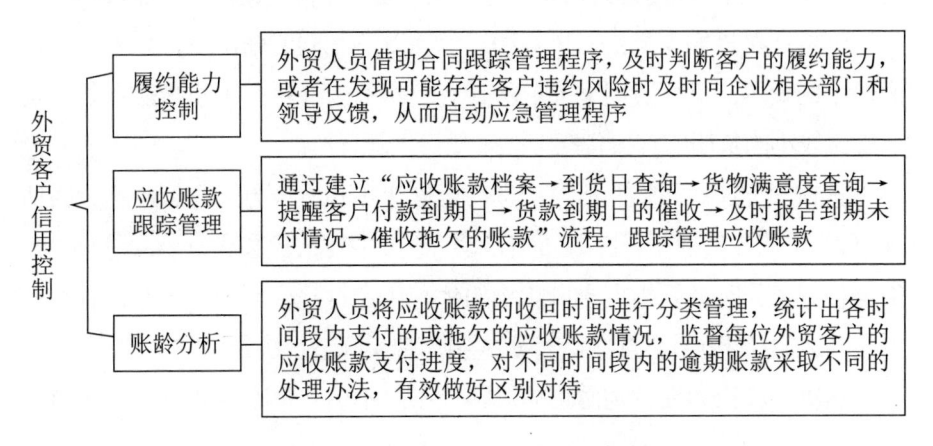

外贸客户信用控制
- 履约能力控制:外贸人员借助合同跟踪管理程序,及时判断客户的履约能力,或者在发现可能存在客户违约风险时及时向企业相关部门和领导反馈,从而启动应急管理程序
- 应收账款跟踪管理:通过建立"应收账款档案→到货日查询→货物满意度查询→提醒客户付款到期日→货款到期日的催收→及时报告到期未付情况→催收拖欠的账款"流程,跟踪管理应收账款
- 账龄分析:外贸人员将应收账款的收回时间进行分类管理,统计出各时间段内支付的或拖欠的应收账款情况,监督每位外贸客户的应收账款支付进度,对不同时间段内的逾期账款采取不同的处理办法,有效做好区别对待

图 6-22 对外贸客户进行的信用控制

6.3 关于出口货物运输结算的问题解答

外贸企业出口货物运输结算环节要做的事情不比在备货检验、报价签约和投保报关等环节少，而且运输结算直接关系到交易能否顺利完成以及完成效果。有很多疑问很正常，重要的是要能在遇到问题时知道该怎么做。

⑩ 按照自己的出口情况应该选择租船还是订舱

问 公司近期有一批商品销往海外，件数较多，是选择租船合适还是订舱合适呢？

答 实际上，租船和订舱唯一的区别在于货物运输规模的不同。件数多不代表货物体积大，因此，在选择租船还是订舱时，从货物体积或者重量入手，尤其是货物体积。如果公司出口货物件数多，体积大，可以选择租船方式，一只或者多只；如果自认为体积大，但实际体积仍远远小于一整只船的载量，则可以选择订舱方式。毕竟一整只船上有多个舱位，租舱位就能运送的货物，没有必要花大价钱租船了。

然而实际租船订舱时，外贸人员还可能遇到这样的情况，公司需要出口的货物，可以选择租一艘比较小的货船，也可以选择租一艘大货船上面的一个或几个舱位，此时又该如何选择呢？要衡量对比的因素就比较多了。

价格：在货物安全性、风险和运输速度均相同的情况下，如果租一艘比较小的货船比订大货船上的舱位便宜，那么选择租一艘小货船；如果租一艘比较小的货船比订大货船上的舱位贵，就订舱。

货物安全性和面临的风险：货物运输速度和价钱等方面相差不大的情况下，肯定选择货物安全性高、面临风险更小的选择，比如大货船，经验丰富、货流稳定，此时就要根据出口货物的体积决定订几个舱位。当然，有些小货船的运输经验也比较丰富，外贸人员需视实际情况决定。

运输速度：如果货物面临的风险大小差不多，那么就要对比运输速度和价钱了。由于大货船运载量较大，在航线上耽误的时间就可能更长，因此需要快速运输的就要考虑小货船，到货时间充裕的则可以考量价格因素，小货船价格比订大货船的舱位价格低，就订小货船，反之订大货船的舱位。当然，实际上小货船的运输速度也不一定快，所以外贸人员还是需要综合考量价格、货物安全性和面临风险、运输速度这三个要素，选择一种风险较低、速度较快且价格比较合理的方式。

⑪ 开通舱单系统有什么资质要求

问 公司是一家普通的生产型企业，现在在单一窗口可以自行录入报关单申报，但是舱单部分需要专门请人录入，是否可以自行录入舱单发送呢？如果不行，开通公路舱单系统有什么具体要求吗？

答 如果公司具备舱单传输人资质，可以向海关传输舱单电子数据；如果没有相关资质，可以按照《中华人民共和国海关进出境运输工具舱单管理办法》等有关规定，办理舱单及相关电子数据传输人备案手续。在进出境公路运输方面，公路运营企业、货运代理企业、快件经营人、海关监管作业场所经营人和理货部门可向海关申请办理舱单及相关电子数据传输人备案，具体舱单传输人备案手续可在当地公路口岸海关办理。

⑫ 公式定价二次结算的时限是多久

问 根据中华人民共和国海关总署的相关规定，自货物申报进口之日起6个月内，能够根据合同约定的定价公式确定结算价格；纳税人义务人应在公式定价货物结算价格确定之日起30日内向海关提供确定结算价格的相关材料，办理报关单修改手续以及税款缴纳和其他海关手续。如果实际业务中，时限超过了"货物结算价格确定之日起30日"，但是在自货物申报进口之日起6个月的时间内，且最初征税项目使用保单担保，后续该怎么操作？是不是在保单失效前或上述提及的6个月内都可以向海关办理最终结算和相关缴税手续？

答 根据中华人民共和国海关总署《关于公式定价进口货物完税价格确定有关问题的公告》以及《中华人民共和国海关事务担保条例》等的规定，纳税义务人应在规定时间内履行担保义务，办理海关手续，未能履行法律义务的，海关可以从担保权利中抵缴。也就是说，公司如果超过了"货物结算价格确定之日起30日"的期限，就不能再办理报关单修改手续以及税款缴纳和其他海关手续。后续操作需要按照海关的要求和指示办理，具体看当地海关规定。

⑬ 客户要求免费样品是否采取快递到付的方式

问 外贸公司经营过程中经常遇到客户要求免费样品，然后对方给一个付款账户，用于其支付运费，并承诺收到样品后付款，这样能行吗？

答 不行，这么做对出口公司来说存在风险。如果公司应客户要求，向对方免费发送了一份样品，很可能在客户签收了样品以后被对方拒绝付款，最终快递公司找到出口公司要求支付运费。此时，如果遇到讲理的客户，还能要回运费，如果遇到流氓客户，对方直接拒绝付款。那么，外贸公司怎样做来避免这类风险呢？如图6-23所示。

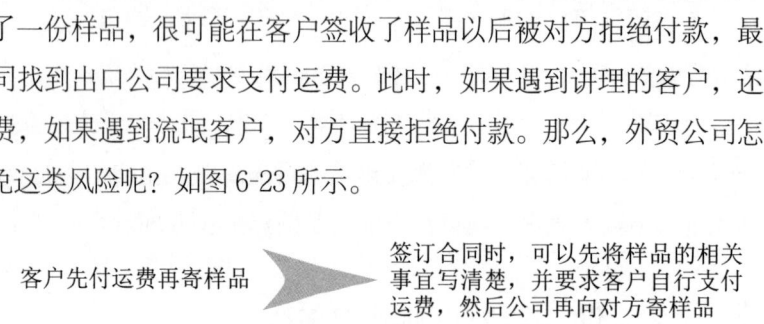

客户先付运费再寄样品	→	签订合同时，可以先将样品的相关事宜写清楚，并要求客户自行支付运费，然后公司再向对方寄样品
让客户自行联系快递公司下订单，然后将免费样品交给快递公司发货	←	客户自行找快递下单

图6-23 应对免费样品运输风险的措施

⑭ 如何有效防止客户到港弃货

问 外贸公司与客户签订合同，双方约定客户先支付15%的定金，剩余货款通过提单副本支付。但是，当货物到达目的港后，客户又提出收货后再付款，外贸公司当然不同意，此时客户表示不想要货了，这就是到港弃货。外贸公司很可能面临货物不受掌控的风险，那么，如何才能避免这样的事情发生呢？

答 如果发生到港弃货，对出口企业来说会面临很多麻烦甚至损失，可以采取的预防措施如图 6-24 所示。

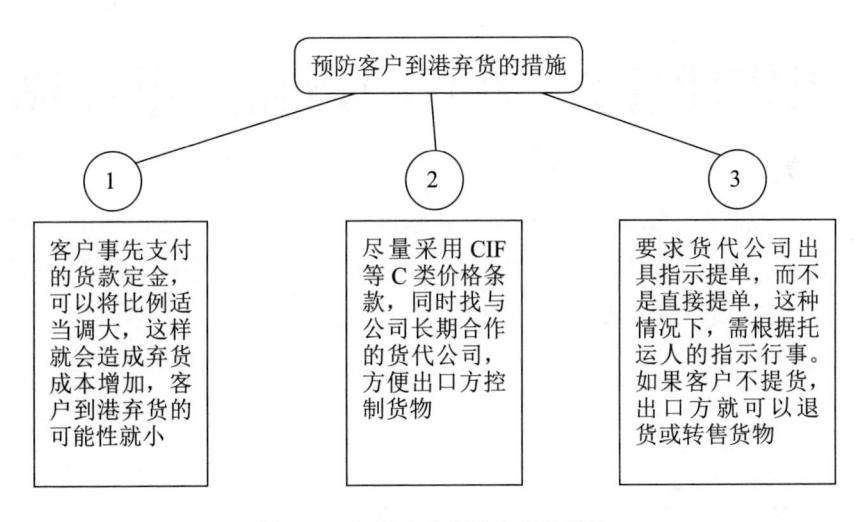

```
                    预防客户到港弃货的措施
         ┌──────────────────┼──────────────────┐
         ①                  ②                  ③
   客户事先支付        尽量采用 CIF       要求货代公司出
   的货款定金，       等 C 类价格条      具指示提单，而不
   可以将比例适       款，同时找与       是直接提单，这种
   当调大，这样       公司长期合作       情况下，需根据托
   就会造成弃货       的货代公司，       运人的指示行事。
   成本增加，客       方便出口方控       如果客户不提货，
   户到港弃货的       制货物             出口方就可以退
   可能性就小                            货或转售货物
```

图 6-24 预防客户到港弃货的措施

第 7 章

出口退税：争取己方权益不迷糊

与内销业务还有一点不同的是，出口业务涉及退税，这是国家为了鼓励出口而出台的税收优惠政策，可以使出口货物的整体税负归零，有效避免国际双重课税。这显然对出口企业有利，所以企业和外贸人员有必要了解。

7.1 按程序办理出口退税

外贸企业一定要按流程申请办理出口退税手续,需要具备一定的条件,出口退税才会成功。

❶ 出口退税要符合相应的条件

根据我国相关规定,外贸企业出口退税必须同时满足四个条件,如图7-1所示。

外贸企业出口退税必须满足的四个条件:

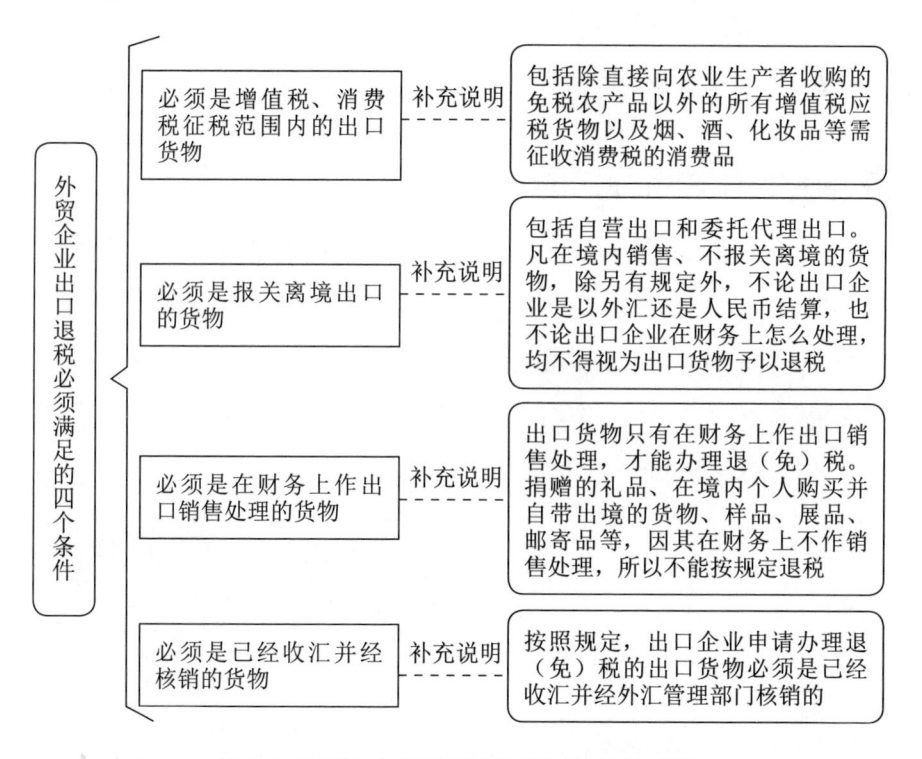

- 必须是增值税、消费税征税范围内的出口货物 —— 补充说明:包括除直接向农业生产者收购的免税农产品以外的所有增值税应税货物以及烟、酒、化妆品等需征收消费税的消费品
- 必须是报关离境出口的货物 —— 补充说明:包括自营出口和委托代理出口。凡在境内销售、不报关离境的货物,除另有规定外,不论出口企业是以外汇还是人民币计算,也不论出口企业在财务上怎么处理,均不得视为出口货物予以退税
- 必须是在财务上作出口销售处理的货物 —— 补充说明:出口货物只有在财务上作出口销售处理,才能办理退(免)税。捐赠的礼品、在境内由个人购买并自带出境的货物、样品、展品、邮寄品等,因其在财务上不作销售处理,所以不能按规定退税
- 必须是已经收汇并经核销的货物 —— 补充说明:按照规定,出口企业申请办理退(免)税的出口货物必须是已经收汇并经外汇管理部门核销的

图7-1 外贸企业出口退税必须满足的四个条件

注意,如果是有进出口经营权的生产企业、委托外贸企业代理出口的生产企业或外商投资企业,申请办理出口货物退(免)税时除了要同时满足上述四个条件,还需满足一个条件,即申请退(免)税的货物必须是生

产企业的自产货物或视同自产货物才能办理退（免）税。

当然，无论是外贸企业还是生产企业，要想享受出口退税优惠，自身要满足最基础的资质条件，如图7-2所示。

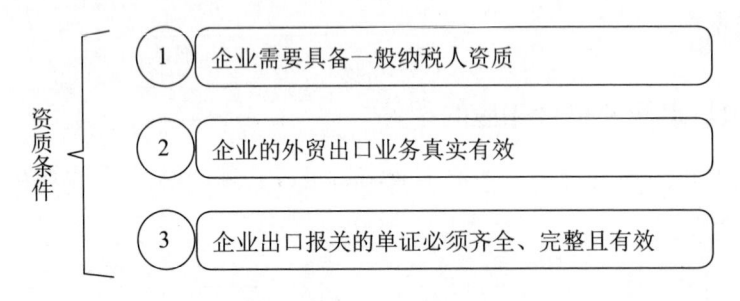

资质条件：
1. 企业需要具备一般纳税人资质
2. 企业的外贸出口业务真实有效
3. 企业出口报关的单证必须齐全、完整且有效

图7-2 申请出口退税的企业须满足的资质条件

02 确定出口退税依据和退税率

出口货物的退税依据会因为企业性质不同而有所差别，通常从外贸企业和生产企业两个方面区分。

1. 外贸企业的出口退税依据

外贸企业出口货物的退税依据又可以分为增值税和消费税的退税依据。增值税的退税依据有两种情况，如图7-3所示。

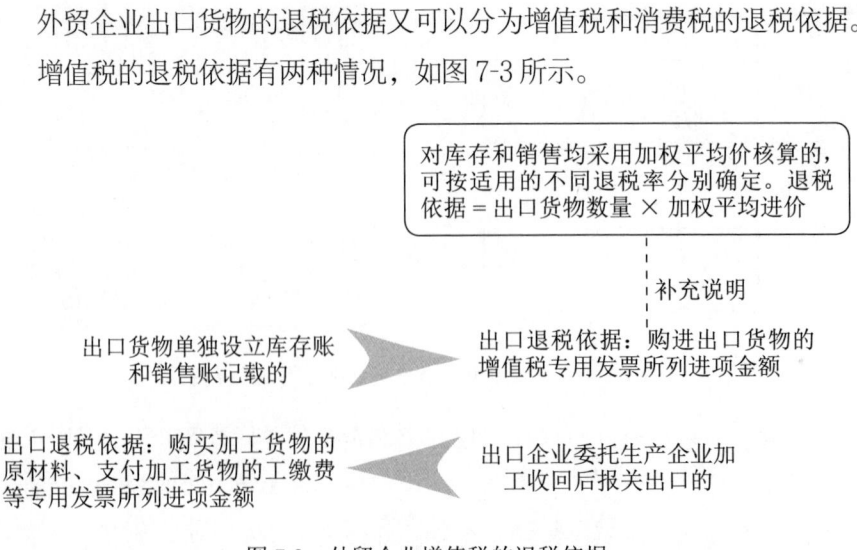

补充说明：对库存和销售均采用加权平均价核算的，可按适用的不同退税率分别确定。退税依据＝出口货物数量×加权平均进价

- 出口货物单独设立库存账和销售账记载的 → 出口退税依据：购进出口货物的增值税专用发票所列进项金额
- 出口退税依据：购买加工货物的原材料、支付加工货物的工缴费等专用发票所列进项金额 ← 出口企业委托生产企业加工收回后报关出口的

图7-3 外贸企业增值税的退税依据

外贸企业出口货物的消费税退税依据也分两种情况,如图7-4所示。

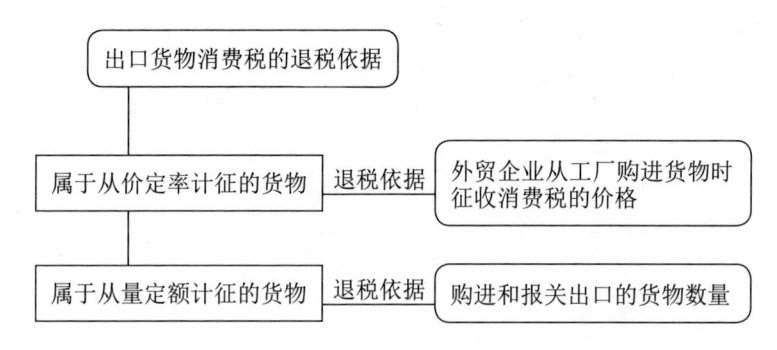

```
出口货物消费税的退税依据
├── 属于从价定率计征的货物 ──退税依据──→ 外贸企业从工厂购进货物时征收消费税的价格
└── 属于从量定额计征的货物 ──退税依据──→ 购进和报关出口的货物数量
```

图7-4 出口货物消费税的退税依据

2. 生产企业的出口退税依据

生产企业出口退税依据也可以从增值税和消费税两方面了解。

增值税的出口退税依据可按照图7-5中的思路确定。

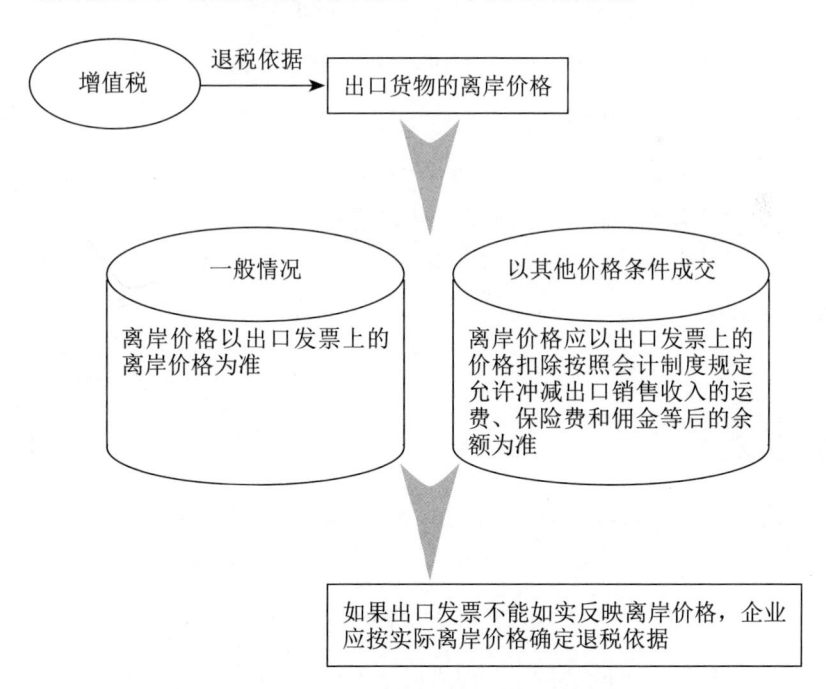

```
增值税 ──退税依据──→ 出口货物的离岸价格
              ↓
  ┌───────────────┬───────────────┐
  一般情况            以其他价格条件成交
  离岸价格以出口发票上的   离岸价格应以出口发票上的
  离岸价格为准         价格扣除按照会计制度规定
                    允许冲减出口销售收入的运
                    费、保险费和佣金等后的余
                    额为准

如果出口发票不能如实反映离岸价格,企业
应按实际离岸价格确定退税依据
```

图7-5 生产企业增值税的出口退税依据

注意，新发生出口业务的生产企业自发生第一笔出口业务之日起12个月内的出口业务不计算当期应退税额；未抵扣完的进项税额结转下期继续抵扣，从第13个月开始按照免抵退税计算公式计算当期应退税额。

生产企业自营或者委托外贸企业代理出口的消费税应税货物的消费税退税依据有两种情况，如图7-6所示。

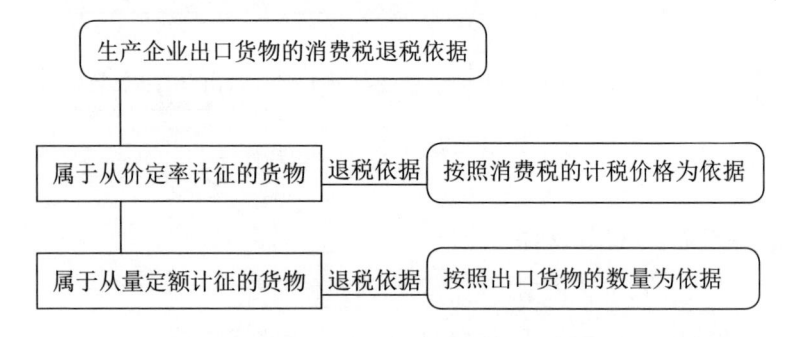

```
生产企业出口货物的消费税退税依据
├── 属于从价定率计征的货物 ─退税依据→ 按照消费税的计税价格为依据
└── 属于从量定额计征的货物 ─退税依据→ 按照出口货物的数量为依据
```

图7-6　生产企业出口货物的消费税退税依据

注意，来料加工复出口货物的外销收入属于免税收入，不计算退税，也就不存在退税依据的说法。

出口货物的退税率会因为商品类型以及时间推移而不同，变化较大。外贸人员如果需要了解实时退税率，可以通过"国家税务总局"官网查看。

进入国家税务总局官网首页，单击页面上方的"纳税服务"选项卡，如图7-7所示。

图7-7　单击"纳税服务"选项卡

进入纳税服务页面，在"我要查"板块中单击"出口退税率查询"选项卡，如图7-8所示。

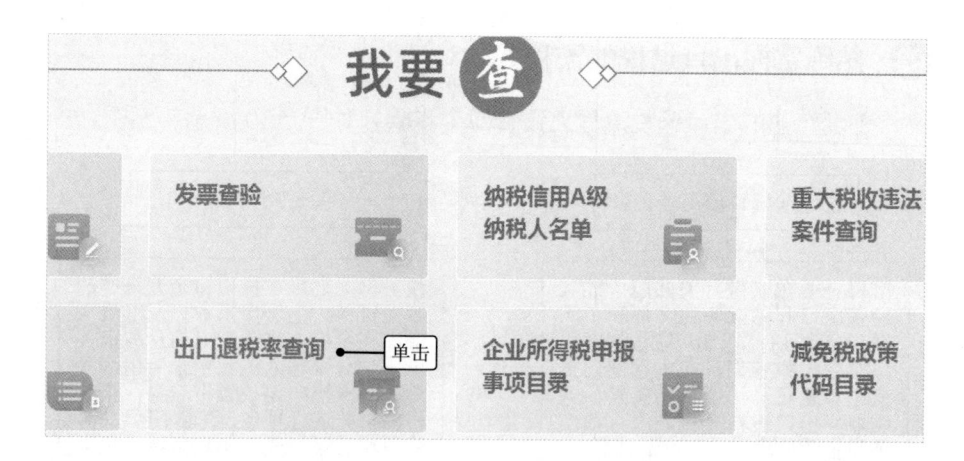

图7-8 单击"出口退税率查询"选项卡

在打开的页面中输入所需查询的商品代码或名称,单击"提交"按钮,即可在页面下方查看到商品的退税率信息,如图7-9所示。

图7-9 输入商品代码或名称查询退税率

❸ 熟练掌握出口退税的流程

外贸企业的出口退税流程大致有四个步骤，如图7-10所示。

① 送验资料填写登记表

出口企业在取得有关部门批准其经营出口产品业务的文件和工商登记证明后，在30天内办理出口企业退税登记，向主管部门提交出口退税登记所需的资料，并领取"出口退税登记表"，如实填写企业信息和出口产品情况

② 等待主管机关预审

税务机关初步审核出口企业报送的申报资料、电子申报数据及纸质凭证，齐全的，将缴款书信息与报关单信息分别输入退税申报专用程序后，制成出口退税预审软盘，报送税务机关进行预审，预审不通过的，税务机关不予受理出口货物退税申报，并当即向出口企业提出改正、补充资料、凭证的要求

④ 主管机关办理出口退税登记

确认无误后，为企业办理出口退税登记

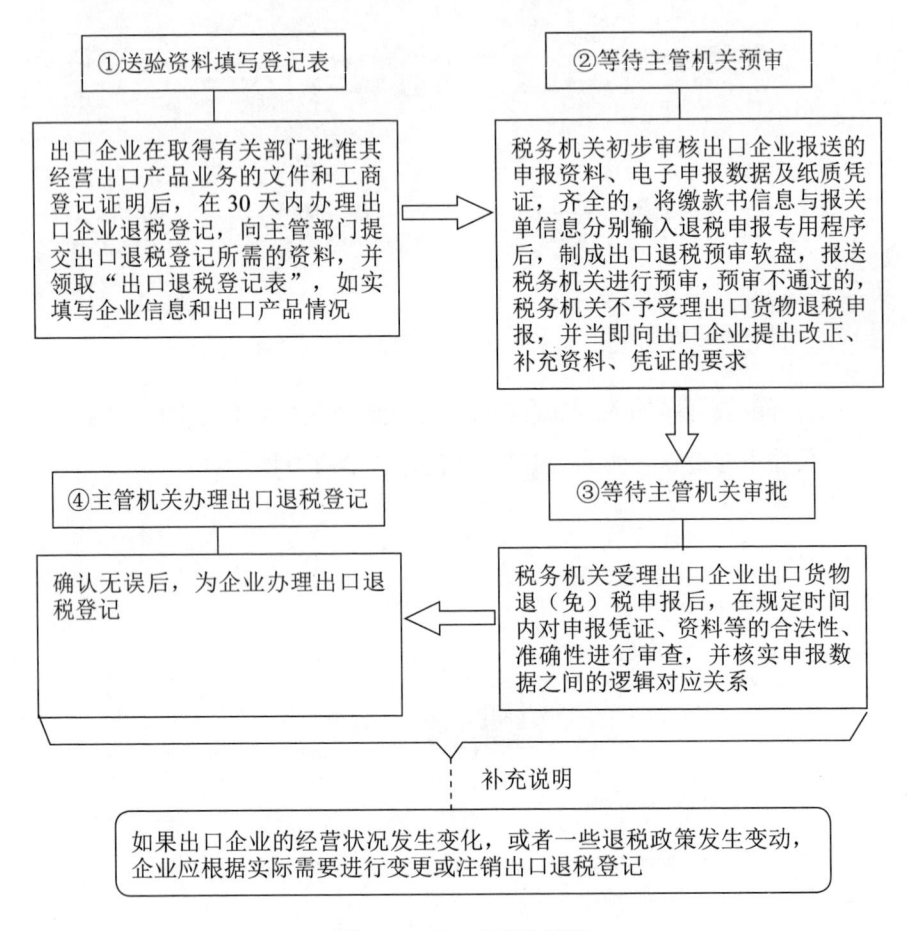

③ 等待主管机关审批

税务机关受理出口企业出口货物退（免）税申报后，在规定时间内对申报凭证、资料等的合法性、准确性进行审查，并核实申报数据之间的逻辑对应关系

补充说明

如果出口企业的经营状况发生变化，或者一些退税政策发生变动，企业应根据实际需要进行变更或注销出口退税登记

图7-10 出口退税的流程

信息拓展 变更出口退税登记的范围

出口企业需要办理变更出口退税登记的范围包括：改变企业名称、代码，改变法定代表人、财务经理或办税员，增设或撤销分支机构，改变住所或经营地址，改变生产经营范围或经营方式，增减注册资本，改变生产经营期限，改变或增减开户银行基本账号，改变其他税务登记内容。

外贸企业申请出口退税可以在网上进行，如"中国国际贸易单一窗口"官网，申报时要区分外贸版和生产版。

进入中国国际贸易单一窗口官网首页，在页面上方单击"全部应用"按钮，在弹出的菜单列表中选择"口岸执法申报 - 出口退税"选项，在右侧的列表中根据需要单击"出口退税（外贸版）"或"出口退税（生产版）"超链接，如图 7-11 所示。

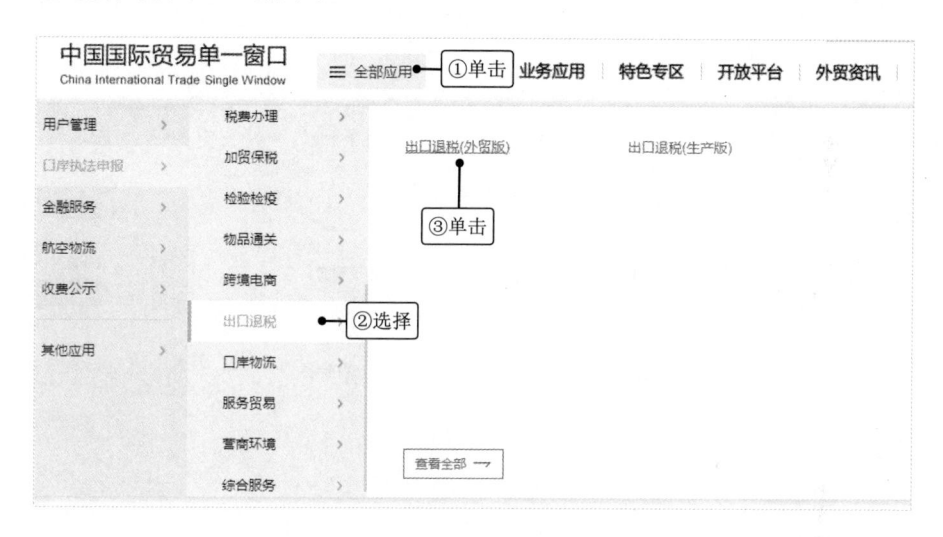

图 7-11　选择"出口退税"选项

在打开的页面中按照提示和指导操作，完成出口退税申报手续。

当然，有的企业还会通过专门的出口退税申报系统完成出口退税申报工作，这一专门系统需要通过出口退税咨询网下载、安装、使用。

进入出口退税咨询网官网首页，将鼠标光标移动到"产品服务"下拉按钮处，在弹出的菜单列表中单击"下载中心"选项卡，如图 7-12 所示。

进入下载中心页面，找到"外贸企业离线版申报软件"，单击"了解详情"按钮，如图 7-13 所示。

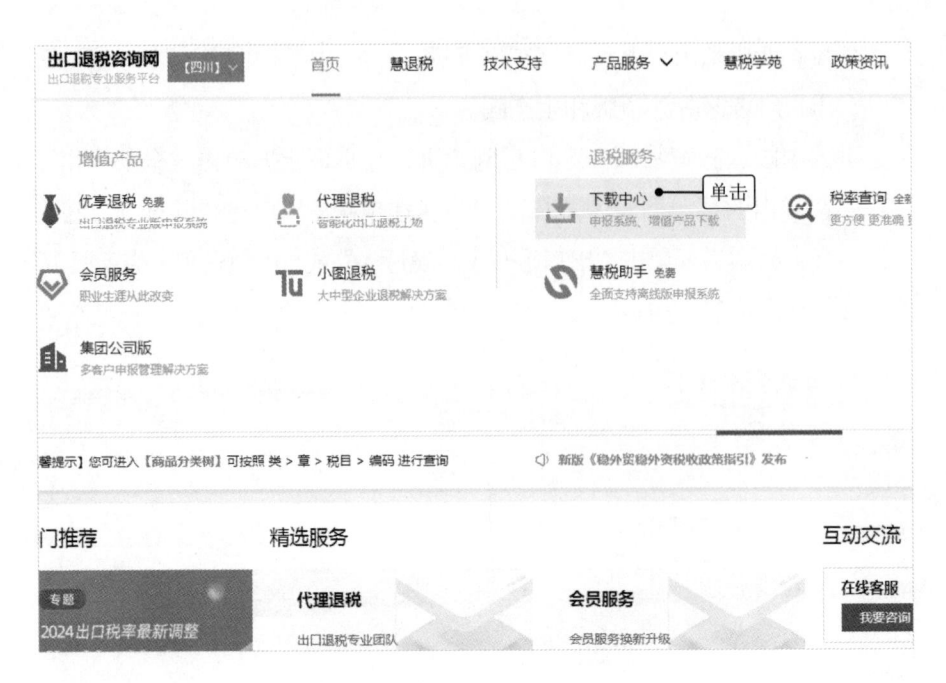

图 7-12 单击"下载中心"选项卡

图 7-13 单击"了解详情"按钮

进入申报软件下载页面,单击"安装包下载"按钮,如图 7-14 所示。

图 7-14 下载安装包

这里要注意，用户需要登录网站后才能进行安装包下载操作。

下载并安装后，外贸人员就可以使用"出口退税管理系统"了。在打开的界面中输入用户名（可以用公司名称）和密码，单击"确认"按钮，如图 7-15 所示。

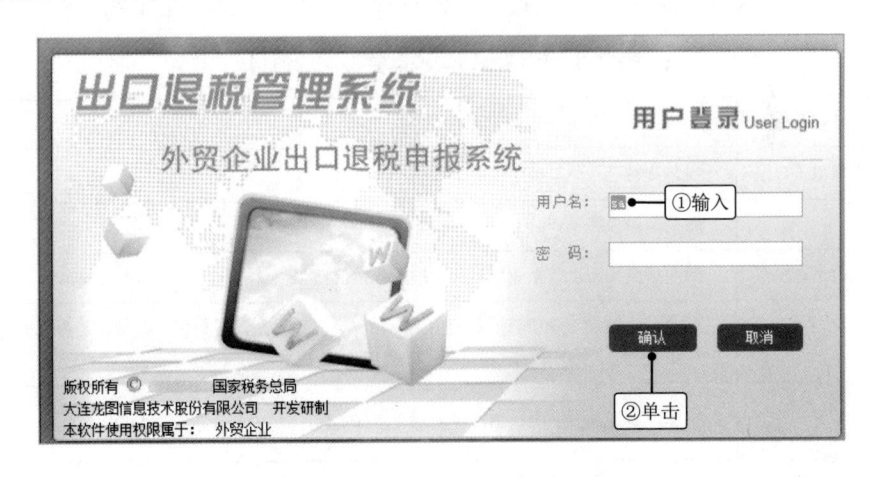

图 7-15 在登录界面填写用户名和密码

进入出口退税管理系统中的企业信息登记界面，出口退税申报人员可直接按照系统提示输入企业信息或直接导入企业信息，单击"确认"按钮，如图 7-16 所示。

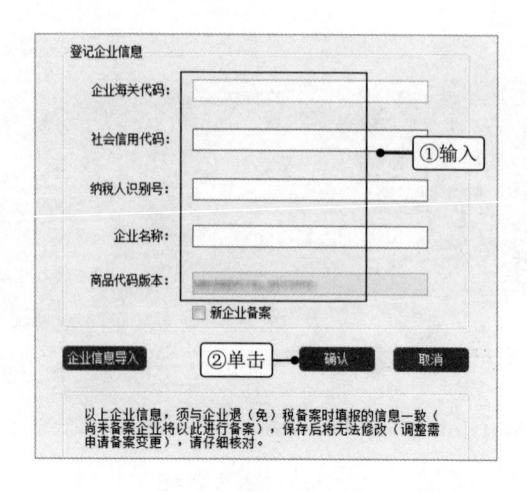

图 7-16 输入企业信息

之后就可以进行企业的出口退税申报了。

04 申请出口退税需要报送的资料

出口企业申请退税时需要报送的资料包括但不限于表 7-1 中的这些。

表 7-1 申请出口退税需要报送的资料

资料名称	简述
申报电子数据	出口货物退（免）税申报电子数据
报关单	海关凭借报关单查验
出口销售发票	海关据此判断出口企业出口货物的业务是否真实
进货发票	海关据此确定企业出口产品的供货单位、产品名称、计量单位、数量，是否是出口企业的销售价格，以便划分和计算确定其进货成本等
结汇水单或收汇通知书	主要用来辅助海关确认出口货物的业务真实性
货物运单或出口保险单	如果属于生产企业直接出口或委托出口的自制产品，凡是以到岸价 CIF 结算的，需附送出口货物运单和出口保险单
进口料件相关信息	这个资料主要针对有进料加工复出口产品业务的企业，需要向税务机关报送进口料件的合同编号、日期，进口料件的名称、数量，复出口产品的名称，进料成本金额以及实际缴纳的各种税金等

续上表

资料名称	简述
产品征税证明	由于税务机关实行"不征不退"的征税政策,因此要享受出口退税,就要保证产品属于征税产品,因此需要提供产品征税证明
出口收汇已核销证明	出口收汇已核销证明主要指出口收汇核销单(见图7-17)
与出口退税有关的其他材料	主管税务机关要求提供的其他资料

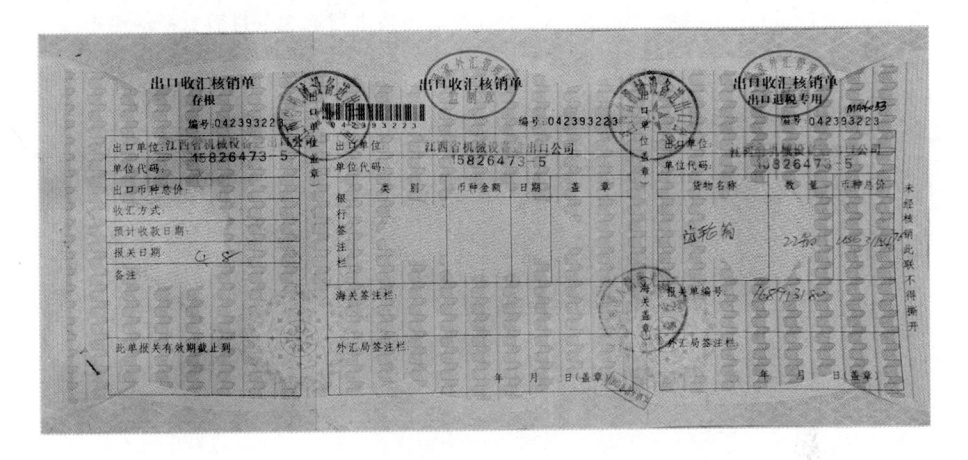

图 7-17　出口收汇核销单

05 按时完成出口退税手续的办理

外贸企业办理出口退税手续并不是交了货就可以,也不是外贸交易完成后任何时间都能办理,须知超过退税办理时限,税务机关将有权不予办理企业的出口退税申请。

因此,外贸企业须严格按照规定的时限完成出口退税申报手续的办理。而办理出口退税时涉及的四个时限如图7-18所示。

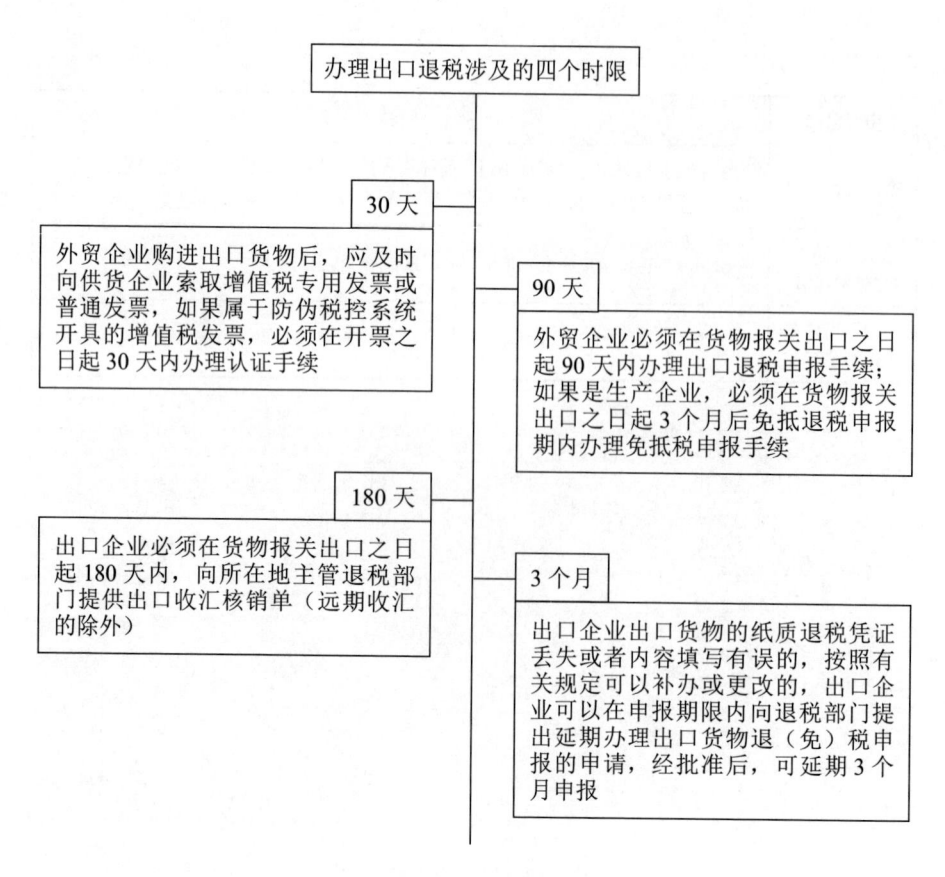

```
                办理出口退税涉及的四个时限

              ┌─ 30 天
              │
外贸企业购进出口货物后，应及时
向供货企业索取增值税专用发票或
普通发票，如果属于防伪税控系统       ┌─ 90 天
开具的增值税发票，必须在开票之
日起 30 天内办理认证手续            外贸企业必须在货物报关出口之日
                                起 90 天内办理出口退税申报手续；
                                如果是生产企业，必须在货物报关
                                出口之日起 3 个月后免抵退税申报
                                期内办理免抵税申报手续

              ┌─ 180 天
              │
出口企业必须在货物报关出口之日
起 180 天内，向所在地主管退税部     ┌─ 3 个月
门提供出口收汇核销单（远期收汇
的除外）                          出口企业出口货物的纸质退税凭证
                                丢失或者内容填写有误的，按照有
                                关规定可以补办或更改的，出口企
                                业可以在申报期限内向退税部门提
                                出延期办理出口货物退（免）税申
                                报的申请，经批准后，可延期 3 个
                                月申报
```

图 7-18 办理出口退税涉及的四个时限

对外贸企业和外贸人员来说，实际业务中还有其他时限需要注意，企业和外贸人员可根据工作经验确定，并严格按照各时限要求行事。

06 什么情况下办理注销出口退税登记

有些情况发生，出口企业只需要办理出口退税变更登记，但是有些情况的发生还需要出口企业办理出口退税注销登记。那么具体是哪些情况需要办理注销出口退税登记呢？如图 7-19 所示。

```
┌─────────────┐                              ┌─────────────┐
│    情形     │                              │    操作     │
└─────────────┘                              └─────────────┘
```

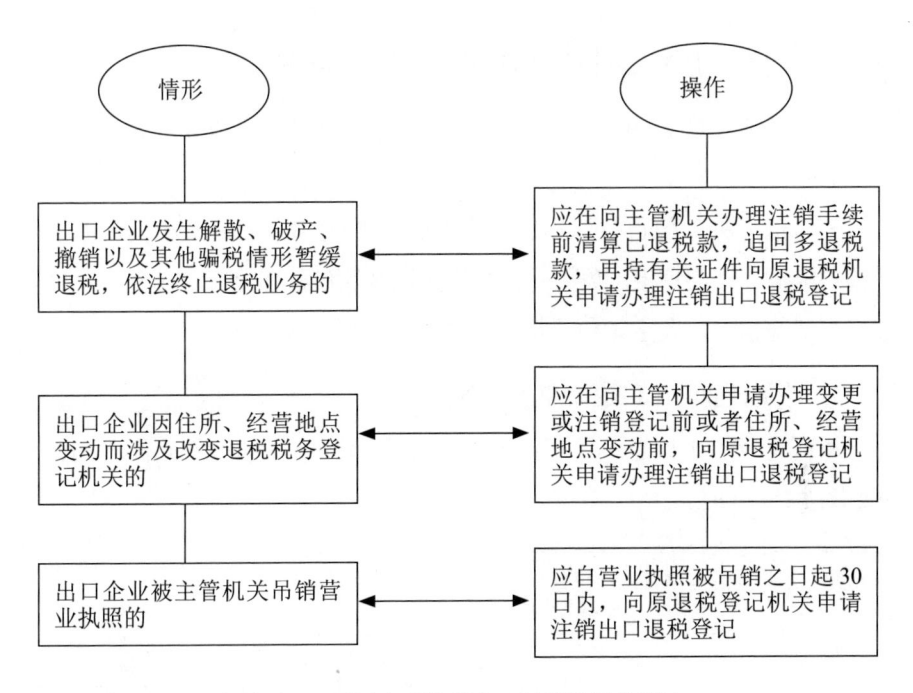

情形	操作
出口企业发生解散、破产、撤销以及其他骗税情形暂缓退税，依法终止退税业务的	应在向主管机关办理注销手续前清算已退税款，追回多退税款，再持有关证件向原退税机关申请办理注销出口退税登记
出口企业因住所、经营地点变动而涉及改变退税税务登记机关的	应在向主管机关申请办理变更或注销登记前或者住所、经营地点变动前，向原退税登记机关申请办理注销出口退税登记
出口企业被主管机关吊销营业执照的	应自营业执照被吊销之日起30日内，向原退税登记机关申请注销出口退税登记

图 7-19　需要办理注销出口退税登记的情况

注意，出口企业办理注销出口退税登记时，也需要提交一些资料，包括但不限于以下一些：

①上级主管部门批文或董事会、职代会的决议。外商投资企业应报送政府部门的批复和董事会决议。

②主管机关同意注销登记的证件或吊销营业执照的决定书。

③结清税款、罚款和滞纳金的缴款书复印件。

④税务机关要求提供的其他资料和证件。

7.2　与出口退税有关的其他事项

出口企业申请出口退税登记的手续非常复杂，仅前面内容并不算完整，实际办理过程中，还有一些备案手续是出口企业必须要在申请办理出口退税登记之前完成的。

07 申请出口退税要进行出口退（免）税备案

在本章前面内容中也提到过出口退（免）税备案，那么它究竟是怎么一回事呢？

出口退（免）税备案是指出口企业在申报出口退（免）税前向主管税务机关申请办理出口退（免）税企业备案以及后续的备案变更、备案撤回。不同类型的企业，向主管税务机关申请备案的操作不同。

1. 外贸企业的出口退（免）税备案

外贸企业的出口退（免）税备案手续会因为所处情境不同而不同，具体如图 7-20 所示。

```
外贸企业或其他单位首次向税务机关申报出口退（免）
税的，应向主管税务机关办理出口退（免）税备案
```

- 出口企业或者其他单位备案登记的内容发生变更的 ← 需要自变更之日起 30 日内办理备案变更 → 需要清税注销或者撤回备案的，应向主管税务机关申请办理撤回出口退（免）税备案手续

- 经营融资租赁货物出口业务的企业 ← 应在首份融资租赁合同签订之日起 30 日内，向主管税务机关办理经营融资租赁退税备案手续 → 融资租赁业务出租方退税备案内容变更或撤回的，需向主管税务机关办理备案变更或备案撤回手续

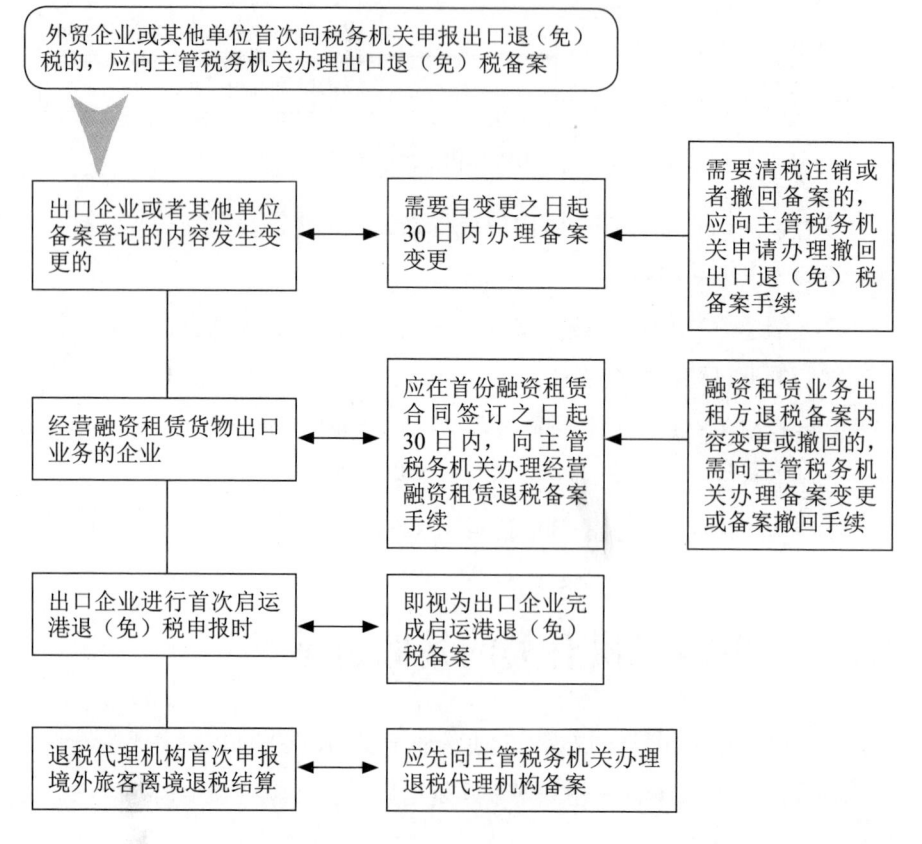

- 出口企业进行首次启运港退（免）税申报时 ← 即视为出口企业完成启运港退（免）税备案

- 退税代理机构首次申报境外旅客离境退税结算 ← 应先向主管税务机关办理退税代理机构备案

图 7-20 不同情形下的外贸企业出口退（免）税备案手续

外贸企业申请办理出口退（免）税备案时，除了需要提供"出口退（免）税备案表"及电子数据，还会因为不同的情形需要提供不同的材料，见表7-2。

表7-2 不同情形下需提供的材料

适用情形	材料名称
未办理备案登记发生委托出口业务的生产企业	委托代理出口协议一份
从事国际水路运输的增值税零税率应税服务提供者	"国际船舶运输经营许可证"复印件一份
从事国际航空运输的增值税零税率应税服务提供者	经营范围包括"国际航空客货邮运输业务"的"公共航空运输企业经营许可证"复印件或经营范围包括"公务飞行"的"通用航空经营许可证"复印件一份
从事国际公路运输的增值税零税率应税服务提供者	经营范围包括"国际运输"的"道路运输经营许可证"复印件和"国际汽车运输行车许可证"复印件一份
从事国际铁路运输的增值税零税率应税服务提供者	经营范围包括"许可经营项目：铁路客货运输"的"企业法人营业执照"或其他具有提供铁路客货运输服务资质的证明材料复印件一份
采用程租、期租和湿租方式租赁交通运输工具用于国际运输服务	程租、期租和湿租合同或协议复印件一份
对外研发服务、设计服务、技术转让服务	"技术出口合同登记证"复印件一份
从事航天运输的增值税零税率应税服务提供者	经营范围包括"商业卫星发射服务"的"企业法人营业执照"或国家国防科技工业局颁发的"民用航天发射项目许可证"或其他具有提供商业卫星发射服务资质的证明材料复印件一份
经营融资租赁业务出口货物	从事融资租赁业务资质证明一份、融资租赁合同复印件一份
境外旅客购物离境退（免）税代理机构办理出口退税备案	与省税务局签订的服务协议一份
办理变更出口退（免）税备案	"出口退（免）税备案表"及电子数据两份，有关变更项目的批准文件、证明材料复印件各一份；增值税零税率应税服务，应报送增值税零税率应税服务变更项目对应的资料一份

续上表

适用情形	材料名称
办理撤回出口退（免）税备案	"出口退（免）税备案表"及电子数据两份
办理撤回出口退（免）税备案时属于合并、分立、改制重组的	"企业撤回出口退（免）税备案未结清退（免）税确认书"一份，合并、分立、改制重组企业决议一份，合并、分立、改制重组企业章程一份，合并、分立、改制重组相关部门批件一份，承继撤回备案企业权利和义务的企业在撤回备案企业所在地的开户银行名称及账号一份
办理撤回出口退（免）税备案时属于放弃未申报或已申报但尚未办理的出口退（免）税的	放弃未申报或已申报但尚未办理的出口退（免）税声明一份

2. 生产企业委托代办退税备案

与生产企业委托代办退税备案有关的手续如图7-21所示。

符合条件的生产企业在已办理出口退（免）税备案后，首次委托综服企业代办退税前，应向主管税务机关办理委托代办出口退税备案

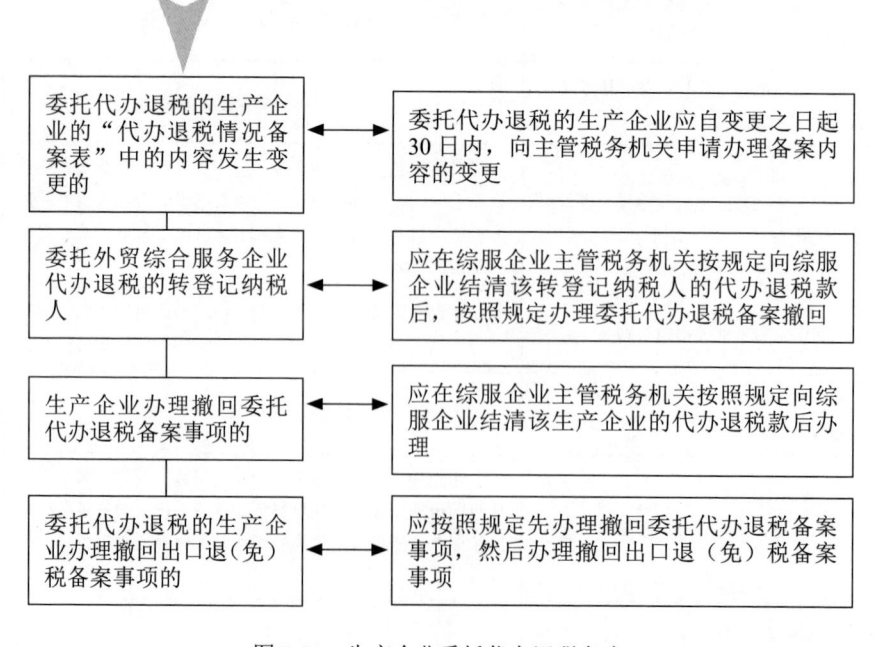

情形	处理
委托代办退税的生产企业的"代办退税情况备案表"中的内容发生变更的	委托代办退税的生产企业应自变更之日起30日内，向主管税务机关申请办理备案内容的变更
委托外贸综合服务企业代办退税的转登记纳税人	应在综服企业主管税务机关按规定向综服企业结清该转登记纳税人的代办退税款后，按照规定办理委托代办退税备案撤回
生产企业办理撤回委托代办退税备案事项的	应在综服企业主管税务机关按照规定向综服企业结清该生产企业的代办退税款后办理
委托代办退税的生产企业办理撤回出口退（免）税备案事项的	应按照规定先办理撤回委托代办退税备案事项，然后办理撤回出口退（免）税备案事项

图7-21 生产企业委托代办退税备案

生产企业委托代办退税备案的，需要提交的资料有：
①"代办退税情况备案表"及电子数据两份，其中电子数据一份。
②代办退税账户一份。

⓼ 申请出口退税后还要做单证备案

出口退税后单证备案很重要，可备查、防范风险、规范管理。单证备案是将与出口退税相关的各类单证进行归档保存。如何进行单证备案呢？具体操作步骤如图7-22所示。

一、确定备案范围
> 出口企业应根据税务部门的要求和自身实际情况，确定需要备案的单证种类和范围，通常与出口退税相关的发票、报关单、装箱单、提单等都需要备案

二、建立备案制度
> 企业应建立完善的单证备案制度，明确备案流程、责任人和存储要求等，同时还应定期对备案的单证进行整理和检查，确保备案制度有效执行

三、选择合适的存储方式
> 企业可根据自身实际情况和业务需求，选择纸质或电子存储方式。纸质单证应选择防火、防潮、防虫的存储地点；电子单证应确保存储设备的安全性和稳定性，并定期备份数据，以防数据丢失

四、加强员工培训和交易
> 企业应加强对员工的培训教育，提高员工对单证备案重要性的认识，同时还应要求员工在操作过程中严格遵守备案制度，确保备案工作准确、完整

图7-22　单证备案的操作步骤

外贸企业在进行单证备案的过程中，可能会遇到一些常见问题，知道如何处理和应对才能切实做好单证备案工作。图7-23是单证备案可能遇到的问题以及一些对应的处理办法。

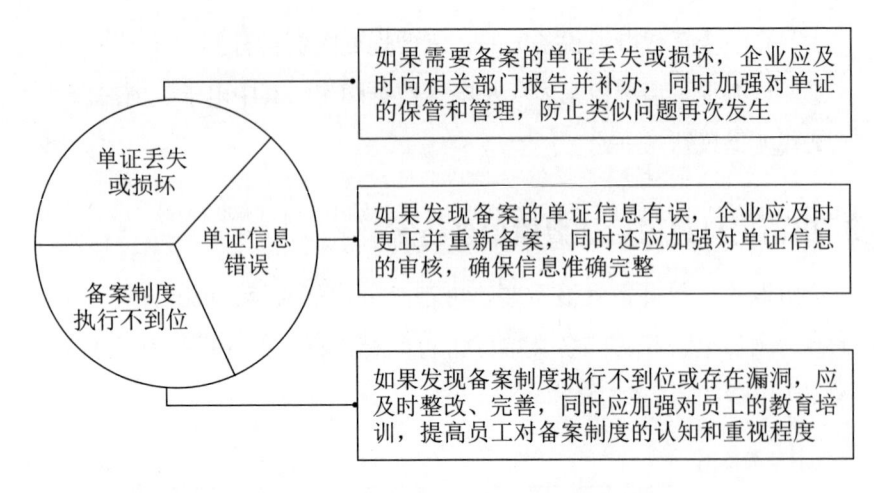

如果需要备案的单证丢失或损坏，企业应及时向相关部门报告并补办，同时加强对单证的保管和管理，防止类似问题再次发生

如果发现备案的单证信息有误，企业应及时更正并重新备案，同时还应加强对单证信息的审核，确保信息准确完整

如果发现备案制度执行不到位或存在漏洞，应及时整改、完善，同时应加强对员工的教育培训，提高员工对备案制度的认知和重视程度

单证丢失或损坏　单证信息错误　备案制度执行不到位

图 7-23　单证备案常见问题和处理办法

09 开具出口退（免）税证明

出口退（免）税证明开具事项具体包括六项，见表 7-3。

表 7-3　出口退（免）税证明开具

证明类型	开具事宜	需提供的材料
代理出口货物证明开具	受托方代理委托方企业出口业务后，须在自货物报关出口之日起至次年 4 月 15 日前向其主管税务机关申请开具"代理出口货物证明"，并及时转交给委托方。逾期的，受托方不得申报开具"代理出口货物证明"。代理出口业务如发生在受托方被停止出口退税权期间的，按规定不予出具证明	①"代理出口货物证明申请表"及申报电子数据一份。②代理出口协议复印件一份。③委托方税务登记证明一份
代理进口货物证明开具	以双委托方式（生产企业进口料件、出口成品均委托出口企业办理）从事的进料加工业务，委托进口加工贸易料件，受托进口企业及时向其主管税务机关申请开具"代理进口货物证明"，并及时转交给委托方，委托方据此向其主管税务机关申请办理退（免）税相关业务	①"代理进口货物证明申请表"及申报电子数据一份。②加工贸易手册复印件一份。③代理进口协议复印件一份

续上表

证明类型	开具事宜	需提供的材料
委托出口货物证明开具	委托出口货物属于国家取消出口退税的，委托方应自货物报关出口之日起至次年3月15日前，凭委托代理出口协议（复印件）向主管税务机关申请开具"委托出口货物证明"，对于委托出口货物不属于国家取消出口退税的，税务机关不予办理	①"委托出口货物证明"及申报电子数据一份。 ②委托代理出口协议复印件一份
出口货物已补税/未退税证明开具	出口货物报关离境、发生退运且海关已签发出口货物报关单（出口退税专用）的，出口企业应先向主管税务机关申请开具"出口货物已补税/未退税证明"，并携其到海关申请办理退运手续。委托出口的货物发生退运的，应由委托方向主管税务机关申请开具"出口货物已补税/未退税证明"转交受托方，受托方凭该证明向主管税务机关申请开具"出口货物已补税/未退税证明"	"出口货物已补税/未退税证明"及申报电子数据一份
出口货物转内销证明开具	外贸企业发生原记入出口库存账的出口货物转内销或视同内销征税的，以及已申报退（免）税的出口货物发生退运并转内销的，外贸企业应于发生内销或视同内销的当月向主管税务机关申请开具"出口货物转内销证明"，并在取得出口货物转内销证明的下一个增值税纳税申报期内作为进项税额的抵扣凭证使用。 原执行免退税办法的企业，在批准变更次月的增值税纳税申报期内可将原计入出口库存账的且未申报免退税的出口货物向主管税务机关申请开具"出口转内销证明"	①"出口货物转内销证明申报表"及申报电子数据一份。 ②内销货物发票（记账联）复印件一份。 ③计提销项税的记账凭证复印件一份。 ④境内采购货物出口转内销，还需提供增值税专用发票（抵扣联）复印件一份。 ⑤进口货物出口转内销，还需提供海关进口增值税专用缴款书复印件一份
中标证明通知书开具	利用外国政府贷款或国际金融组织贷款建设的项目，招标机构需在中标企业签订的供货合同生效后，向其所在地主管税务机关申请办理"中标证明通知书"。"中标证明通知书"是中标企业主管税务机关对中标企业销售中标机电产品申请退（免）税业务的审核内容之一。不属于规定范围的贷款机构和中标机电产品，不予办理	①"中标证明通知书"及中标设备清单表四份。 ②财政部门《关于外国政府贷款备选项目的通知》或财政部门与项目的主管部门或政府签订的《关于××行（国际金融组织）贷款"××项目"转贷协议（或分贷协议、执行协议）》的复印件一份。 ③中标项目不退税货物清单一份

7.3 外贸业务出口退税及其他税务问题解答

出口退税直接关系着外贸企业的利益，如果不重视一些常见问题或特殊问题的处理，很容易让公司面临损失。本节主要针对出口退税环节的一些常见问题作出解答，帮助外贸人员更好地办理出口退税手续。

❿ 超期申报办理退（免）税怎么做

问 根据我国有关政策的规定，纳税人出口货物劳务、发生跨境应税行为，未在规定期限内申报出口退（免）税或者开具"代理出口货物证明"的，在收齐退（免）税凭证及相关电子信息后，即可申报办理出口退（免）税，未在规定期限内收汇或者办理不能收汇手续的，在收汇或者办理不能收汇手续后，即可申报办理退（免）税。如果公司超期申报，该怎么办？

答 根据我国相关政策规定，纳税人在退（免）税申报期截止之日后申报出口货物退（免）税的，应当在申报退（免）税时报送收汇材料。

在办理超期申报出口退税时，必须在出口退税申报系统中同时填写"出口货物收汇情况表"，并与出口退税明细数据一起生成申报数据向税务机关申报，同时提交收汇凭证和视同收汇证明资料。

如果已经申报了退税，但是在4月申报期截止前未收齐外汇，也未取得视同收汇证明资料，在冲减原退税数据后，等收齐了外汇或取得了视同外汇证明资料后可以继续申报出口退税。

⓫ 出口退税时遇到报关单无电子信息该怎么处理

问 有些外贸公司的外贸人员在办理出口退税手续时常常遇到报关单无电子信息的情况，此时可以做哪些应对操作呢？

答 外贸人员办理出口退税手续时遇到报关单无电子信息，可以做图7-24中的这些操作。

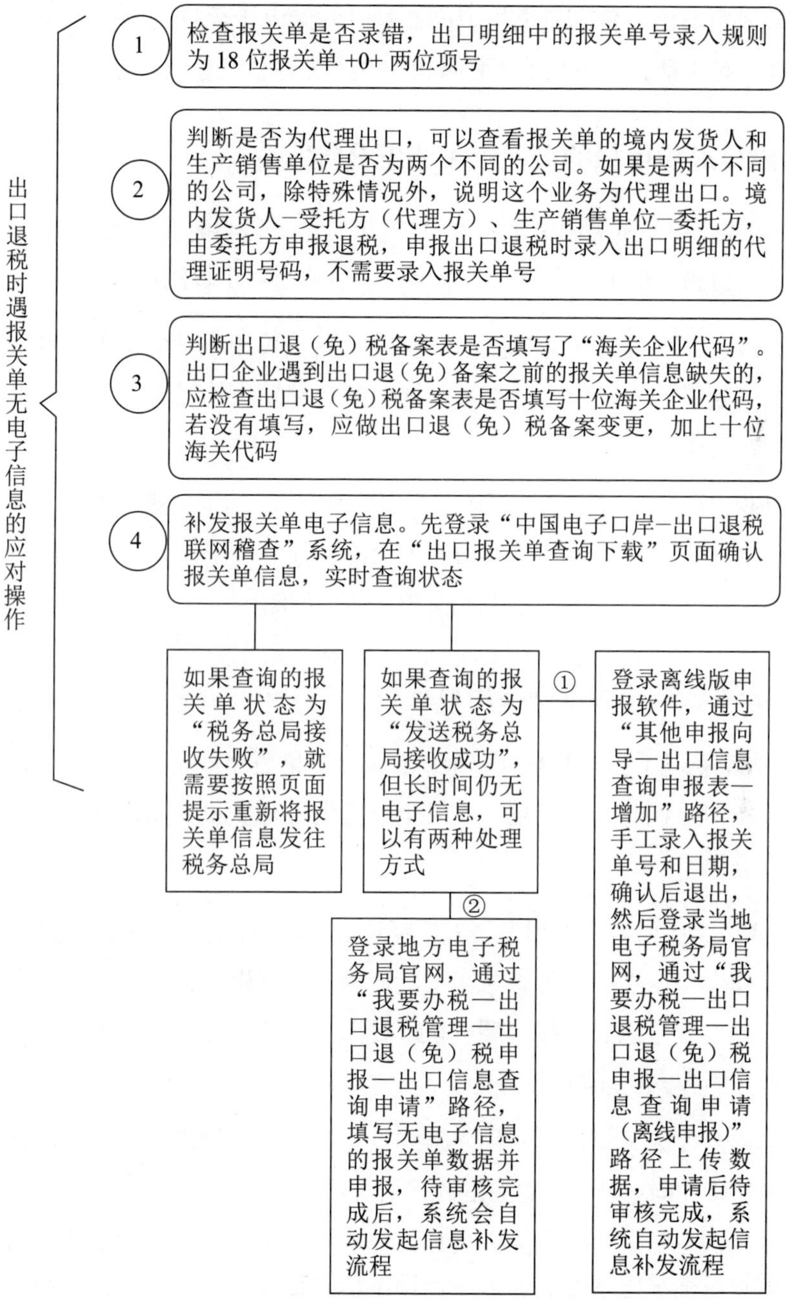

第 7 章　出口退税：争取己方权益不迷糊

出口退税时遇报关单无电子信息的应对操作

1. 检查报关单是否录错，出口明细中的报关单号录入规则为 18 位报关单 +0+ 两位项号

2. 判断是否为代理出口，可以查看报关单的境内发货人和生产销售单位是否为两个不同的公司。如果是两个不同的公司，除特殊情况外，说明这个业务为代理出口。境内发货人-受托方（代理方）、生产销售单位-委托方，由委托方申报退税，申报出口退税时录入出口明细的代理证明号码，不需要录入报关单号

3. 判断出口退（免）税备案表是否填写了"海关企业代码"。出口企业遇到出口退（免）备案之前的报关单信息缺失的，应检查出口退（免）税备案表是否填写十位海关企业代码，若没有填写，应做出口退（免）税备案变更，加上十位海关代码

4. 补发报关单电子信息。先登录"中国电子口岸-出口退税联网稽查"系统，在"出口报关单查询下载"页面确认报关单信息，实时查询状态

- 如果查询的报关单状态为"税务总局接收失败"，就需要按照页面提示重新将报关单信息发往税务总局

- 如果查询的报关单状态为"发送税务总局接收成功"，但长时间仍无电子信息，可以有两种处理方式：

  ① 登录离线版申报软件，通过"其他申报向导—出口信息查询申报表—增加"路径，手工录入报关号和日期，确认后退出，然后登录当地电子税务局官网，通过"我要办税—出口退税管理—出口退（免）税申报—出口信息查询申请（离线申报）"路径上传数据，申请后待审核完成，系统自动发起信息补发流程

  ② 登录地方电子税务局官网，通过"我要办税—出口退税管理—出口退（免）税申报—出口信息查询申请"路径，填写无电子信息的报关单数据并申报，待审核完成后，系统会自动发起信息补发流程

图 7-24　出口退税时遇报关单无电子信息的应对操作

如果申请出口信息查询后，仍然长时间无电子信息，可再次通过图中的操作发起申请，或者与主管税务机关联系，寻找其他解决办法。

⑫ 出口退税申报的美元汇率该怎么确定

问 公司要向税务机关申请出口退税，在填写相关资料时需要填报美元汇率，是该填出口报关单上的出口日的汇率，还是填当月1日的汇率？

答 根据我国出口退税的相关政策，纳税人按人民币以外的货币结算销售额的，其销售额的人民币折合率可以选择销售额发生的当天或者当月1日的人民币汇率中间价。

纳税人应事先确定采用何种折合率，确定后一年内不得变更。

综合来看，出口退税时填报的美元汇率通常以出口报关单上出口日期对应月份第一个工作日的人民币汇率中间价为准。

⑬ 票据遗失还能否办理出口退税

问 在外贸交易中，企业有时会不小心丢失了增值税专用发票，这样就会导致申请出口退税时变得困难。如果企业丢失了增值税专用发票，该怎么办理出口退税呢？

答 通常，丢失增值税专用发票发票联和抵扣联的，出口企业应凭借相关证明向主管出口退税的税务机关申报出口退税。这里的相关证明需要详细写明丢失的发票号码、抵扣日期、认证日期等信息。此外还需向税务机关提供营业执照和完税证明等资料。

如果只丢失了增值税专用发票的抵扣联，可以凭借增值税专用发票的发票联复印件向主管出口退税的税务机关申报出口退税。

当然，有些企业还可能丢失报关单或者核销单，此时如果要申请办理出口退税，须先向海关和外汇管理局申请重新开立报关单或核销单。然后向出口退税的主管机关申请办理出口退税。

⑭ 购进自用货物免退税申报怎么做

问 如果公司购进特殊区域内生产企业耗用的水、电、气,能不能申请购进自用货物免退税申报?

答 购进自用货物免退税申报事项主要包括输入特殊区域内生产企业耗用的水、电、气免退税申报和研发机构采购国产设备免退税申报。

我国境内其他地区销往横琴、平潭(以下简称区内)适用增值税和消费税退税政策的水、蒸汽、电力、燃气,视同出口,由区内水电气企业向主管税务机关申报增值税和消费税退税。运输企业购进符合条件的船舶,退还增值税,购进船舶运输企业的应退税额,为其购进船舶时支付的增值税额。

享受购进自用货物免退税政策的出口企业,应在购进自用货物增值税专用发票的开具之日次月起至次年 4 月 30 日前的各增值税纳税申报期内向主管税务机关申请办理购进自用货物免退税的申报。

办理购进自用货物免退税申报时,需要提交"购进自用货物退税申报表"及电子数据一份、增值税专用发票(抵扣联)一份。如果有表 7-4 中的情形,还应提供相应材料。

表 7-4 办理购进自用货物免退税申报需提供的材料

适用情形	材料名称
购买水电气的特殊区域内的生产企业	加盖银行印章的支付水、电、气费用的银行结算凭证一份
横琴、平潭区内水电气企业向主管税务机关申报增值税和消费税退税	经所在地的区管委会行业主管部门审核盖章的"水电气使用清单"一份
研发机构采购国产设备退税	采购国产设备合同复印件、符合条件的增值税普通发票(不含增值税普通发票中的卷票)一份
国际运输船舶退税	船舶登记管理部门出具的表明船籍港为"中国洋浦港"的"船舶所有权登记证书"复印件一份

注意,办理购进自用货物免退税申报的,办理时间会因为企业的管理

类别不同而不同，具体如下：

①管理类别为一类的出口企业在5个工作日内办结退（免）税手续。

②管理类别为二类的出口企业在10个工作日内办结退（免）税手续。

③管理类别为三类的出口企业在15个工作日内办结退（免）税手续。

④管理类别为四类的出口企业在20个工作日内办结退（免）税手续。

⑤对需要排除相关疑点及其他按规定暂缓退税的业务不受办结手续时限的限制。

办理业务需要的文书表单，可在省（自治区、直辖市和计划单列市）税务局网站"下载中心"栏目查询下载或到办税服务厅领取。

纳税人提供的各项资料为复印件的，均须注明"与原件一致"并签章。